AF402232

L'ANNOTATEUR

JUDICIAIRE,

OU

LE CODE

DE PROCÉDURE CIVILE.

L'ANNOTATEUR

JUDICIAIRE,

OU

LE CODE DE PROCÉDURE CIVILE,

Expliqué par ses Auteurs, par son rapprochement avec les Réglemens et Lois qu'il maintient avec le Code Napoléon et le Code de Commerce, dans les parties seulement qui sont du ressort des Tribunaux Civils; contenant, en outre, l'indication de renvoi sous chaque article, à ceux qui s'y rapportent ou lui servent d'interprétation, et l'annotation de la Jurisprudence de la Cour Suprême;

Enfin, l'application, sous chaque article, du Tarif des frais et dépens:

PAR M^e. DEBOUIS,

Ancien Licencié-ès-Lois, Avocat et Avoué près le Tribunal de première Instance de Rouen.

TOME PREMIER.

A ROUEN,

CHEZ FERRAND, Imprimeur-Libraire, et Editeur, rue Ganterie, N°. 65.

AN 1813.

AVIS

DE L'ÉDITEUR.

Ce serait se tromper sur le but de l'Ouvrage annoncé, que de le confondre avec ceux édits jusqu'à ce jour à titre de Commentaire, ou avec d'autres titres, sur le Code de Procédure Civile. Plusieurs de ces Ouvrages ont des droits incontestables à la reconnaissance du Public. Par les savantes discussions qu'ils renferment, ils ne peuvent manquer d'aider à reconnaître l'esprit de la Loi, et à développer des opinions concordantes avec le vœu du Législateur. Mais ayant été émis, pour ainsi dire, avec la Loi elle-même, ils ne peuvent contenir les détails certains que la pratique et l'expérience de cinq années ont fixé d'une manière irrévocable. En un mot, ils sont privés des résultats que la Jurisprudence a consacré.

Celui-ci peut être considéré comme le Corollaire des meilleurs Ouvrages sur le Code de Procédure Civile, et en particulier de celui de M. Pigeau, par le rapprochement simplement indicatif sous chaque article du Code de Procédure, des principales questions traitées et démontrées par ce savant et profond Jurisconsulte; il donne le moyen simple et facile de recourir à la source des lumières qu'il a développées, et ce ne sera pas un léger avantage pour ceux qui apprécient cet Auteur, d'être mis à portée de le consulter à chaque instant sur les principaux points de difficulté, sans suivre tous les renvois que sa méthode a rendus indispensables.

L'indication des volumes et des pages, où les Arrêtistes ont rapporté l'analyse de la Jurisprudence appliquée à chaque partie du Code, donne aussi un moyen aisé de vérifier l'identité des contestations jugées avec celles que l'on desire approfondir, ou sur lesquelles on se trouve dans le cas de provoquer la décision des Tribunaux.

Chacun de ces avantages étant bien apprécié, on peut reconnaître à combien de classes de la société il peut être d'une utilité journalière et indispensable.

Le Magistrat, organe de la Loi, s'il se trouve quelquefois dans l'incertitude sur le choix des principes respectivement invoqués par les parties litigantes, peut s'en servir comme d'un régulateur perpétuel, qui, sans fixer ses idées sur l'application des dispositions comminatoires ou pénales, sur celles qui ne sont constitutives que de règles ou de principes, le ramènera toujours au véritable vœu du Législateur, par les nombreux exemples d'application qu'il trouvera rapprochés du texte.

L'Avocat, que la nécessité de développer les discussions sur le but de chaque formalité prescrite, pour mieux faire connaître les effets de l'inobservation de ces mêmes formalités, ou de leur simple omission, et surtout leur influence sur la validité ou l'invalidité des actes d'exécution rigoureuse, et auquel il importe sur-tout de se prévaloir auprès de l'autorité judiciaire, de la jurisprudence des arrêts, pourra recourir aux rapprochemens qu'il contient, pour, à l'aide des Auteurs indiqués, orner ses plaidoyers de tout ce que les incidens de formes qu'il sera chargé de discuter, pourra présenter de lumineux et d'intéressant.

L'Avoué y trouvera dans chaque cadre la règle de sa conduite et la facilité, en profitant des rapprochemens du Code Civil avec le Code de Procédure, de pouvoir motiver, d'une manière toujours fondée en principes, soit les conclusions, soit les requêtes qu'il doit rédiger, et sur-tout d'éviter les erreurs qui pourraient lui échapper, si, au milieu des nombreux détails que lui présentent ses occupations journalières, il se trouvait privé de la facilité de recourir à un guide assuré qui le mettra à portée d'éviter ces mêmes erreurs, dont les moindres conséquences seraient d'être préjudiciables à l'intérêt des cliens, dont il doit desirer conserver la confiance.

Le Notaire exerçant la jurisdiction volontaire, soumis, quant aux formalités des actes de son état, à des règles particulières, qui paraît, au premier apperçu, entiérement étranger à celles de la Jurisdiction contentieuse, ne peut cependant se dispenser de reconnaître qu'il existe une foule de circonstances dans lesquelles il se trouve l'appréciateur, et souvent le vérificateur des actes de la jurisdiction civile, auxquels il ne peut donner d'effet, quant à leur exécution même volontaire, s'il ne connaît aussi la Jurisprudence, qui refuserait à ces mêmes actes le caractère d'exécution, lorsqu'ils ne sont pas conformes au vœu précis, ou à la disposition formelle de la loi; les règles relatives à la qualité même des parties qui se présentent devant lui, aux autorisations légalement indispensables que doivent avoir certaines d'entr'elles, pour qu'il puisse recevoir leur consentement d'une manière utile à l'intérêt des contractans respectifs, ne lui permet pas de dédaigner un travail qui les lui retracera au besoin, et qui contient en outre des rapprochemens essentiels sur les transactions, les successions, les collocations, et autres procédures, qui ont du rapport avec son état.

Le Juge-de-paix, pénétré de la nécessité d'exercer une jurisdiction toute paternelle envers ses justiciables, pourra s'en aider en matière de conciliation , sur-tout pour avertir les Plaideurs des inconvéniens auxquels les exposerait un entêtement opiniâtre , en leur faisant reconnaître l'identité des contestations qu'ils manifesteraient l'intention d'élever , avec celles qui seraient déjà jugées *in terminis*. Il y puisera aussi les principes sûrs de sa conduite dans les cas qui ont quelque rapport avec les règles générales de la Procédure civile , et dans lesquels la Loi provoque son ministère et nécessite son intervention.

L'Huissier , premier instrument des actes qui sont les bases des procédures les plus sérieuses , que la Loi proclame le garant des fautes qu'il commet , et qui , sous ce rapport , peut être en crainte à chaque moment , de ne pas se conformer entièrement à ce que la Loi prescrit , ou de faire ce qu'elle n'autorise pas ; qui doit craindre , sur-tout , les fâcheuses conséquences qui peuvent résulter pour lui de la plus légère erreur , ne peut manquer de sentir l'utilité de la possession d'un Ouvrage qui lui retrace , dans un bref tableau , tout ce que la Jurisprudence , depuis l'introduction du Code , a réglé sur la délivrance des exploits et actes pour lesquels son ministère est nécessaire , et lui fournit sur-tout les moyens d'éviter les écueils qu'il peut rencontrer , lorsqu'il est chargé d'exécuter les actes émanés de l'autorité judiciaire par toutes les voies que la loi autorise , sans jamais lui permettre d'en franchir les limites.

Les jeunes Elèves qui aspirent à s'associer , sous un rapport quelconque , à l'ordre judiciaire , y trouveront le moyen de doubler le profit qu'ils auront retiré des leçons de leurs Professeurs. Ils pourront , en vérifiant eux-mêmes pour ainsi dire sans effort , ce que la Jurisprudence a consacré d'intéressant sur chaque partie de la procédure , solliciter de leurs guides les éclaircissemens sur les points qui laisseraient encore des doutes dans leur esprit. Les définitions que contient sur-tout la première partie de cet Ouvrage, et les rapprochemens des explications données par les auteurs mêmes du Code, leur procureront le moyen de bien connaître non - seulement le texte de la Loi, mais encore d'en posséder l'esprit ; et il peut à leur égard être considéré comme un Ouvrage élémentaire, qui, sans surcharger leur imagination de détails compliqués, secondera perpétuellement leur mémoire, et les mettra à portée d'utiliser dans la pratique les fruits de la théorie.

Les Agens-d'affaires, que la nature de leurs occupations journalières et multipliées empêche de se livrer à une étude approfondie de la Jurisprudence, pourront, sans se donner l'embarras de feuilleter un grand nombre de volumes et de compilations qui laisseraient encore leurs esprits incertains et flottans, consulter un seul Ouvrage qui n'est composé que d'élémens puisés à la véritable source.

L'Ouvrage annoncé, actuellement sous presse, sera soigné, quant à la typographie, de manière à présenter, à sa simple ouverture, la distinction, soit du texte, soit des discours et des Codes ou Ouvrages dont auront été extraits les renseignemens sur chaque article.

La méthode est celle adoptée par MM. JOUSSE et BORNIER, dans leur Commentaire sur l'Ordonnance de 1667. L'Ouvrage entier sera composé de quatre volumes in-8°., de chacun 450 pages, caractères petit-romain et petit-texte ; il est mis dans cette forme pour faciliter son usage habituel au Palais.

Le prix de l'Ouvrage entier, qui sera livré dans le mois de mai 1813, est de 20 fr. pour les Souscripteurs avant le 15 avril prochain, auxquels il sera envoyé franc de port. Passé ce délai, il sera payé 24 fr., et les frais d'envoi à la charge de ceux qui en formeront la demande.

On souscrit à Rouen, chez l'AUTEUR, rue Saint-Patrice, N°. 20; et chez JACQUES FERRAND, Imprimeur-Libraire, rue Ganterie, N°. 65, seul Editeur.

Les Personnes éloignées qui en formeront la demande, sont invitées d'affranchir les lettres.

PRÉFACE,

Contenant le Plan de l'Ouvrage.

M. SIMÉON, *Conseiller-d'Etat, en terminant son Discours sur le Livre II de la deuxième Partie de ce Code*, a professé, comme vérité fondamentale de l'exercice du pouvoir judiciaire :
» *Que les formes dont on s'épouvante trop légère-*
» *ment, et contre lesquelles il est aussi commun*
» *qu'injuste de déclamer, occupent dans l'ap-*
» *plication de la science du Droit la place que*
» *tiennent dans les sciences mathématiques les*
» *formules destinées à faire trouver avec plus de*
» *facilité la solution des Problêmes ; le but des*
» *formes est de régler d'une manière générale ,*
» *aussi simple qu'il est possible, la marche des*
» *parties dans l'exposition de leurs demandes ,*
» *de leurs défenses, et la marche des Tribu-*
» *naux dans leurs Jugemens ; tout ce qui s'en*
» *écarte est une superfluité, une faute , un abus,*
» *et presque toujours une nullité.*

» *Tel homme qui se plaint de l'abus des for-*
» *mes qui l'arrêtent aujourd'hui, leur devra*
» *dans une autre occasion la conservation de ses*
» *droits , de sa fortune , de son honneur ; les*

» formes sont à-la-fois des moyens d'attaque et
» de défense, et des obstacles à la précipitation
« des jugemens sans instruction, (et la forme
» est la manière dans laquelle il est prescrit
» d'instruire); *la justice la plus exacte ne pa-*
» *raîtrait qu'arbitraire.* «

M. FAURE, Membre du Tribunat, a dit dans
le même sens :

» *Quand on parle de formes, il faut bien se*
» *garder de dire que tout ce qui n'est pas*
» *défendu est permis ; il faut au contraire se*
» *rappeler sans cesse que tout ce qui n'est pas*
» *permis est défendu ; l'application rigoureuse*
» *de cette maxime est pour le Juge un devoir*
» *sacré ; en vain, on aura perfectionné la Lé-*
» *gislation ; en vain on se sera promis tous les*
» *avantages qui doivent résulter d'un Code uni-*
» *forme, si le Juge laisse franchir la limite que*
» *le Législateur a posée ; les Lois n'ont plus*
» *d'ensemble, plus d'uniformité ; le premier*
» *abus est la source d'une infinité d'autres ; et*
» *ce qui est le comble du mal, ils acquièrent*
» *bientôt la même force que les Lois mêmes ;*
» *l'origine de ces abus étant ignorée, on adresse*
» *aux Lois des reproches qui n'appartiennent*
» *qu'à ceux qui étaient chargés de les faire*
» *exécuter.*

» *La négligence des Tribunaux sur la stricte*

» exécution du Code, ne tendrait à rien moins
» qu'à ruiner les familles, à priver la Magis-
» trature de la considération dont elle doit
» jouir, à tromper l'espoir du Gouvernement,
» qui travaille sans relâche au bonheur du
» Peuple.

» Ne doutons point que nos Magistrats, si
» distingués par leur sagesse et leurs lumières,
» n'apportent au maintien de cette Loi le zèle le
» plus ardent, la fermeté la plus courageuse ;
» et les résultats de leur conduite feront un plus
» bel éloge du Code, que tout ce qu'il serait pos-
» sible de dire aujourd'hui en sa faveur «.

De ces développemens sur les formes judiciaires
et leur nécessité, de la recommandation formelle
adressée aux Magistrats de s'armer d'un zèle ardent et d'une fermeté courageuse, pour ne permettre que la stricte exécution du Code, il résulte que chacun des Fonctionnaires, appelés par
état à le mettre en pratique, a besoin d'un guide
spécial qui lui fasse connaître le véritable esprit
du Législateur ; que cet esprit soit pour chacun
d'eux un fanal lucide, à l'aide duquel il ne puisse
jamais s'égarer.

1°. On sait que le Code Napoléon a fixé les
principes qui doivent régler les Citoyens dans le
mode d'exprimer leurs conventions légitimes pour
toute espèce de transactious sociales ; qu'il sup-

plée également aux cas non-exprimés, en pro-
clamant les principes qui doivent recevoir alors
leur application; que, d'une autre part, il a réglé
certaines procédures inconnues jusqu'à la nouvelle
Législation; qu'enfin, il a déterminé les premiers
élémens de diverses procédures développées par
le Code de Procédure civile; il convient donc de
considérer son rapprochement avec ce dernier
Code comme le moyen fondamental qui peut faciliter son intelligence.

2°. Les Auteurs du Code de Procédure n'ont
pas hésité à s'expliquer franchement sur les abus
de l'ancien ordre dont ils ont eu pour objet de
tarir la source; l'analyse de leurs discours, en
ce qu'il contient d'explicatif sur chacun des articles qui composent le Code de Procédure, et
l'indication des Lois et Réglemens qui ont conservé force de loi, n'offre pas un moyen moins
assuré d'arriver à la connaissance du véritable
vœu de la Loi, lorsque son texte littéral, iso-
lément considéré, peut présenter à l'esprit quelque
incertitude.

5°. Encore bien que les hommes appelés à
l'exercice des fonctions judiciaires, soient imbus
des définitions qui conviennent à chaque acte de
procédure, et connaissent le véritable sens du
langage du Palais, on ne peut trouver déplacé
dans un travail de cette nature de les voir repro-
duites sous l'article auquel elles conviennent dans

l'application habituelle ; ces définitions sont les bases du raisonnement et de l'argumentation, sans se les rappeller d'une manière conforme à leur pureté primitive ; l'Orateur, comme le Magistrat, le Jurisconsulte, comme le Formaliste, peuvent s'égarer ; les uns et les autres les trouveront donc lorsqu'ils auront besoin de les invoquer ou de les appliquer.

4°. Ceux qui ont lu le Code de Procédure n'ont pu se dissimuler que pour éviter les redites, les Législateurs ont classé dans chaque titre les règles spéciales qui lui conviennent. Mais au milieu des nombreux articles qui le composent, et qui en forment l'ensemble, la mémoire ne rappelle pas toujours facilement à l'esprit les articles qui ont un rapprochement plus ou moins direct avec l'article que l'on a sous les yeux ; une indication analytique et sommaire mettra à portée, dans un grand nombre de circonstances, de reconnaître, pour ainsi dire, sans recherches les articles qui ont entre eux de la coïncidence, et qui se servent mutuellement d'interprétation.

5°. Les Orateurs du Tribunat, du Conseil-d'Etat ont donné des développemens historiques sur plusieurs parties de l'ancienne Législation, dont le nouveau Code a eu pour objet, soit la suppression absolue, soit la simple modification : elles seront présentées à l'ouverture de chaque titre, comme fixant les véritables bases de chaque partie.

6°. Enfin, la Jurisprudence de la Cour Suprême, fixée depuis l'introduction du Code de Procédure, interprétative de ce Code et des articles du Code Civil qui en sont rapprochés, y sera sommairement analysée sous l'article qui aura reçu l'interprétation.

L'Auteur ne cherchera point par des efforts d'imagination à embellir un sujet aride de sa nature; s'il est parvenu à réunir dans des groupes intéressans les fleurs qu'il a trouvées éparses au milieu des épines, il se croira amplement dédommagé.

Pour faciliter aux Lecteurs l'intelligence du travail et le succès de leurs recherches, il place en tête de chaque titre une Table de Sommaires médités sur le texte même de la Loi. Ces Sommaires en présentent le vœu formel, et donnent à leur simple lecture l'indication du point de difficulté à résoudre, où on le trouvera déjà décidé, soit par le texte même de la Loi, soit par l'opinion de ses Auteurs.

Si un excès de confiance, naturel aux Auteurs, n'égare pas le Rédacteur de cet Ouvrage, il se flatte que ceux qui se le procureront, trouveront dans sa possession l'avantage d'être mis à porrée de résoudre spontanément presque tous les points de difficulté que le Code de Procédure a fait naître jusqu'à ce jour ; et la décision qu'ils trouveront, sera d'autant plus infaillible, qu'elle n'aura pour base que le texte même de la Loi, et non l'opinion plus ou moins erronée d'un Commentateur.

EXPLICATION DES ABBRÉVIATIONS.

MM. les Orateurs du Gouvernement sont désignés en tête de chaque titre, ensuite par les lettres initiales de leurs noms.

EXEMPLES.

M. T.	*M. Treilhard.*
M. F.	*M. Faure.*
M. P.	*M. Périn.*
Jurisp.	*Jurisprudence.*
Id.	*Idem.*
Ibid.	*Ibidem.*
Indᵒⁿ.	*Indication.*
Rapprochᵗ.	*Rapprochement.*
Notifᵒⁿ.	*Notification.*
C. S.	*Cour Suprême, ou de Cassation.*
R. Sir.	*Recueil Sirey.*
Den.	*Denevers.*
Pig.	*Pigeau.*
C.	*Cour.*
Jugt.	*Jugement.*
Vendre.	*Vendémiaire.*
Brumre.	*Brumaire.*
Frimre.	*Frimaire.*
Nose.	*Nivose.*
Pvlose.	*Pluviose.*
Vose.	*Ventose.*
Gnal.	*Germinal.*
Flal.	*Floréal.*
Prial.	*Prairial.*
Mdor.	*Messidor.*
Thdor.	*Thermidor.*
Fdor.	*Fructidor.*
Jvier.	*Janvier.*
Fer.	*Février.*
Jllet.	*Juillet.*
Septbre.	*Septembre.*
Obre.	*Octobre.*
Novbre.	*Novembre.*
Décbre.	*Décembre.*
C. N.	*Code Napoléon.*
C. C.	*Code Civil.*
C. P. C.	*Code de Procédure Civile.*
C. Com.	*Code de Commerce.*
C. Pén.	*Code Pénal.*

CODE

TABLE DES MATIÈRES

DU CODE DE PROCÉDURE,

CONTENUES DANS CE PREMIER VOLUME.

Iere. PARTIE, LIVRE Ier.

FIN DE LA TABLE DES MATIÈRES.

CODE

DE

PROCÉDURE CIVILE.

PREMIÈRE PARTIE.

Procédure devant les Tribunaux.

LIVRE PREMIER.

De la Justice de Paix.

DÉCRET du 14 avril 1806, promulgué le 24 *idem*.

SOMMAIRES DU TITRE PREMIER.

DES CITATIONS.

	ARTICLES	
	C. N.	C. P. C.
Objet de l'institution de la justice de paix, par M. TREILHARD.		
Source des dispositions de ce titre, par M. FAURE.		
Forme de la citation.		1er.
Sa définition.		
Ce que sont les juges-de-paix ; comment ils sont remplacés. (Jurisprudence.)		
Indication de la Loi fondamentale, de leur compétence en matière civile.		
Ind.on des règles concernant le domicile, et son changement.		
Ce qu'on entend par demeure.		

A

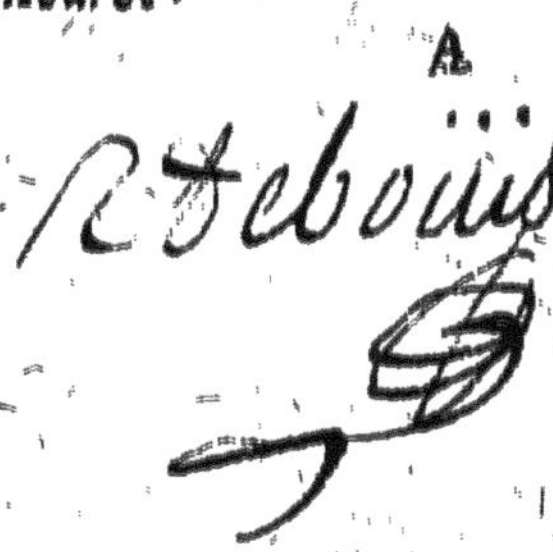

A 2

(5)

M. TREILHARD. — » La France doit l'institution de la justice
» de paix à l'Assemblée Constituante ; le besoin s'en faisait
» sentir universellement depuis long-tems.

» Il ne s'agit pas ici d'en peser les avantages plus ou moins
» grands, ni de fixer la compétence de la justice de paix ;
» nous ne devons nous occuper que de l'instruction.

» Elle ne peut être trop simple, trop rapide, trop déga-
» gée de formes ; c'est bien ici que le plaideur doit appro-
» cher de son juge sans intermédiaire ; le magistrat est un
» arbitre, *un père plutôt qu'un juge* ; il doit placer sa véritable
» gloire moins à prononcer entre ses enfans qu'à les con-
» cilier. «

M. FAURE. — » On a refondu dans ce Livre la plus grande
» partie des dispositions de la Loi du 19 obre. 1790, dont
» plus de quinze années d'expérience ont justifié la sagesse.
» Plusieurs améliorations ont été reconnues nécessaires ; elles
» ont donné lieu à quelques changemens. «

DES CITATIONS.

ART. 1er. *Toute citation* 1°. *devant les juges-de-
paix* 2°. contiendra la date des jour, mois et an,
les noms, professions et domicile 3°. du demandeur,
les noms, demeure 4°.. et immatricule de l'huissier,
les noms et demeure du défendeur ; elle énoncera *sommairement* 5°. l'objet et les moyens de la demande,
et indiquera le juge-de-paix qui doit connaître de la demande, et le jour et l'heure de la comparution.

A 3

1°. *Citation.* La citation est un acte d'huissier ou officier ministériel attaché spécialement au tribunal devant lequel on assigne. Ce terme est aujourd'hui usité dans le même sens que celui d'assignation et d'ajournement ; il signifie par conséquent l'acte en vertu duquel un individu est appelé en justice de paix pour répondre à une demande formée contre lui.

L'article 21 du tarif en fixe les droits.

2°. *Devant les juges-de-paix.* Les juges-de-paix sont des officiers de justice et de police qui connaissent dans un arrondissement déterminé de divers objets ; des uns en dernier ressort, et des autres à la charge d'appel.

Leur compétence en matière civile est clairement déterminée par les art. 9 et 10 du titre 3 de la loi du 24 août 1790 ; elle n'a pas reçu d'extension.

Vide ces articles sous l'art. 3.

Loi du 20 vose. an 9, qui porte que les fonctions des juges-de-paix en cas d'empêchement, sont remplies par un suppléant. (R. Sir. t. 1, 2e. part. p. 308.)

Loi du 16 vose. an 12, portant qu'en cas d'empêchement légitime d'un juge-de-paix et de ses suppléans, les parties doivent être renvoyées par le tribunal d'arrondissement au juge-de-paix le plus prochain. (*Id.* t. 4, 2e. ptie. p. 296.)

La formalité pour l'obtenir est la présentation d'une requête par la partie la plus diligente, et le jugement doit être rendu sur les conclusions du ministère public, parties présentes ou dûment appelées.

Vide art. 368, pour quelle cause il y a lieu à demande en renvoi, et art. 378, quelles causes sont admises comme motifs légitimes de récusation.

Arrêt de la C. S., du 12 jer. 1809, statuant que les suppléans des juges-de-paix ne peuvent, à peine de nullité, faire aucun acte d'autorité publique, ni rendre de jugement, s'ils n'ont au préalable prêté leur serment de fidélité à l'Empereur, et d'obéissance aux Constitutions de l'Empire. (R. Sir. t. 10, 1ere. part. p. 308.)

3°. *Domicile. Vide* art. 2, not. 3.

4°. *Demeure.* Demeure pris pour le lieu d'habitation d'un huissier, ou de toute autre personne, a la même signification que domicile.

Consultez au Recueil Sir. t. 9, 2e. part. p. 108, un arrêt de la C. de Gênes, du 1 août 1808, qui décide le contraire en matière d'assignation sur appel.

5°. *Sommairement*, c. à. d. par l'exposé le plus bref possible, qui doit contenir néanmoins l'énoncé de la condamnation que l'on veut obtenir, celui des titres ou des lois qui doivent lui servir de base.

Voyez le §. 3 de l'article 61, au titre des *Ajournemens*.

ART. 2. En matière purement *personnelle* 1°. ou *mobiliaire* 2°., la citation sera donnée devant *le juge du domicile du défendeur* 3°., s'il n'a pas de domicile devant le juge de *sa résidence* 4°.

1°. *Purement personnelle*. Matière personnelle se dit des actions par lesquelles nous agissons contre celui qui est obligé envers nous pour une des quatre causes dont peut dériver l'obligation personnelle.

Vide art. 59, note 1ere. la jurisprudence de la C. S., qui détermine les affaires personnelles de la compétence des tribunaux de première instance.

Art. 3, not. 3. . . . la loi qui détermine la compétence des juges-de-paix en ces sortes de matières.

2°. *Mobiliaire*. Matière mobiliaire se dit des actions qui tendent à la possession d'un meuble.

Arrêt de la C. S. du 21 juin 1808, qui décide que l'autorisation nécessaire pour les procès à intenter au nom des fabriques (comme au nom des communes) n'est pas nécessaire pour réclamer un objet mobilier de peu de valeur. (R. Sir. t. 8, 1ere. part. p. 429.

Arrêt de la C. S. du 22 juin 1808, décidant qu'en *matière de cheptel*, le juge-de-paix ne peut connaître en premier ressort d'une contestation dont l'objet excède 100 fr., et que cette incompétence ne peut être couverte par le fait des parties. (Den. 1808, 1ere. part. p. 447.)

L'article 12 de la loi du 15 g^{al}. an 3, n'a eu qu'un effet temporaire jusqu'à la loi du 2 thor. an 6.

3°. *Le juge du domicile*, etc.

~~~~~~~~~~~

CODE NAPOLÉON, Liv. 1er. Tit. 3. = *Du Domicile*.

ART. 102. Le domicile de tout Français, quant à
~~~~~~~~~~~

l'exercice de ses droits civils , est *au lieu* (*a*) où il a
son principal établissement.

(*a*) *Au lieu.* Arrêt de la C. S. du 21 f^{re}. an 2, qui décide que quand un tribunal renvoie les parties à procéder
devant les juges de leur domicile, cela s'entend du domicile
connu lors du jugement. (R. Sit. t. 2, 1ere. part. p. 171.)

Consultez R. Sir. t. 10 , 2e. part. p. 55 , un arrêt de la C.
de Paris, du 13 mai 1809, sur les signes caractéristiques du
domicile.

Un arrêt de la C. de Paris , du 3 août 1812 , sur le lieu du domicile de l'ouverture de la succession d'un Français passé aux
Colonies. [*Id.* t. 12 , 2e. p^{tie} p. 446.]

ART. 103. Le changement de domicile s'opérera *par
le fait d'une habitation réelle* (*a*) dans un autre lieu,
joint à l'intention d'y fixer son principal établissement.

(*a*) *Par le fait d'une habitation réelle.* Arrêt de la C. S.
du 12 vendre. an 11 , qui décide qu'il n'est pas nécessaire,
d'après l'art. 6 de l'acte constitutionnel de l'an 8 , que le
changement de domicile soit suivi d'un an de résidence, pour
que l'on ne puisse plus être assigné en matière personnelle devant le juge de son ancien domicile. (R. Sir. t. 3,
1ere. part. p. 21.)

ART. 104. La preuve de l'intention résultera d'une déclaration expresse faite tant à la municipalité du lieu
que l'on quittera , qu'à celle du lieu où on aura trans-
féré son domicile.

ART. 105. A défaut de déclaration expresse , la preuve
de l'intention dépendra des circonstances.

Arrêt de la C. S. du 28 p^{al}. an 10 , qui décide que le
domicile civil est autre que le domicile politique. (R. Sir.
t. 2, 1ere. part. p. 263.)

ART 106. *Le citoyen appellé à une fonction temporaire* (*a*) ou révocable , conservera le domicile qu'il
avait auparavant, s'il n'a pas manifesté d'opinion contraire.

(*a*) *Le citoyen appellé , etc.* Consultez R. Sir. t. 7 , 2e. part.
p. 265 , un arrêt de la Cour de Paris , sur la nécessité

d'indiquer *le domicile* d'un militaire au lieu *du corps d'armée* auquel il est attaché.

ART. 107. L'acceptation de fonctions conférées à vie emportera translation immédiate du domicile du fonctionnaire dans le lieu où il doit exercer ses fonctions.

ART. 108. *La femme mariée* (*a*) n'a point d'autre domicile que celui de son mari. *Le mineur non émancipé* (*b*) aura son domicile chez ses père et mère ou tuteur. *Le majeur interdit* (*c*) aura le sien chez son curateur.

(*a*) *La femme mariée.* Arrêt de la C. S. du 26 juillet 1808, statuant que le lieu où une *femme non séparée de corps* est reconnue avoir habité depuis nombre d'années avant son décès, n'est pas le lieu de l'ouverture de sa succession. (R. Sir. t. 8, 1ere. part. p. 481 ; Den. 1808, 1ere. part. p. 471.

(*b*) *Le mineur non émancipé.* Consultez Rec. Sir. t. 4, 2e. part. p. 697, un arrêt de la C. de Paris, du 28 fl^{al}. an 12, sur la question de savoir si le mineur peut être considéré comme ayant domicile chez l'agent chargé par la famille de l'administration de ses biens.

(*c*) *Le majeur interdit.* Arrêt de la C. S., du 24 bre. an 9, statuant que le domicile réel que l'interdit avait à l'époque de l'interdiction et de la nomination du curateur, peut rester le domicile de la curatelle, lorsque cela a été ainsi ordonné par le juge. [R. Sir. t. 1er. 2e. ptie. p. 418.]

ART. 109. *Vide* not. 4 ci-après.

ART. 110. *Vide* au titre *des Successions* l'influence du domicile sur le lieu de l'ouverture de la succession.

ART. 111. Lorsqu'un acte contiendra de la part des parties, ou de l'une d'elles, élection de domicile pour l'exécution de ce même acte dans un autre lieu que celui du domicile réel, les significations, demandes et poursuites relatives à cet acte, pourront être faites au domicile convenu, et devant le juge de ce domicile.

Vide art. 61, not. 2.

Vide art. 456, au titre de *l'Appel*.

Arrêt de la C. S., du 22 juin 1807, qui décide que lorsqu'une personne a pouvoir d'élire domicile pour une autre, toutes assignations données au mandant, lui sont valablement faites au domicile du mandataire. (R. Sir. t. 7, 2e. part. p. 910.)

Arrêt de la C. S. , du 25 g^{al}. an 10, qui décide que l'assignation donnée au domicile élu, équivaut une assignation donnée au véritable domicile. (*Id.* t. 2, 2e. part. p. 533.)

Arrêt de la C. S. du 23 vose. an 10, qui décide que l'élection de domicile faite par le débiteur n'ôte pas au créancier la faculté de l'assigner au domicile réel. (*Id.* t. 2 2e. part. p. 408.)

Arrêt de la C. S. , du 28 obre. 1810 , portant 1°. que stipuler dans un effet qu'il sera payable en un tel lieu, ce n'est point faire dans ce lieu une élection du domicile, attributive de jurisdiction.

2°. Que la faculté accordée en matière de commerce, d'assigner un débiteur au lieu où le paiement doit être fait, ne peut être étendu aux matières civiles. [*Id.* t. 10 , 1ere. part. p. 378.]

Arrêt de la C. S. , du 13 g^{al}. an 12 , statuant que l'avoué chez lequel on a élu domicile par un acte d'appel, a par cela seul mandat suffisant pour recevoir toutes significations qui seraient adressées à la partie pendant l'instance sur l'appel. [*Id.* t. 4 , 1ere. part. , p. 253.

Consultes R. Sir. t. 7 , 2e. partie , p. 911 , un arrêt de la Cour de Trèves , du 9 fer. 1810 , sur la question de savoir si l'article III s'applique au cas de l'élection de domicile dans une lettre-de-change.

Un autre arrêt de la C. de Paris , du 21 fer. 1810 , sur la question si la demande reconventionnelle peut être formée au domicile élu dans l'acte de demande principale. [*Id. ibid.* p. 913.]

Autre arrêt sur celle de savoir si la signification du transport peut être faite au domicile élu pour l'exécution d'une obligation. [*Id.* t. 10 , 2e. part. p. 408.]

Autre arrêt sur la question si le jugement obtenu par suite d'une lettre-de-change peut être signifié au domicile élu pour le paiement. [*Id* t. 10 , 2e. part. p. 247.]

Vide art. 673 , au titre de *la Saisie immobiliaire.*

4°. *Résidence* est à-peu-près synonyme de *domicile.*

L'art. 109 du Code Napoléon porte:

Les majeurs qui travaillent ou servent habituellement chez autrui , auront le même domicile que la personne qu'ils ser-

(11)

vent, ou chez laquelle ils travaillent, lorsqu'ils demeureront avec elle dans la même maison.

Art. 3. Elle le sera devant le juge de la situation
de l'objet litigieux, lorsqu'il s'agira,

1°. *Des actions* 1°. pour dommages aux champs,
fruits et récoltes.

2°. Des déplacemens de bornes, *des usurpations de
terres,* 2°. arbres, haies, fossés, et autres clôtures,
commis dans l'année, des entreprises sur les cours d'eau,
commises pareillement dans l'année, *et de toutes autres
actions possessoires* 3°.

3°. *Des réparations locatives* 4°.

4°. *Des indemnités* 5°. prétendues par le fermier ou
locataire, pour *non-jouissance,* *lorsque le droit ne
sera pas contesté, et des dégradations alléguées par
le propriétaire* 6°.

Les divers §. ci-dessus font tous partie de l'art. 10
de la loi du 24 août 1790.

1°. *Actions.* Ce sont des demandes judiciaires fondées sur
un titre ou sur la loi par lesquelles les demandeurs requièrent que celui contre lequel ils agissent, ait à les satisfaire, ou qu'il y soit condamné par le juge.

2°. *Des usurpations.* Arrêt de la C. S. du 3 obre. 1810,
décidant que l'article 3 du Code de Procédure civile qui
attribue aux juges-de-paix la connaissance des usurpations
de terre commises dans l'année de la demande, n'est
pas applicable au cas où le propriétaire abandonnant le possessoire, s'est pourvu au pétitoire. (R. Sir. t. 11, 1ere. part.
p. 23.)

3°. *De toutes actions possessoires. Vide* art. 23, note 1ere. la
définition de ces actions et la jurispr.

Arrêt de la C. S. du 26 mai 1808, statuant que le juge-
de-paix ne peut connaître d'une action en déguerpissement,
lors même que les dommages et intérêts réclamés n'excéde-
raient pas 50 fr.

4°. *Réparations locatives.* Elles sont désignées en général,
et précisées en particulier par l'art. 1754 du Code Napoléon.

Les réparations locatives ou de menu entretien dont le
locataire est tenu, s'il n'y a clause contraire, sont celles

désignées comme telles par l'usage des lieux, et, entr'autres, les réparations à faire aux âtres, contre-murs, chambranles et tablettes des cheminées, au récrépiment du bas des murailles des appartemens, et autres lieux d'habitation, à la hauteur d'un mètre; aux pavés et carreaux des chambres, lorsqu'il y en a seulement quelques-uns de cassés; aux vitres, à moins qu'elles ne soient cassées par la grêle, ou autres accidens extraordinaires et de force majeure, dont le locataire ne peut être tenu; aux portes, croisées, planches de cloisons ou de fermetures de boutiques, gonds, targettes et ferrures.

1755. Aucunes des réparations réputées locatives n'est à la charge des locataires, quand elles ne sont occasionnées que par vétusté ou force majeure.

Arrêt de la C. S., du 13 jer. 1807, décidant que l'art. 10 du titre 3 de la loi du 24 août 1790, ne s'applique point aux réparations plus considérables que les locatives; encore bien que les locataires ou fermiers en soient expressément chargés par leurs baux. (R. Sir. t. 7, 2e part. p. 1029.)

Arrêt de la C. S., du 13 jer. 1808, décidant qu'un Tribunal civil est seul compétent pour connaître dans la même affaire d'une demande à fin de réparations et de dégradations, objets placés dans l'attribution du juge-de-paix. [R. Sir. t. 8, 1ere part. p. 271.]

5º. *Indemnités.* Ce mot signifie en général ce qui est donné à quelqu'un pour empêcher qu'il ne souffre quelques dommages. Il est aussi quelquefois pris pour diminution; un fermier qui n'a pas joui pleinement de l'effet de son bail, demande au propriétaire une indemnité; c'est une diminution sur le prix de son bail.

Vide en l'art. 1722 du Code Napoléon, quand elle se réduit à une diminution pour non-jouissance.

En l'art. 1724, quel tems est accordé aux propriétaires pour faire les réparations sans indemnité.

En l'article 1726, ce que le fermier doit faire pour obtenir l'indemnité résultante du trouble dans la jouissance.

Dans ces seuls cas, les juges-de-paix ont le droit de prononcer des indemnités en faveur du fermier contre le propriétaire, ou du locataire contre le bailleur, pourvu toutefois *que le droit à l'indemnité ne soit pas contesté.*

Quant aux indemnités qui peuvent résulter des cas prévus par les art. 1733, 1734, 1744 et suivans du Code N. et autres indemnités, elles sont évidemment du ressort des

tribunaux ordinaires, puisqu'elles ne peuvent être détermi=
nées qu'après qu'il aura été statué sur la valeur et l'étendue des obligations exprimées aux baux.

6°. *Des dégradations, etc.* Ce sont les dommages qu'on a
causé à des héritages, à des maisons, à des terres.

L'art. 1728 du Code N. par sa première partie, déclare le
preneur tenu d'user de la chose louée en bon père de
famille, et suivant la destination qui lui a été donnée
par le bail, ou suivant celle présumée d'après les circons=
tances, à défaut de convention.

L'art. 1732 l'assujettit à répondre des dégradations ou
pertes qui arrivent pendant la jouissance, à moins qu'il ne
prouve qu'elles ont eu lieu sans sa faute.

Et l'art. 1735 le déclare tenu des dégradations et pertes
qui arrivent par le fait des personnes de sa maison.

Arrêt de la C. S. , du 10 jer. 1810, qui statue que la
règle établie par cet article ne s'applique pas au cas où le
litige existe pour dégradations alléguées entre le nu=pro-
priétaire et l'usufruitier. [R. Sir. t. 10 , 1ere. part. p. 97.]

Décret du 24 août 1790, TITRE 3.

ART. 9. Le juge-de-paix , assisté de deux assesseurs,
connoîtra avec eux de toutes les causes *purement personnelles et mobiliaires sans appel, jusqu'à la valeur
de cinquante livres , et à charge d'appel jusqu'à la
valeur de cent livres ;* en ce dernier cas , ses jugemens
seront *exécutoires par provision,* nonobstant l'appel,
en donnant caution.

Les législatures pourront élever le taux de cette compétence.

ART. 10. Il connaîtra de même *sans appel, jusqu'à
la valeur de cinquante livres , et à charge d'appel,
à quelque valeur que la demande puisse monter.*

1°. Des actions pour dommages faits soit par les
hommes, soit par les animaux, aux champs, fruits et
récoltes.

2°. Des déplacemens de bornes, des usurpations de
terres, arbres, haies, fossés, et autres clôtures *commises
dans l'année,* des entreprises sur les cours d'eau servant
à l'arrosement des prés, *commises pareillement dans*

l'année , et de toutes autres actions possessoires.

3°. Des réparations *locatives* des maisons et fermes.

4°. Des indemnités prétendues par le fermier ou locataire pour non-jouissance ; *lorsque le droit de l'indemnité ne sera pas contesté ; et des dégradations alléguées par le propriétaire.*

5°. Du paiement *des salaires des gens de travail, des gages de domestiques*, et de l'exécution des engagemens respectifs des maîtres , de leurs domestiques ou gens de travail.

6°. *Des actions pour injures verbales ; rixes et voies de fait*, pour lesquelles les parties ne se seront point pourvues par la voie criminelle.

ART. 4. *La citation* 1°. sera notifiée par *l'huissier de la justice de paix du domicile du défendeur ; en cas d'empêchement , par celui qui sera commis* 2°. par le juge, copie en sera laissée à la partie ; s'il ne se trouve personne en son domicile, *la copie sera laissée au maire ou adjoint* 3°. de la commune, qui visera l'original, sans frais.

L'huissier de la justice de paix ne pourra instrumenter *pour ses parens en ligne directe* 4°. , ni pour ses frères , sœurs et *alliés au même degré* 5°.

1°. *La citation.* Voyez sa définition et ses formes essentielles. [Art. 1er.]

On pourrait croire à la lecture de cet article qu'il n'exclut pas l'intervention du juge-de-paix dans la confection de la citation, ainsi qu'il était prescrit par la loi de 1790, non formellement abrogée ; mais ce doute se dissipe à la lecture du discours de M. T.

» Nous avons supprimé la cédule qu'il fallait demander
» au juge-de-paix pour faire une citation devant lui ; elle
» était devenue une affaire de pure forme «.

2°. *L'huissier de la justice de paix, ou celui qui sera commis.*

Le même. » Nous avons substitué à cette formalité l'obli-
» gation de faire donner les citations par l'huissier du juge-
» de-paix, ou en cas d'empêchement par un autre huissier

» que le juge indiquerait. C'est un moyen infaillible de s'assu-
» rer que la citation a été donnée en effet «.

3°. *La copie en sera laissée au maire.* Le même. » C'était le
» greffier de la municipalité qui portait les citations, et
» quand il ne trouvait personne dans la maison, il affichait
» une copie à la porte. Tout le monde s'accorde aujourd'hui
» à reconnaître l'illusion de pareilles affiches. L'huissier,
» dans ce cas, sera obligé de laisser la copie au maire ou à
» l'adjoint, qui sont tenus de viser l'original, sans frais. «

Vide art. 68, la décision de Son Excellence le Grand-Juge
Ministre de la Justice, sur l'usage que les maires ou adjoints
doivent faire de ces copies.

L'art. 21 du Code n'alloue rien à l'huissier pour le *visa*
du maire.

4°. *Parens en ligne directe.* L'article 736 du Code N. fait
suffisamment connaître quels sont les parens en ligne directe. Il porte :

» La suite des dégrés forme *la ligne* ; on appelle *ligne directe*
la suite des degrés entre personnes qui descendent l'une de
l'autre ; ligne collatérale, la suite des dégrés entre personnes qui ne descendent pas les unes des autres, mais qui
descendent d'un auteur commun «.

On distingue la ligne directe en ligne directe descendante,
et ligne directe ascendante.

La première est celle qui lie le chef de famille avec ceux
qui descendent de lui ; la seconde est celle qui lie une personne avec ceux dont elle descend.

5°. *Alliés au même dégré.* L'alliance est une union que le mariage produit entre l'un des conjoints et les parens de l'autre.

L'alliance s'éteint par la dissolution du mariage sans enfans, ou lorsque les enfans qui en sont issus viennent à
décéder.

Encore bien que la loi ne prononce pas la prohibition sous
peine de nullité, elle doit exister de plein droit contre un
pareil acte.

M. F. — » Une disposition de la loi nouvelle défend à
» l'huissier du juge-de-paix d'instrumenter pour ses parens, etc.
» Cette précaution a été prise, afin que l'huissier ne puisse
» être tenté de servir une partie au préjudice de l'autre. «

Il prouve ensuite que la prohibition spécialement fixée
par la loi, ne peut recevoir d'extension.

» On n'a pas cru devoir étendre la prohibition à un dégré plus
» éloigné, vu que les liaisons de parenté plus rapprochées

» dans les campagnes mettraient souvent l'huissier dans la
» nécessité de s'abstenir ; il faudrait alors recourir à d'autres
» huissiers plus éloignés, ce qui augmenterait les frais
» sans nécessité. «

Vide art. 65, la prohibition étendue aux exploits devant
les Tribunaux inférieurs, sous peine de nullité.

Arrêt de la C. S., du 24 f^re, an 11, statuant que dans
les cas où les huissiers ordinaires ne peuvent signifier
les actes de la justice de paix, la signification faite par un
de ces huissiers ne laisse pas d'être valable ; seulement l'huissier encourt l'amende de 6 fr. [R. Sir. t. 3, 2e. part. p. 284.]

Arrêt de la C. S., du 15 bre. an 13, décidant que les
huissiers de juges-de-paix qui ne sont pas huissiers ordinaires
peuvent, malgré cette circonstance, donner assignation
dans l'arrondissement de ces juges, soit devant les Tribunaux de première instance, soit devant la C. d'appel. [R. Sir.
t. 7, 2e. part. p. 1001.]

Arrêt de la même C., du 29 mdor. an 7, statuant
qu'un huissier du juge-de-paix peut signifier toutes sortes
d'actes dans l'étendue de la justice ; leur ministère ne se
borne point aux significations relatives aux justices de paix.
[*Id.* t. 1er. 1ere. part p. 227.]

Instruction de la régie de l'enregt., du 8 g^al. an 11, portant que c'est aux huissiers de justice de paix qu'appartient la
notification des contraintes qui doivent être visées et rendues
exécutoires par les juges-de-paix, ainsi que celles de tous autres actes dépendans de ces contraintes, tant qu'une opposition
de la part des redevables n'a pas saisi le Tribunal de première
instance. [R. Sir. t. 3, 2e. part. p. 154.]

Arrêt de la C. S., du 10 bre. an 12, portant que les
huissiers établis près le Tribunal de première instance,
peuvent instrumenter près la justice de paix, concurremment avec les huissiers de cette justice. [*Id.* t. 7, 2e. part.
p. 1012.]

Arrêt de la C. S., du 2 f^re. an 13, portant que l'huissier du juge-de-paix a le droit exclusif de notifier les citations devant le Tribunal de police. [*Id.* t. 5, 2e. part. p. 90.]

ART. 5. Il y aura un jour au moins entre celui de la
citation et le jour indiqué pour la comparution, si la
partie est domiciliée dans la distance de 3 *myriamètres* 1°.

Si elle est domiciliée au-delà de cette distance, il sera
ajouté un jour par trois myriamètres.

Da

Dans le cas où *les délais* 2°. n'auront point été obser-
vés, si le défendeur ne comparaît pas, le juge ordonnera qu'il sera réassigné, et les frais de la première
citation seront à la charge du demandeur.

1°. *Myriamètres*. Nouvelle mesure de distance, équivalente
à deux lieues, ancienne mesure.

2°. *Délai*, tems accordé par la loi ; il ne s'agit ici que des
délais fixés par cet article pour comparaître.

ART. 6. Dans *les cas urgens* 1°., le juge *donnera une
cédule* 2°. pour abréger les délais, et pourra même permettre de citer dans le jour et à l'heure indiquée.

1°. *Les cas urgens* sont ceux qui requièrent une célérité telle
qu'il y aurait péril dans le retard.
Voir l'art. 8 du décret du 26 obre. 1790.

2°. *Donnera une cédule*. L'article 7 du tarif n'alloue rien
pour cette cédule.

ART. 7. Les parties pourront toujours se présenter
volontairement devant un juge-de-paix, auquel cas il jugera *leur différend* 1°., soit en dernier ressort, si les
lois ou les parties l'y autorisent, soit à la charge d'appel,
encore qu'il ne fût le juge naturel des parties, ni à raison
du domicile du défendeur 2°., ni à raison *de la situation
de l'objet litigieux* 3°.

La déclaration 4°. des parties qui demanderont jugement, sera signée par elles, ou mention en sera faite
si elles ne peuvent signer.

M. F. » La nouvelle loi est plus étendue que la
» loi de 1790. Celle-ci ne prévoyait point le cas où les
» parties consentent à être jugées en dernier ressort.

» Les Rédacteurs du Code ont pensé que les affaires
» qui sont de la compétence du juge-de-paix, étant en
» général d'un intérêt peu considérable, il ne suffisait
» pas de donner aux parties la faculté de s'adresser au
» juge-de-paix en qui elles auraient plus de confiance ;

B

» mais il falloit encore qu'elles fussent libres de renon-
» cer à l'appel ; ce moyen en évitera beaucoup. «

1°. *Différend.* Expression synonyme à procès, ou contestation en cause.

2°. *Domicile du défendeur. Vide* art. 1er., note 3.

3°. *Situation de l'objet litigieux.* Position d'un jardin, d'une
maison, d'un pré, d'une vigne, etc. L'objet litigieux est celui
qui fait la matière de la contestation qu'il s'agit de décider.

4°. *La déclaration* est en général l'action par laquelle on
déclare ou fait connaître celle dont il s'agit ici, ayant pour
objet ou de se donner un juge de son choix, ou d'ajouter au
pouvoir que la loi lui donne. Elle doit être formelle, sans
équivoque, et sur-tout contenir la renonciation à l'appel :
telle est la véritable intention des parties.

Voir l'art. 11 du décret du 16 obre. 1790.

L'article 11 du tarif défend de rien taxer au greffier pour
avoir reçu cette déclaration.

Arrêt de la C. S. du 3 obre. 1808, décidant que l'acte
par lequel les parties conviennent à l'audience de dispenser le juge d'observer une formalité d'instruction, a le
caractère d'un contrat judiciaire qu'il n'est pas nécessaire que
le procès-verbal d'une telle convention soit signé des parties.
(R. Sir. t. 8, 1ere. part. p. 438.)

Arrêt de la C. S. du 22 juin 1808, décidant qu'il n'y a
pas prorogation valable de la jurisdiction du juge-de-paix
si les parties n'ont pas employé la forme prescrite par l'article 11 du titre 1er. de la loi du 14 obre. 1790 ; et par l'article 7 du Code de Procédure civile, c'est-à-dire, si leur consentement *n'a été exprès formel et signé.* En ce cas, le juge-de-
paix ne peut excéder les bornes de sa compétence ordinaire
sans qu'il y ait lieu par cela seul de casser son jugement ; la
partie elle-même qui a saisi le juge incompétent, est recevable à se plaindre de ce qu'il a jugé. [R. Sir. t. 8, 1ere. part.
p. 532.]

(19)

SOMMAIRES, Liv. 1ᵉʳ., Titre 2.

Des Audiences du Juge-de-Paix.

B 2

ART. 8. Les juges-de-paix indiqueront au moins *deux audiences* 1º. par semaine ; ils pourront juger tous les jours, même ceux de dimanches et fêtes, le matin et l'après-midi.

Ils pourront donner audience chez eux 2º., en tenant les portes ouvertes.

1º. *Audience.* Ce terme désigne la séance dans laquelle les juges écoutent les plaintes et les contestations qui sont portées devant eux.

M F. ---» La loi de 1790 assujettissait les juges-de-paix » des villes à indiquer trois audiences par semaine ; elle n'im-» posait point cette obligation aux juges-de-paix des cam-» pagnes. Le Code fait cesser toute distinction. «

2º. *Ils pourront donner audience, etc.* Consultez un arrêt de la C. Imp. de Paris, sur la question si le juge-de-paix doit énoncer qu'il a tenu les portes ouvertes. [R. Sir. t. 3 , 2e. ptie. p. 233.]

Id. Si le juge-de-paix peut recevoir une enquête en son domicile.

ART. 9. Au jour fixé par la citation, ou convenu entre les parties, elles comparaîtront en personne, ou par leurs *fondés de pouvoirs* 1º., sans qu'elles puissent faire signifier aucune *défense* 2º.

1º. *Fondés de pouvoirs*, sont ceux qui ont pouvoir d'agir pour autrui.

2º. *Défenses* sont les moyens de fait ou de droit que l'on emploie contre une action.

ART. 10. Les parties seront tenues de s'expliquer avec *modération* 1º. devant le juge, et de garder en tout le respect 2º. qui est dû à la justice : si elles y manquent, le juge les y rappellera d'abord par un avertissement ; en cas de récidive, elles pourront être condamnées à une *amende* 3º., qui n'excédera pas la somme de dix francs, avec affiches du jugement, dont le nombre n'excédera pas celui des communes du canton.

1º. *Modération* [en morale] est une vertu qui gouverne et règle nos passions. [Dans l'ancienne jurisprudence] ce mot signifiait adoucissement ou diminution d'une peine ou d'une amende prononcée par un tribunal inférieur.

Ainsi, l'acception morale convient mieux ici que l'acception de l'ancienne jurisprudence. L'article prescrit de s'expliquer avec *modération*, c. à d. avec une décence exclusive de tout emportement et de toutes personnalités injurieuses au juge et aux parties.

2°. *Le respect* est, généralement parlant, l'aveu de la supériorité de quelqu'un. Ce n'est point ce genre de respect que la loi veut désigner par ces expressions *respect dû à la justice*; elle entend quelque chose de plus formellement manifesté; on doit donc se tenir aux audiences dans un maintien décent, la tête nue, n'y parler qu'à son tour, et n'y manifester aucun signe d'approbation ou d'improbation.

3°. *Amende* est une peine pécuniaire imposée par la justice pour quelque infraction aux lois, ou pour réparation de quelque délit ou contravention. C'est enfreindre la loi que de s'écarter du respect dû au juge dans l'audience.

Arrêt de la C. S. du 3 bre. an 10, décidant que tout Tribunal est compétent pour statuer en matières d'injures proférées à son audience, et poursuivies incidemment par devant lui. [R. Sir, t. 2, 1ere. ptie. p. 80.]

Art. 11. Dans le cas *d'insulte* 1°. ou *irrévérence grave* 2°. envers le juge, il en dressera *procès-verbal* 3°. , et *pourra condamner* 4°. à un emprisonnement de trois jours au plus.

1°. *Insulte*, espèce d'injure accompagnée de mépris; elle a lieu ou par action, ou par discours, ou par écrit, ou par regard, ou par geste; il y a même un silence insultant.

2°. *Irrévérence grave*, manque de vénération suivant son acception grammaticale. Ce mot ne convient guères qu'aux choses saintes; mais ici il signifie manque de respect au juge, quelque écart au-dessus de l'insulte.

3°. *Procès-verbal*. Ce nom s'applique généralement à tous les actes dressés par gens ayant serment en justice, qui contiennent et établissent un fait par le rapport des dires et contestations, comparutions des parties et de toutes les circonstances qui peuvent le constater; ici, il signifie la rédaction pure et simple des faits qui caractérisent l'insulte ou l'irrévérence grave envers le juge.

4°. *Pourra condamner.* M. F. dit : » Le Code prévoit,
» comme la loi de 1790, le cas d'insulte ou d'irrévérence grave
» envers le juge ; mais la loi de 1790 voulait que le coupable
» fût jugé par le Tribunal du District. Le Code autorise le juge-
» de-paix à le juger lui-même «.

ART. 12. *Les jugemens* 1°. dans les cas prévus par
les articles ci-dessus, seront exécutoires *par provision* 2°.

1°. *Jugement* [Jurisp.] est ce qui est ordonné par le juge
sur une contestation portée devant lui ; ici, c'est ce qu'il prononce sur une insulte et outrage faits à sa personne.

2°. *Par provision.*, c. à d. quand même le condamné appel-
lerait ; car il eût été inutile d'ordonner l'exécution provisoire, si la faculté d'appeller n'était ouverte.

M. Lepage partage cet avis, motivé » sur ce que toute con-
» damnation pénale est moins fâcheuse par le sacrifice pécu-
» niaire qu'elle occasionne, que par l'espèce de honte qu'elle
» cause, et qui ne peut être évaluée en argent «.

ART. 13. Les parties ou leurs fondés de pouvoirs seront
entendus *contradictoirement* 1°. La cause sera jugée
sur-le-champ, ou à la première audience ; le juge, s'il
le croit nécessaire, se *fera remettre les pièces* 2°.

1°. *Contradictoirement* s'explique par la signification du
mot *contradictoire.* Ce terme s'applique à tout ce qui se fait
en présence des parties intéressées. Le demandeur doit donc
s'expliquer en présence du défendeur, et réciproquement le
défendeur en présence du demandeur. Un jugement n'est contradictoire que quand il est rendu toutes les parties entendues.

2°. *Se fera remettre les pièces.* Les pièces sont la propriété
de celui qui les invoque ; ainsi, si le juge a le droit de se les
faire remettre, ce ne peut être qu'avant le jugement, et pour
fixer le rapport qu'elles ont avec l'objet de la contestation ;
mais il doit les rendre à la partie qui les a remises aussitôt
que par un jugement il se trouve dessaisi de son pouvoir légal.

ART. 14. Lorsqu'une des parties déclarera vouloir *s'inscrire en faux* 1°., et *déniera l'écriture* 2°., ou déclarera
ne pas la reconnaître 3°., le juge lui en *donnera acte* 4°. ;
il *paraphera la pièce* 5°., et *renverra la cause* 6°.
devant les juges qui doivent en connaître.

B 4

1°. *S'inscrire en faux*, c'est puser une déclaration judiciaire par laquelle on soutient qu'une pièce ou un titre est faux, et par elle on contracte l'obligation de justifier son avancé.

2°. *Dénier l'écriture* d'un acte ou d'une signature y apposée, c'est soutenir que l'écriture ou la signature ne sont pas le fait de celui dont on les prétend émanés, et cette déclaration est toujours affirmative.

3°. *Ne pas reconnaître* n'est pas absolument affirmatif ; on laisse par ce genre de néance un doute sur la possibilité que la pièce représentée soit réellement l'ouvrage de l'auteur qu'on lui donne.

4°. *Donnera acte* ou de l'inscription de faux, ou de la dénégation d'écriture, ou de la simple méconnaissance, suivant ce qui sera déclaré.

5°. *Paraphera la pièce.* L'article 7 du tarif n'accorde rien pour cette opération.

6°. *Et renverra la cause*, etc. *Vide* art. 214 et suivans, le mode de procéder d'après ce renvoi.

ART. 15. Dans le cas où un *interlocutoire* 1°. aurait été ordonné, la cause sera jugée *définitivement* 2°. , au plus tard, dans le délai de quatre mois du jour du jugement interlocutoire ; après ce délai, *l'instance sera périmée de droit* 3°. ; le jugement qui serait rendu sur le fond sera sujet à l'appel, même dans les matières dont le juge-de-paix connaît en dernier ressort, et sera *annullé* 4°. sur la réquisition de la partie intéressée.

Si l'instance est périmée par la faute du juge, il sera passible des dommages et intérêts.

1°. *Un interlocutoire.* L'interlocutoire est un jugement qui ordonne quelque chose pour l'instruction ou pour l'éclaircissement d'une contestation. On dit un jugement interlocutoire, et quelquefois pour abréger un interlocutoire.
Vide sa définition légale, art. 452, §. 2.

2°. *Définitivement.* On juge définitivement une affaire quand on fait droit sur le fond des demandes formées au procès.

3°. *Périmée de droit.* La péremption est une espèce de prescription qui annulle les procédures ; celle dont il s'agit ici ne ressemble point aux autres péremptions qu'il faut faire juger ; elle existe de droit par la seule expiration du délai de quatre mois , depuis l'interlocutoire prononcé.

Arrêt de la C. S. du 4 fer. 1807 , qui décide que la partie qui a empêché l'instruction d'un procès devant la justice de paix , ne peut se plaindre de ce qu'il n'a pas été jugé dans le délai de quatre mois. (R. Sir. t. 8 , 1ere, ptie. p. 40.)

4°. *Sera annulé.* Annuler [Jurisp.] c'est casser, révoquer un acte ou une procédure.

Vide l'art. 7 , titre 7 , décret du 26 obre. 1790.

Art. 16. *L'appel* 1°. *des jugemens de la justice de paix ne sera pas recevable* 2°. *après les trois mois , à dater du jour de la signification* 3°. *faite par l'huissier de la justice de paix , ou tel autre commis par le juge.*

1°. *L'appel* est l'action de recourir à un Tribunal compétent pour faire réformer un jugement rendu par un autre Tribunal.

L'art. 27 du tarif fixe le droit pour cet appel.

Arrêt de la C. S. du 22 prairial an 8 , portant que lorsqu'un jugement est qualifié rendu *en justice de paix* , et que la matière du procès , la forme et la nature de la disposition indiquent un jugement de police , ce n'est point à des juges civils qu'il appartient d'en connaître sur l'appel. [R. Sir. t. 1er. , 2e. ptie. p. 248.]

2°. *Ne sera pas recevable.* Cette disposition n'est pas seulement comminatoire ; elle est de rigueur. *Vide* art. 1029.

3°. *De la signification.* L'art. 21 du tarif fixe le droit pour cette signification.

Art. 17. Les jugemens des juges-de-paix , jusqu'à concurrence de trois cens francs , *seront exécutoires par provision* 1°. , nonobstant l'appel, et sans qu'il soit besoin de fournir caution : les juges-de-paix pourront , dans les autres cas , ordonner l'exécution provisoire de leurs jugemens , mais à la charge *de donner caution* 2°.

L'art. 21 du tarif fixe le droit de l'expédition de ces jugemens , à raison du nombre des rôles dont il détermine la composition.

1°. *Exécutoires par provision.* Par l'art. 9 du titre 3 de la loi du 24 août 1790 , le juge-de-paix ne pouvait ordonner l'exé-

cution provisoire de ses jugemens qu'en matière purement
personnelle et mobiliaire , et à la charge de donner caution.

M. T. — » Nous avons pensé qu'il fallait établir une
» règle fixe sur l'exécution provisoire des décisions du juge-
» de-paix.

» S'il arrive quelquefois qu'une personne justement condam-
» née , abandonne, lorsque le jugement est exécuté , un appel
» qui serait inutile et ruineux pour elle , il peut aussi quel-
» quefois arriver que l'exécution provisoire d'un jugement
- fasse un tort peut-être irréparable à celui qui cependant doit
» parvenir à le faire infirmer.

» Sans doute la présomption est dans le principe en faveur
» du jugement ; mais enfin on ne doit pas donner trop d'effet
» à cette présomption.

» La règle [admise] concilie tous les intérêts. Les juge-
» mens des juges-de-paix seront en général exécutoires par
» provision, *mais à la charge de donner caution* ; ainsi, le grief
» qu'aurait pu faire cette exécution sera réparé, et les parties
» auront au moins cette espérance quand elles poursuivront
» l'infirmation du jugement : les jugemens ne seront exécu-
» toires sans caution, que jusqu'à concurrence de 300 fr. , c'est-
» à-dire, pour des objets qui ne sont pas d'une bien grande
» importance, et dans des cas où il est fort à desirer , même
» pour les parties, que les appels soient très-rares. «

M. F. — » Quant aux jugemens des contestations, si
» l'objet en litige n'excède pas 300 fr., l'exécution provi-
» soire, nonobstant appel, a lieu de droit et sans caution.
» Au-delà de 300 fr. , il faut que l'exécution provisoire soit
» ordonnée par le juge ; et lorsqu'il croit devoir l'accorder,
» la caution est indispensable. Cette disposition nouvelle con-
» cilie la faveur due au jugement , avec la distinction qui doit
» être faite entre les causes d'un intérêt léger, et celles d'un
» intérêt plus considérable. «

Vide art. 136 , la nécessité d'ordonner par le même jugement l'exécution provisoire.

2°. *Caution.* C'est la personne qui répond de l'exécution de
l'obligation contractée par une ou plusieurs personnes : ici,
c'est la personne qui répond de la restitution des valeurs reçues par celui qui a obtenu le premier jugement en sa faveur,
si celui contre lequel il est rendu parvient à le faire infirmer
sur son appel.

Vide art. 517 et suivans, les règles relatives aux cautions
à fournir.

Art. 18. *Les minutes* 1°. de tout jugement seront portées par le greffier sur la *feuille d'audience* 2°. , et *signées par le juge qui aura tenu l'audience* 3°. , *et par le greffier.*

1°. *Les minutes* sont les originaux des jugemens qui s'expédient dans les greffes , d'après lesquelles on délivre des grosses ou des expéditions authentiques et exécutoires.

2°. *Feuille d'audience*. L'article 1er. du titre 8 de la loi du 26 obre. 1790 , portait que le greffier enregistrerait et numéroterait chaque affaire sur un registre , et l'art. 3 du même titre lui prescrivait de tenir une minute particulière pour chaque affaire. Ces minutes doivent être nécessairement remplacées par une feuille d'audience. *Vide* art. 138.

3°. *Signées par le juge qui aura tenu l'audience*. Cette signature complette le jugement , et assure que sa rédaction est conforme à la prononciation qui en a été faite ; voilà pourquoi il doit être signé par celui même qui aura tenu l'audience , et par le greffier qui assiste à la prononciation , et contribué à la rédaction.

La loi ne prescrit rien spécialement sur la forme de rédaction des jugemens du juge-de-paix. Mais , suivant M. Lepage , *tout jugement* doit contenir cinq parties essentielles.

La première énonce les noms et qualités des parties.

La seconde rappelle les prétentions du demandeur et les défenses du défendeur.

Par la troisième , les points de fait et de droit sont établis.

Dans la quatrième , le juge donne les motifs qui le déterminent.

Enfin , la cinquième contient la décision ; c'est ce qu'on nommé le dispositif.

Voir l'art. 141 ; on y trouvera de plus que les jugemens doivent contenir les noms des juges. Voir aussi aux art. 146 et 545 , les formalités, pour que les jugemens soient exécutoires.

SOMMAIRES, Liv. 1er., Tit. 3.

DES JUGEMENS PAR DÉFAUT, ET DES OPPOSITIONS A CES JUGEMENS.

ART. 19. Si, au jour indiqué par la citation, l'une des parties ne comparaît pas, *la cause sera jugée par défaut* 1°. , sauf la réassignation *dans le cas prévu dans le dernier alinéa de l'article 5* 2°.

1°. *La cause sera jugée par défaut.* On nomme jug. par défaut celui rendu sur la demande de l'une des parties, sans que l'autre ait été entendue.

2°. *Dernier alinéa de l'art. 5* ; c. à d. si l'assigné n'a pas eu les délais prescrits par cet art. , l'art. 21 du Tar. fixe les droits de l'huissier pour cette réassignation.

ART. 20. La partie condamnée par défaut, pourra former opposition dans les trois jours de la signification faite par l'huissier du juge-de-paix, ou autre qu'il aura commis.

L'opposition 1°. contiendra sommairement les moyens de la partie et assignation au prochain jour d'audience, en observant toutefois les délais prescrits pour les citations; elle indiquera les jour et heure de la comparution, et sera notifiée ainsi qu'il est dit ci-dessus.

1°. *L'opposition.* M. F. : » La loi de 1790 exigeait une » cédule de citation pour former opposition aux jugemens » par défaut. Le C. supprime également cette cédule ; mais » l'opposition doit contenir, etc. comme en l'art. «

[Il ajoute] que rien ne sera plus facile, puisque le juge-de-paix sera obligé d'indiquer au moins deux audiences par semaine. *Vide* l'art. 3, tit. 3, décret 26 obre. 1790.

L'opposition en général est un acte dont l'objet est d'empêcher qu'on ne fasse quelque chose au préjudice de la personne à la requête de laquelle il est fait ; ici, c'est un acte autorisé par la loi pour parvenir à faire rapporter par le juge un jugement rendu sans contradiction préalable.

L'art. 21 du Tar. fixe les droits de l'huissier pour cette opposition.

ART. 21. Si le juge-de-paix sait par lui-même, ou par les représentations qui lui seraient faites à l'audience, par les proches, voisins ou amis du défendeur, que celui-ci n'a pu être instruit de la procédure, *il pourra en adjugeant le défaut, fixer pour le délai de l'opposition* 1°., le tems qui lui paraîtra convenable ; et dans le cas où *la prorogation* 2°. n'aurait été ni accordée d'office, ni demandée, *le défaillant pourra être relevé* 3°. de la rigueur du délai, et admis à opposition, en justifiant qu'à raison d'absence ou de maladie grave, il n'a pu être instruit de la procédure.

1°. *Il pourra en adjugeant, etc.* Modification à l'art. 19, qui prescrit de juger par défaut, lorsque l'une des parties ne comparaît.

2°. *Prorogation* signifie une continuation de délai.

3°. *Le défaillant pourra être relevé.* Exception de faveur qui ne peut s'appliquer qu'aux cas exprimés.

ART. 22. *La partie opposante* 1°. *qui se laisserait juger une seconde fois par défaut, ne sera plus reçue à former une nouvelle opposition* 2°.

1°. *La partie opposante.* Celle contre laquelle le jugement par défaut a été prononcé.

2°. *Ne sera plus reçue à former,* etc. Il a toujours été fixé comme principe fondamental de l'ordre judiciaire, qu'opposition sur opposition ne valait.

~~~~~~~~~~

SOMMAIRES, LIV. Ier., TIT. 4.

DES JUGEMENS SUR LES ACTIONS POSSESSOIRES.
~~~~~~~~~~

M. F. — « La connaissance des actions possessoires fait
» partie des attributions des justices de paix ; le Code
» supplée à cet égard au silence de la loi de 1790 : il dit, comme
» l'Ordonnance de 1667, que l'action possessoire doit être for-
» mée dans l'année du trouble ; mais il ajoute, ce que la ju-
» risprudence seule avait établi que celui qui forme cette

» action doit être en possession depuis un an au moins. « *Vide*
l'art. 2229 C. N. sur les caractères de la possession.

» Quant aux règles qui concernent la possession, c'est au
» Code Civil qu'il faut se référer «.

CODE NAP^{on}.

ART. 2228. La possession est la détention ou la jouissance d'une chose ou d'un droit que nous tenons ou que
nous exerçons par nous-mêmes, ou par un autre qui la
tient ou qui l'exerce en notre nom.

ART. 2229. Pour pouvoir prescrire, il faut une possession continue et non-interrompue, paisible, publique,
non-équivoque, et à titre de propriétaire.

ART. 2230. On est toujours présumé posséder pour
soi, et à titre de propriétaire, s'il n'est prouvé qu'on
a commencé à posséder pour un autre.

ART. 2231. Quand on a commencé à posséder pour
autrui, on est toujours présumé posséder au même titre,
s'il n'y a preuve du contraire.

ART. 2232. Les actes de pure faculté et ceux de simple
tolérance ne peuvent fonder ni possession, ni prescription.

ART. 2233. Les actes de violence ne peuvent fonder non
plus une possession capable d'opérer la prescription.

La possession utile ne commence que lorsque la violence a cessé.

ART. 549 du même Code. Le simple possesseur ne fait
les fruits siens que dans le cas où il possède de bonne
foi : dans le cas contraire, il est tenu de rendre les produits avec la chose au propriétaire qui la revendique.

ART. 550. Le possesseur est de bonne foi quand il
possède comme propriétaire, en vertu d'un titre trans-
latif de propriété dont il ignore les vices.

Il cesse d'être de bonne foi du moment où ces vices
lui sont connus.

M.

M. F. — » Une autre observation se présente ici : de
» ce que les actions sur les déplacemens de bornes et usurpa-
» tions des terres, sont mises au rang des actions posses-
» soires, et dès-lors attribuées au juge-de-paix, il ne s'en-
» suit pas que si le fait est accompagné de circonstances
» qui caractérisent un délit, on ne puisse rendre plainte ;
» alors le délit serait jugé par le Tribunal de Police correc-
» tionnelle, et il pourrait y avoir lieu à l'application des
» peines prononcées par la loi du 28 septbre. 1791, qui a
» prévu les cas des déplacemens de bornes et d'usurpation de
» terres qui caractérisent un délit. «

La loi citée porte, art. 32 : Quiconque aura déplacé
ou supprimé des bornes ou pieds-corniers, ou autres
arbres plantés ou reconnus pour établir les limites entre
différens héritages, pourra, en outre du paiement du
dommage et des frais du remplacement de bornes, être
condamné à une amende de la valeur de douze journées
de travail, et sera puni par une détention dont la durée proportionnée à la gravité des circonstances n'excédera pas une année. La détention pourra cependant être
de deux années, s'il y a transposition de bornes, afin
d'usurpation.

Il est encore un autre délit qui peut être incident aux
actions possessoires prévu par l'art. 15 de la même loi ;
il porte :

Personne ne pourra inonder l'héritage de son voisin,
ni lui transmettre les eaux d'une manière nuisible, sous
peine de payer le dommage et une amende, qui ne
pourra excéder la somme du dédommagement.

Arrêt de la C. S., du 17 mesor. an 8, décidant qu'en matière de cours d'eau, la contravention à un jugt. rendu sur
action possessoire, est une voie de fait passible des peines
de police. [R. Sir. t. 1er. 2e. ptie. p. 256.]

ART. 23. *Les actions possessoires* 1°. ne seront re-
cevables qu'autant qu'elles auront été formées *dans l'année du trouble* 2°., par ceux qui, depuis une année au

moins, étaient en possession paisible, par eux ou le leur, à titre non précaire 3°.

1°. *Les actions possessoires* sont celles qui sont données par les possesseurs de fonds contre ceux qui les troublent dans leur possession.

Arrêt de la C. S., du 24 fér. 1808, décidant que l'action en complainte est admissible en matière de cours d'eau [R. Sir. t. 8, 1ere. ptie. p. 493.]

Arrêt de la même C., du 8 vendre. an 14, décidant que sous l'empire du Code Civil, la possession d'une haie séparative peut, en cas de trouble, autoriser une action possessoire. [*Id.* t. 6, 1ere. ptie. p. 750.]

Arrêt de la même C., du 24 jllet. 1810, décidant que le trouble dans l'exercice d'un droit de passage [servitude imprescriptible] autorise l'action en complainte si le demandeur se prévaut à-la-fois de la possession annale et d'un titre qui en soit le fondement.

Qu'apprécier le titre du complaignant pour savoir si la possession est précaire ou de tolérance, ce n'est point de la part du juge toucher au pétitoire. [*Id.* t. 10, 1ere. ptie. p. 334. Den. 1810, 1ere. ptie. p. 413.]

Arrêt de la même C., du 24 fér. 1808, décidant que les juges-de-paix ont le droit de prononcer sur une demande en complainte formée à cause d'un trouble dans la possession annale d'un cours d'eau servant à l'arrosement des prés. [R. Sir. t. 8, 1ere. ptie. p. 493.]

Arrêt de la C. S., du 16 juin 1810, décidant, 1°. qu'une action qualifiée possessoire et relative à une entreprise sur un cours d'eau, est de la compétence du juge-de-paix, quel que soit le caractère attribué à la possession annale du demandeur.

2°. Que le juge-de-paix doit statuer en dernier ressort sur une action possessoire, si les dommages réclamés ne s'élèvent pas au-dessus de 10 fr.

3°. Que tout jugt. de juge-de-paix est sujet à l'appel, s'il s'agit d'incompétence. [Den. 1810, 2e. ptie. p. 365.]

Arrêt de la C. S., du 1er. avril 1806, décidant que même à l'égard des biens communaux, il peut y avoir lieu à action possessoire devant le juge-de-paix, et que sur cette action doit être suivie la règle qui fait maintenir ou réintégrer celui qui a la possession annale. [R. Sir. t. 6, 1ere. ptie. p. 273.]

Arrêt de la même C., du 6 fre. an 14, décidant que le droit de puiser de l'eau [à titre de servitude discontinue] ne peut autoriser l'action en complainte [hors le cas de nécessité, pour une commune ou un hameau.] [Id. t. 9, 1ere. ptie. p. 35.]

Arrêt de la même C. du 25 août 1812, décidant que l'action possessoire en matière de cours d'eau n'est recevable qu'autant que le demandeur fonde son action sur une espèce de possession que la loi répute utile à prescription. [R. Sir. t. 12, 1ere. ptie. p. 350.]

Arrêt de la C. S., du 7 obre. 1807, décidant que l'action possessoire n'est pas admise en matière de servitudes qui ne peuvent s'établir que par tittes. [Den. 1807, 2e. ptie. p. 505.]

Arrêt semblable de la même C., du 21 obre. 1807. [Den. 1807, 1ere. ptie. p. 508.]

Arrêt de la même C., du 13 août 1810, décidt. que la possession annale depuis le Code N., d'un droit de passage [ou de servitude imprescriptible] ne suffit pas pour autoriser l'action possessoire en cas de trouble. [R. Sir. t. 10, 1ere. ptie. p. 333. Den. 1810, 2e. ptie. p. 409.]

Arrêt de la C. S., du 23 novbre. 1808, décidant que le droit de puiser de l'eau à titre de servitude, ne peut autoriser l'action en complainte. [R. Sir. t. 9, 1ere. ptie. p. 35.]

Arrêt de la même C., du 13 mars 1810, décidant qu'une action possessoire ne peut être accueillie lorsque l'autorité administrative a autorisé ou déclaré légitime le fait dont se plaint le demandeur. [Den. 1810, 1ere. ptie. p. 149.]

Arrêt de la même C., du 8 jllet. 1812, décidant qu'en cas d'enclave, un passage est imprescriptible ; que s'il y a trouble, l'action possessoire n'est pas recevable ; qu'il faut se pourvoir au pétitoire. C. N. art. 682 et 691. [R. Sir. t. 12, 1ere. ptie. p. 298.]

Arrêt de la C. S., du 10 fer. 1812, décidant qu'en matière de servitude prescriptible avant le Code, et imprescriptible depuis le Code, la complainte n'est pas recevable au cas de possession annale avant le Code, et continuée depuis. [R. Sir. t. 13, 1ere. ptie. p. 3]

Arrêt de la C. S. du 25 août 1806, décidant que lorsque le demandeur en complainte ne conclut pas du tout à des dommages et intérêts, la demande ne peut être jugée en dernier ressort. [R. Sir. t. 7, 2e. ptie. p. 781 et 782.]

Arrêt de la C. S. du 2 avril 1811, décidant que de ce que le demandeur par action possessoire a conclu à des dommages et intérêts non excédant 50 fr., il ne s'ensuit pas que le juge doive être de dernier ressort, si au lieu de conclure simplement à la maintenue en possession , le demandeur a conclu à la démolition d'un nouvel œuvre. [R. Sir. t. 12 ; 1ere, ptie, p. 149.]

Arrêt de la même C. du 6 8bre, 1807 , décidant que le juge-de-paix peut prononcer en der. ressort sur une action possessoire, lorsque le demandeur n'a conclu qu'en des dommages et intérêts qu'il plaisait au juge fixer, et que celui-ci ne les fixe qu'à une somme au-dessous de 50 fr. [Den. 1808, 2e, ptie, p. 179 ; R. Sir. t. 7, 2e, ptie, p. 180.]

Arrêt semblable , de la m. C. sur la même question, du 1er. jllet. 1812. [R. Sir. t. 12, 1ere. ptie. p. 351 ; Den. 1812, 1ere. ptie. p. 196.]

Arrêt semblable , de la même C. , du 23 8bre. 1808 , avec cette addition que le jugement dans ce cas doit être réputé en dernier ressort, lors même que le juge-de-paix n'a entendu prononcer qu'à la charge de l'appel. [Den. 1808, 1ere. ptie. p. 523.]

Arrêt de la C. S. du 13 juin 1810 , décidant, 1°. qu'un jugement rendu par un juge-de-paix, sur sa compétence, est soumis à l'appel, encore que la matière du procès soit dans les termes du dernier ressort ; 2°. qu'un cours d'eau est de sa nature susceptible d'une possession caractérisée servant de base à une action possessoire. [R. Sir. t. 11, 1ere. ptie. p. 164.]

Arrêt de la C. S. du 13 novbre. 1811 , qui décide qu'en matière possessoire , le jugement du juge-de-paix doit , indépendamment de toute qualification , être réputé en der. ressort, si les dommages et intérêts réclamés par le demandeur n'excèdent pas 50 fr., lors même que réunis à ceux demandés reconventionnellement par le défendeur, ils s'élèvent au-dessus de cette somme. [Den. 1812, 1ere. ptie. p. 80. R. Sir. t. 12, 2e. ptie. p. 148.]

Arrêt de la C. S. du 1er. jllet. 1812 , statuant qu'en matière d'action possessoire , il y a lieu de juger en der. ressort, lorsque les dommages et intérêts ont été originairement indéterminés , si dans le cours de l'instance ils ont été fixés à 50 fr. [Den. 1812 , 1ere. ptie. p. 476. R. Sir. t. 12, 1ere. ptie. p. 476.]

2°. *Dans l'année du trouble.* La raison de cette règle est que celui qui a laissé écouler un an depuis le trouble , sans donner l'action possessoire, a perdu le droit de possession qu'il avait. Il a passé à l'auteur du trouble.

Arrêt de la C. S. du 12 juin 1809 , décidant que celui qui, après avoir succombé au possessoire , a joui depuis un an et un jour, ne peut demander à être maintenu en possession. [Den. 1809, 2e. ptie. p. 118.]

3º. *A titre non précaire.* Un titre précaire est celui en vertu duquel on ne jouit pas *animo domini*, tel que la commission d'un gardien, d'un dépositaire, un bail à ferme.

Arrêt de la C. S. du 16 Fre. an 14, décidant que lorsqu'un fermier dont le titre est résolu, prétend se maintenir en jouissance contre le gré du propriétaire, celui-ci peut exercer l'action en complainte contre le fermier. [R. Sir. t. 7, 2e. ptie. p. 772.]

Arrêt de la même C. du 7 septbre. 1808, décidant que la voie de complainte n'est pas ouverte au simple fermier, quand il l'exerce pour raison de troubles apportés à l'exercice d'un droit nécessaire à son exploitation. [Id. t. 8, 1ere. ptie. p. 155.]

Arrêt de la même C. du 5 pluvse. an 11, décidant que lorsque le nouvel acquéreur conteste, en vertu de son titre, le droit de jouissance du fermier qu'il trouve en possession du bien vendu, le juge-de-paix ne peut maintenir le fermier dans sa possession, en donnant la préférence au bail sur l'acte de vente. [Id. t. 3, 2e. ptie. p. 275.]

Arrêt de la C. S. du 7 septbre. 1808, décidant qu'un fermier troublé dans l'exercice d'une servitude nécessaire, ou au moins utile à son exploitation, ne peut exercer l'action possessoire. [Den. 1808, 1ere. ptie. p. 459.] *Vide* art. 25, not. 2.

ART. 24. Si la possession ou le trouble sont déniés, *l'enquête* 1º. qui sera ordonnée ne pourra porter *sur le fond du droit* 2º.

1º. *L'enquête* est une recherche qui se fait par ordre de justice. Pour cet effet, on reçoit des dépositions de témoins sur des faits dont quelqu'un veut avoir la preuve, soit par cette voie seule, soit pour faire concourir cette preuve testimoniale avec quelque preuve par écrit.

Vide art. 34, notes 3 et 4, dans quels cas il y a lieu à enquête, et ce que le jugt. doit contenir essentiellement.

2º. *Sur le fond du droit ;* c. à d. sur les faits qui ne seraient utiles qu'à la décision de l'action pétitoire.

ART. 25. *Le possessoire* 1º. et *le pétitoire* 2º. ne seront jamais cumulés.

1º. *Le possessoire* est une poursuite qui ne regarde que la possession d'un héritage ou de quelque droit.

2°. *Le pétitoire* est une demande faite en justice pour obtenir la propriété d'un héritage.

Arrêt de la C. S. du 3 obre. 1810, décidant que lorsqu'un fermier a été traduit directement devant le Tribunal en délaissement de terres usurpées dans l'année, et qu'appellé dans l'instance, le propriétaire a refusé de prendre son fait et cause, les parties ne peuvent être renvoyées devant le juge-de-paix, sur le motif qu'un fermier ne pouvant défendre au pétitoire, il ne peut s'agir avec lui que d'une action possessoire. [R. Sir. t. 11 , 1ere. ptie. p. 23. Den. 1810 , 1ere. ptie. p. 496.]

Arrêt de la C. S. du 23 avril 1811 , décidant, 1°. que celui qui prétend que le propriétaire d'un étang l'a troublé dans sa possession annale du terrein que l'eau couvre, quand elle est à la hauteur de la décharge , ne peut le poursuivre au possessoire.

2°. Que le propriétaire de l'étang est, d'après l'art. 558 du C. N. , réputé l'être toujours de ce terrein , malgré toute possession contraire. [Den. 1811 , 1ere. ptie. p. 326. R. t. 11 , 1ere. ptie. p. 312.]

ART. 26. Le demandeur au *pétitoire* ne sera plus recevable à agir au *possessoire*.

Vide l'arrêt 3 obre. 1810, not. 2 , art. 25.

ART. 27. Le défendeur au possessoire ne pourra se pourvoir au pétitoire qu'après que l'instance au possessoire aura été terminée ; il ne pourra , s'il a succombé , se pourvoir qu'après qu'il aura pleinement satisfait aux condamnations prononcées contre lui.

Si néanmoins la partie qui les a obtenues était en retard de les faire liquider, *le juge du pétitoire* pourra fixer pour cette liquidation un délai , après lequel l'action au pétitoire sera reçue.

Le juge du pétitoire est le Tribunal de première instance. *Vide* art. 59 , 3e. partie.

» M. T. fait remarquer que les dispositions de ce titre » n'ont rien de contraire à l'ordonnance de 1667. «

SOMMAIRES, Liv. 1er. Tit. 5.

DES JUGEMENS QUI NE SONT PAS DÉFINITIFS, ET DE LEUR EXÉCUTION.

Art. 28. Les jugemens qui ne seront pas *définitifs* 1°., ne seront point expédiés quand ils auront été rendus *contradictoirement et prononcés en présence des parties* 2°; dans le cas où le jugement ordonnerait une opération à laquelle les parties devraient assister, il indiquera le lieu, le jour et l'heure, *et la prononciation vaudra citation* 3°.

1°. *Définitifs.* Les jugemens définitifs sont ceux qui terminent une contestation; il ne s'agit ici que des jugemens préparatoires ou interlocutoires.

Vide art. 31, la prohibition d'appeler des 1ers., et la faculté d'appeller des 2ds. avant le jugement définitif.

Id. not. 1ere., l'indication de leur définition.

2°. *Contradictoirement et prononcés*, etc. Si l'une d'elles se retiroit de l'audce. avant la prononciation, la partie qui desirerait requérir l'exécution légale de ce jugement, serait forcée de le faire expédier et signifier, parce que la loi pour en dispenser, n'exige pas seulement que le jugement soit contradictoire, mais elle veut encore que ses dispositions soient connues des parties dont il fait la loi.

3°. *La prononciation vaudra citation.* *Vide* l'exception en l'art. 31, pour les jugemens interlocutoires dont l'appel est permis.

Art. 29. Si le jugement ordonne *une opération par gens de l'art* 1°., le juge délivrera à la partie requérante *cédule de citation* pour appeler les experts. Elle fera mention du lieu, du jour, de l'heure, et contiendra les motifs de l'opération ordonnée.

Si le jugement ordonne une enquête, la cédule de citation fera mention de la date du jugement, du lieu, du jour et de l'heure.

1°. *Une opération par*, etc. s'ordonne quand le juge ne peut, à l'aide de ses connaissances personnelles, décider le point du débat. Les gens de l'art, autrement dit les experts, ne doivent répondre qu'à la question de fait; au juge seul appartient de statuer sur la question de droit.

Vide art. 42, dans quels cas on peut ordonner cette opération.

L'art. 25 du T. assimile les experts aux témoins.

Pour connaître à quoi se réduit l'influence des expertises

sur le pouvoir du juge , il convient consulter les articles 322 et 323.

2°. *Cédule de citation.* Sa délivrance dans ce cas tient lieu de l'expédition du jugement qui , aux termes de l'art. 28, a dû être prononcé en présence des parties.

L'art. 9 du T. n'alloue rien au juge-de-paix pour cette cédule.

ART. 30. Toutes les fois que le juge-de-paix se transportera sur le lieu contentieux , soit pour en faire la visite , soit pour entendre les témoins , il sera accompagné de son greffier , qui apportera *la minute* du jugement préparatoire.

Minute du jugement ; sa rédaction portée sur la feuille d'audience. (Voyez art. 18 , note 2.)

L'art. 12 du T. porte qu'il sera accordé au greffier les deux tiers de la taxe du juge-de-paix.

ART. 31. Il n'y aura lieu à *l'appel* 1°. des *jugemens préparatoires* 2°. , qu'après le jugement définitif, et conjointement avec l'appel de ce jugement ; mais l'exécution des jugemens préparatoires ne portera aucun préjudice au droit des parties sur l'appel , sans qu'elles soient obligées de faire à cet égard aucune protestation ni réserve.

L'appel des jugemens *interlocutoires* 3°. est permis avant que le jugement définitif ait été rendu.

Dans ce cas , *il sera donné expédition* 4°. du jugement interlocutoire.

1°. *L'appel* est l'action de recourir à un Tribunal compétent ; pour faire réformer un jugement rendu par un autre juge ou Tribunal. L'acte d'appel se signifie à la partie qui a obtenu gain de cause, pour lui déclarer qu'on est appelant du jugement rendu à son profit. Voyez sa forme (art. 456.)

2°. *Jugemens préparatoires.* Voyez leur définition , art. 452.

3°. *Interlocutoires* , idem, ibidem. *Vide* art. 8 , not. 2 , en quel lieu le juge-de-paix peut entendre les témoins.

M. F. » Le Code porte , comme la loi de 1790 , que l'appel » des jugemens préparatoires n'aura lieu qu'après le jugement

» définitif, et conjointement avec l'appel de ce jugement!
» mais la loi de 1790 confondait les jugemens *préparatoires*
» et *interlocutoires*; ceux-ci ne sont pas de simples jugemens
» pour l'instruction de la cause. Le Code appelle jugemens in-
» terlocutoires, ceux qui sont rendus lorsque le Tribunal
» assemblé pour juger définitivement, ordonne, avant de
» rendre sa décision définitive, une preuve ou une vérifica-
» tion qui préjuge le fond. Suivant le Code, l'appel de cette
» dernière espèce de jugement sera permis sans qu'on ait be-
» soin d'attendre que le jugement définitif ait été rendu;
» car si le Tribunal saisi de l'appel, trouve inutile cette preuve,
» cette vérification, il évitera aux parties des dépenses super-
» flues, en infirmant la décision du juge-de-paix «.

4°. *Il sera donné expédition.* Exception à la prohibition de
l'art. 18, motivée sur ce que le Tribunal d'appel doit être mis à
portée d'infirmer ou de confirmer le jugement soumis à sa
vérification.

SOMMAIRES, Liv. Ier., Tit. 6.

DE LA MISE EN CAUSE DES GARANS.

	ARTICLES.
	C. N. C. P. C.
Quand l'appel d'un garant doit être de- mandé.	
Forme de la citation.	32
Qui est garant ?	
Ind^{on}. des articles qui fixent les délais.	
Citation libellée. (Ce qu'on entend par)	
Quand la demande en garantie peut être séparée de l'action.	33

ART. 32. Si au jour de la 1ere. comparution, le défendeur demande à mettre *garant* 1°. en cause, le juge
accordera *délai suffisant* 2°. en raison de la distance du
domicile du garant. La citation donnée au garant *sera
libellée* 3°., sans qu'il soit besoin de lui notifier le jugement qui ordonne sa mise en cause.

1°. Le garant est celui qui se rend responsable de quelque
chose envers quelqu'un, et qui est obligé de l'en faire jouir.

Quant aux divers principes relatifs tant à la nature de la garantie qu'aux effets de l'appel en cause des garans, on peut consulter le Code depuis l'art. 175 jusques et compris l'art. 185.

2°. *Délai suffisant*, etc. *Vide* art. 5, note 2, et les articles 175, 176, et l'art. 1033.

3°. *Sera libellée.* Libellé, c. à d. motivé et appuyé. La loi dispense de la notification du jugement qui ordonne la mise en cause du garant; mais elle prescrit au moins implicitement de faire connaître au défendeur en garantie et les causes de l'action principale, et celle de l'action récursoire, afin qu'il puisse s'en défendre ou y acquiescer.

L'art. 21 du T. fixe le droit de la citation pour demande en garantie.

ART. 33. Si la mise en cause n'a pas été demandée à la première comparution, ou si la citation n'a pas été faite dans le délai fixé, il sera procédé, sans délai, au jugement de l'action principale, *sauf à statuer séparément sur la demande en garantie.*

Sauf à statuer séparément, etc. *Vide*, art. 184, quand la demande originaire et celle en garantie doivent être jugées en même-tems, ou quand elles doivent être disjointes.

SOMMAIRES, LIV. 1er., TIT. 7.

DES ENQUÊTES.

	C. N.	C. P. C.
L'enquête peut être, par une disposition de la loi de 1790, ordonnée sans être demandée. — M. F.		
Quand l'enquête doit être ordonnée.		34
Contraires en faits.		
De nature à être constatés par témoins.		
Vérification utile et admissible.		
Fixer l'objet d'une enquête.		

Ce qu'on entend par

Quelles sont les causes sujettes à appel ?
Indication de la loi fondamentale.
Motifs de la rédaction du procès-verbal
et des mentions qu'on exige.
Ce que doit énoncer le jugement à dé-
faut de procès-verbal.
Ind^on. relative aux causes en dernier
ressort.
Motifs des énonciations exigées, par
M. T.

ARTICLES.
C.N.   C.P.C.

40

M. F. : » La loi de 1790 imposait aux juges-de-paix, avant de
» pouvoir ordonner une preuve par témoins, l'obligation d'aver-
» tir les parties qu'il y avait lieu de procéder par enquête,
» de les interpeller, de déclarer si elles voulaient faire
» preuve de leurs faits par témoins. Il fallait aussi que les
» parties, ou l'une d'elles, requissent d'être admises à faire
» preuve. Le Code n'exige ni l'avertissement, ni l'interpel-
» lation, ni la réquisition ; le juge-de-paix ordonnera l'en-
» quête toutes les fois qu'il la trouvera nécessaire, soit
» qu'on la lui demande, soit qu'on ne la lui demande pas ;
» son devoir est d'ordonner tout ce qui peut éclairer sa
» conscience, et les parties sont intéressées à prouver les
» faits qu'elles ont allégué «.

ART. 34. Si les parties sont *contraires en faits* 1°.,
de nature à être constatés par témoins 2°., et dont le
juge-de-paix trouve *la vérification utile et admissible* 3°.,
il en ordonnera la preuve, *et en fixera précisément*
l'objet 4°.

1°. *Contraires en faits.* En général, les parties sont contraires en faits, quand l'une d'elles articule ou affirme un
fait qui est méconnu ou dénié par l'autre ; mais tous les
faits sur lesquels les parties sont contraires ne sont pas.

2°. *De nature à être constatés par témoins.* Si l'une d'elles articule par exemple un fait sur lequel elle ne puisse invoquer que le témoignage ou la conscience de son adversaire ; si l'une d'elles articule des faits qui n'auraient aucun trait direct avec le point essentiel de la difficulté, il n'y
aura pas lieu de les considérer comme de nature à être prou-

vés par témoins. Ce sera donc au caractère de ces faits, à leur rapport évident avec le point du débat, que le juge-de-paix reconnaîtra ceux qui seront de nature à être prouvés par témoins, et s'il en trouve.

3°. *La vérification utile et admissible ;* c. à d. capable de l'instruire de la vérité des faits essentiels à la décision du débat ; *il en ordonnera la preuve.*

4°. *Et en fixera précisément l'objet.* L'objet d'une enquête est toujours d'obtenir des témoignages sur un ou plusieurs faits contestés ou déniés. Ce sera donc en précisant et indiquant les faits sur lesquels les témoins seront entendus, qu'on remplira le vœu formel de cette disposition, et qu'on évitera les divagations des témoins sur des faits étrangers à la recherche qu'on se propose.

L'art. 21 du T. fixe les frais de la citation aux témoins.

ART. 35. *Au jour indiqué* 1°., *les témoins* 2°., après avoir dit leurs nom, profession, âge et demeure, *feront serment de dire vérité* 3°., *et déclareront* 4°. s'ils sont parens ou alliés des parties, et à quel degré, et s'ils sont leurs serviteurs ou domestiques.

1°. *Au jour indiqué.* (*Vide* art. 29.) Le jour sera indiqué par la cédule.

2°. *Les témoins* sont ceux qui font un rapport sur un ou plusieurs faits.

3°. *Feront serment de dire vérité.* Le serment est une invocation de quelque chose de saint, pour attester d'une manière plus forte ce que l'on dit.

Arrêt de la C. S., du 19 avril 1810, décidant que l'enquête faite devant le juge-de-paix n'est pas nulle, par cela seul que les témoins, au lieu du serment, ont fait une promesse de dire vérité. [R. Sir. t. 10, 1ere. ptie. p. 228 ; Den. 1810, 1ere. ptie. p. 194.]

4°. *Et déclareront s'ils sont parens,* etc., afin qu'ils puissent être reprochés s'ils sont parens de l'une des parties dans le degré où la loi admet le reproche pour cause de parenté, ou de domesticité. (*Vide* art. 283.)

ART. 36. Ils seront entendus *séparément en présence des parties* 1°., si elles comparaissent. Elles seront tehues de fournir *leurs reproches* 2°. avant la déposition, et de les signer ; si elles ne le savent ou ne le peuvent , il en sera fait mention ; *les reproches ne pourront être reçus* 3°. après la déposition commencée, qu'autant qu'ils seront justifiés par écrit.

1°. *Séparément, en présence des parties.* Voyez l'opinion de M. Périn, sous l'art. 262, sur l'utilité de cette mesure.

2°. *Reproches.* On donne le nom de *reproches* aux moyens qu'on emploie contre les témoins entendus dans une enquête, pour empêcher qu'il ne soit ajouté foi à leur déposition ; comme quand on oppose qu'ils sont proches parens de la partie adverse , ou qu'ils sont ses amis ou ses domestiques.

Vide art. 283, les autres causes de reproches admises par la loi.

Quant aux incidens qui peuvent naître du reproche, il convient consulter les art. 287, 288, 289 et 290, ainsi que l'art. 413, qui détermine la forme des enquêtes en matières sommaires.

3°. *Les reproches ne pourront être reçus après, etc.*

M. F. : » La loi de 1790 permettait de reprocher les té-
» moins avant et après la déposition. Le Code, au contraire,
» porte que les reproches ne pourront être reçus après la
» déposition, qu'autant qu'ils seront justifiés par écrit : c'est
» le moyen d'éviter une foule de reproches dérisoires, en-
» fantés par l'humeur de celui qui ne trouve pas dans la
» déposition des témoins tout ce qu'il en attendait en fa-
» veur de sa cause. «

M. T. : » Lorsqu'il y avait lieu d'entendre des témoins,
» la loi de 1790, après avoir ordonné qu'ils s'expliqueraient
» en présence des parties, laissait à celles-ci la faculté de
» proposer leurs reproches, soit avant, soit après la dépo-
» sition.

» Il a paru plus convenable de se rapprocher de la règle
» générale, qui veut que les reproches soient formés avant
» la déposition, et qui n'admet après que les reproches prou-
» vés par écrit.

» Il est trop à craindre que des reproches fournis après la
» déposition, ne se ressentent de l'aigreur qu'elle a pu
» laisser dans l'ame d'une partie, et ces accusations tardives
» sont toujours suspectes «.

Art. 37. Les parties n'interrompront point les témoins ; après la déposition, le juge pourra, sur la réquisition des parties, et même d'office, faire aux témoins les *interpellations* convenables.

Interpellation est la sommation que l'on fait à quelqu'un de s'expliquer sur un fait.

Art. 38. Dans tous les cas où la *vue du lieu* 1°. peut être utile pour l'intelligence des dépositions, et spécialement dans les actions pour *déplacement de bornes* 2°. , usurpations de terre, arbres, haies, fossés, ou autres clôtures, et pour *entreprises sur les cours d'eau* 3°. , le juge-de-paix se transportera, s'il le croit nécessaire, sur le lieu, et ordonnera que les témoins y seront entendus.

1°. *Vue du lieu.* (*Vide*, art. 30, par qui le juge-de-paix doit être accompagné.)
Vide aussi en l'art. 41, dans quel cas il y a nécessité de visiter les lieux.
L'art. 8 du T. fixe les droits pour le transport du juge, lorsqu'il est requis, à la charge de constater la réquisition.

2°. *Déplacement de bornes* est l'enlèvement ou le transport sur le terrein voisin, d'une pierre ou de quelque autre signe qui sert à séparer un héritage d'avec un autre.
Voyez les Réflexions de M. F., au titre *des Actions possessoires.*

3°. *Entreprises sur les cours d'eau.* On les commet de plusieurs manières, soit en faisant, par des moyens qui changent le cours ordinaire d'une rivière, refluer l'eau en trop grande abondance sur les propriétés supérieures plus voisines de la source, ou en nuisant à l'irrigation des propriétés inférieures par des saignées, ou tous autres moyens.
Vide la note, au titre *des Actions possessoires.*

Art. 39. Dans les causes *sujettes à l'appel* 1°. , le greffier dressera *procès-verbal de l'audition des témoins* 2°. Cet acte contiendra leurs nom, âge, profession et demeure; leur serment de dire vérité; leur déclaration s'ils sont parens, alliés, serviteurs ou domestiques

tiques des parties, et les reproches qui auraient été fournis contre eux ; lecture de ce procès-verbal sera faite à chaque témoin pour la partie qui le concerne ; il signera sa déposition, ou mention sera faite qu'il ne sait ou ne peut signer ; le procès-verbal sera en outre signé par le juge et le greffier ; il sera procédé immédiatement au jugement, ou au plus tard à la première audience.

1°. *Sujettes à l'appel.* La compétence des juges-de-paix n'étant point changée par le C. de Procédure, les causes sujettes à l'appel seront les actions purement personnelles et mobiliaires dans lesquelles la condamnation pourra excéder 50 fr., et dont le juge-de-paix ne peut connaître qu'à la charge d'appel, aux termes de l'art. 9 du titre 3 de la loi du 24 août 1790, et celles dont l'art. 10 du même titre, lui donnait la connaissance, à la charge d'appel, à quelque valeur que la demande puisse monter ; en un mot, des affaires qui se trouvent classées dans l'art. 3.

Vide art. 3 ; et en l'art. 23.

2°. *Procès-verbal de l'audition des témoins* sera dressé par le greffier. Ce procès-verbal doit contenir essentiellement la mention de tout ce qui est indiqué par cet art. ; car le juge d'appel a non-seulement le droit de confirmer ou d'infirmer le jugement sur le fond, mais encore il a le droit d'examiner si les formalités prescrites par les lois ont été observées dans les actes qui l'ont préparé.

Art. 40. Dans les causes de *nature à être jugées en dernier ressort* 1°. , il ne sera point dressé de procès-verbal, mais *le jugement énoncera* 2°. les nom, âge, profession et demeure des témoins, leur serment, leur déclaration, s'ils sont parens, alliés, serviteurs ou domestiques des parties, les reproches et le résultat des dépositions.

1°. *De nature à être jugées en dernier ressort.* Voyez la note 1ère, sous l'art. précédent.

Arrêt de la C. S., du 1er. 1810, décidant, 1°. que les jugs. en der. ressort des juges-de-paix ne sont passibles du recours en cassation que pour excès de pouvoir ; 2°. qu'ils ne peuvent être attaqués par cette voie pour omission des formalités

D

(50)

prescrites expressément dans les causes susceptibles d'être
jugées en dernier ressort; 3°. que l'art. 455 du C. de P. qui
permet d'appeller des jugemens, mal-à-propos qualifiés en
dernier ressort, est applicable aux jugemens des juges-de-
paix. [Den. 1810 , 1re. ptie. p. 162.]

2°. *Le jugement énoncera , etc.* M. T. : » Dans les causes non
» sujettes à appel, et jugées en dernier ressort par le juge-
» de-paix, celui-ci ne faisait écrire par son greffier ni la
» prestation de serment des témoins , ni les reproches four-
» nis contre eux, ni leurs dépositions ; nous avons adopté la
» règle qui supprime le procès-verbal du greffier ; mais il a
» paru convenable d'ordonner que le jugement énoncera les
» noms , etc. , et *le résultat de leurs dépositions.* Il est bon
» qu'un jugement porte toujours avec lui la preuve de sa
» sagesse. «

SOMMAIRES, LIV. 1er., TIT. 8.

DES VISITES DES LIEUX ET DES APPRÉCIATIONS.

*Quand on doit recueillir un simple ré-
sultat.*   43
*Renvoi aux articles qui déterminent les
causes non-sujettes à l'appel.*

ART. 41. Lorsqu'il s'agira, soit *de constater l'état
des lieux* 1°., soit *d'apprécier la valeur des indemnités
et dédommagemens* 2°. demandés, *le juge-de-paix ordonnera* 3°. que le lieu contentieux *sera visité par lui* 4°.,
en présence des parties.

1°. *De constater l'état des lieux.* Cette opération est nécessaire toutes les fois que les parties ayant des contestations
de la nature de celles indiquées aux §. 2 et 3 de l'art. 3,
aux art. 23 et 38 ci-dessus, ne conviennent pas de la vérité
des faits respectivement articulés, ainsi que de la situation
par tenans et aboutissans du terrein litigieux, ou lorsqu'elles
ne sont pas d'accord sur les distances et étendues de ce même
terrein.

2°. *D'apprécier la valeur*, etc. Cette opération est nécessaire
dans tous les cas ci-dessus, et en outre dans les autres cas
prévus par l'art. 3 ; dans les uns, l'indemnité à fixer est
l'objet secondaire, et la conséquence de la reconnaissance
de la vérité acquise par l'aspect des lieux, et dans les autres,
l'appréciation de l'indemnité est l'objet spécial de la visite
des lieux.

3°. *Le juge-de-paix ordonnera.* Le législateur décide ici,
d'une manière plus formelle, que par l'art. 38, la nécessité
où le juge-de-paix se trouve dans les cas exprimés aux articles ci-dessus, d'ordonner que le lieu contentieux,

4°. *Sera visité par lui.* Cette visite doit être ordonnée avant
d'avoir lieu, parce qu'elle fixe un errement préparatoire du
jugement définitif, et parce que chacune des parties a le droit
de s'y trouver pour tenir ses intérêts. *Vide* l'art. 38.

ART. 42. Si l'objet de la visite ou de l'appréciation
exige des connaissances qui soient étrangères au juge,
il ordonnera que *les gens de l'art* 1°. qu'il nommera par

le même jugement, feront la visite avec lui, et donneront leur avis; il pourra juger sur le lieu même, sans
désemparer. *Dans les causes sujettes à l'appel 2°., procès-verbal de la visite sera dressé par le greffier, qui
constatera le serment prêté par les experts. Le procès-
verbal sera signé par le juge, par le greffier et par
les experts; et si les experts ne savent ou ne peuvent
signer, il en sera fait mention.

1°. *Les gens de l'art. Vide* art. 29, comment ils doivent
être appelés pour procéder à leur opération.

Et note 1ere., ce qu'ils doivent faire, et quelle est l'influence de leur décision.

La loi n'exige pas précisément que le juge nomme des
experts en titre; mais on a le droit d'attendre, ce que l'intérêt des parties exige, qu'ils seront, au moins experts dans
la partie sur laquelle ils seront appelés à donner leur avis.

2°. *Dans les causes sujettes à l'appel. Voyez* art. 39, note 1ere.

ART. 43. Dans *les causes non sujettes à l'appel*, il
ne sera point dressé de procès-verbal; mais le jugement
énoncera le nom des experts, la prestation de leur serment, et le résultat de leur avis.

Les causes non sujettes à l'appel. Vide art. 40, note 1ere.

--- ~~~~~~~~~ ---

SOMMAIRES, LIV. 1er. TIT. 9.

DE LA RÉCUSATION DES JUGES-DE-PAIX.

	ARTICLES.
	C. N. C. P. C.
Motifs de l'extension qu'a reçue en cette partie la loi de 1790, par M. F.	
Récusation définie.	
Causes de récusations contre les juges-de-paix.	

44

M. F. : » La loi de 1790 n'admettait la récusation du juge-de-paix que lorsqu'il avait un intérêt personnel à la contestation, ou quand il était parent ou allié des parties jusqu'au degré de cousin-germain. Les Rédacteurs du Code, en restreignant la récusation pour cause de parenté, au degré de cousin-germain inclusivement, ont, d'un autre côté, considéré que les deux cas prévus par la loi de 1790, ne pouvaient suffire ; le juge-de-paix pourra aussi être récusé pour les autres causes énoncées en l'art. 44; dans les trois autres cas que cet art. indique, il est impossible de compter sur l'impartialité du juge. «

Récusation est l'action par laquelle on refuse de reconnaître un juge.

ART. 44. *Les juges-de-paix pourront être récusés 1°.*

quand ils auront intérêt personnel à la contestation ; 2°. quand ils seront parens ou alliés d'une des parties, *jus-qu'au degré de cousin-germain* 2°. inclusivement ; 3°. si dans l'année qui a précédé la récusation, il y a eu procès criminel entre eux et l'une des parties, ou son conjoint, ou ses parens et alliés en ligne directe ; 4°. s'il y a procès civil existant entre eux et l'une des parties, ou son conjoint ; 5°. *s'ils ont donné un avis écrit dans l'affaire.*

1°. *Les juges-de-paix pourront, etc.* Arrêt de la C. S. du 21 avril 1812, décidant que le juge-de-paix peut, s'il n'est récusé par aucune des parties, connaître d'une action formée devant lui au nom d'un bureau de bienfaisance dont il est président. [R. Sir. 1812, 1ere. ptie. p. 341. Den. 1812, 1ere. ptie. p. 387.]

2°. *Cousin-germain.* On désigne par ce nom ceux qui sont issus, soit de deux frères, soit de deux sœurs ; ou dont l'un est descendant d'un frère, et l'autre d'une sœur.

L'art. 738 du C. N. établit leur degré de parenté ainsi qu'il suit :

« En ligne collatérale, les dégrés se comptent par les générations, depuis l'un des parens jusques et non compris l'auteur commun, et depuis celui-ci jusqu'à l'autre parent.

» Ainsi, deux frères sont au 2eme. dégré, l'oncle et le neveu sont au 3eme., les cousins-germains au 4eme. «

ART. 45. La partie qui voudra récuser un juge-de-paix sera tenue de former la récusation, et d'en exposer *les motifs* 1°. par un acte qu'elle fera signifier *par le premier huissier requis* 2°., *au greffier de la justice de paix* 3°., qui visera l'original ; *l'exploit sera signé, sur l'original et la copie* 4°., par la partie, ou son fondé de pouvoir spécial : la copie sera déposée au greffe, et communiquée immédiatement au juge par le greffier.

1°. *Les motifs,* c. à d. un de ceux exprimés dans l'art. 44 : il ne faut pas la réunion de plusieurs, puisqu'un seul forme une cause légale de récusation.

2°. *Par le premier huissier requis.* Ces expressions font réconnaître la prévoyance du Législateur ; il a voulu que l'intérêt d'une partie ayant droit d'exercer la récusation, ne fût point compromis par la dépendance de l'huissier attaché à la justice de paix, sans que la confiance se trouvât commandée dans cette circonstance ; il a laissé à la partie récusante le choix de l'huissier.

3º. *Au greffier.* La loi a choisi cet intermédiaire pour prévenir toute irrévérence envers le juge, et pour éviter qu'il ne conçût une impression défavorable contre la partie, à cause de la récusation ; mais elle a voulu en adoptant ce moyen pour faire connaître au juge la récusation existante pour un motif légal, assurer la partie qu'on ne pourra alléguer contre cette récusation le prétexte d'ignorance : voilà pourquoi le greffier doit viser l'original de cet exploit, et cet original visé restant à la partie, elle pourra toujours justifier de l'existence de la récusation.

4º. *L'exploit sera signé sur l'original et la copie.* La récusation est un droit personnel appartenant exclusivement au plaideur qui l'invoque. La loi exige la manifestation de son intention, soit par sa signature en l'original et en la copie, soit par celle d'un fondé de pouvoir *spécial*, c. à d. de procuration, qui contiendra l'autorisation de récuser pour le motif qui donnera lieu à la récusation.

ART. 46. Le juge sera tenu de donner au bas de cet acte, dans le délai de deux jours, sa déclaration par écrit, portant, ou *son acquiescement à la récusation* 1º., ou *son refus de s'abstenir* 2º., avec ses réponses aux moyens de récusation.

1º. *Son acquiescement à la récusation.* L'acquiescement est l'action par laquelle on se soumet à quelque chose ; on se conforme aux sentimens, à la volonté d'autrui ; si dans les deux jours de la récusation signifiée et déposée, le juge-de-paix y donne son acquiescement, il ne peut exister de débat ultérieur sur ce point.

2º. *Son refus.* Il peut se dispenser de le donner. *Vide* art. 47 ; sa manifestation est facultative.

ART. 47. Dans les trois jours de la réponse du juge qui refuse de s'abstenir, *ou faute par lui de répondre,*

expédition de l'acte de récusation et de la déclaration
du juge, s'il y en a, sera envoyée par le greffier, sur
la réquisition de la partie la plus diligente, au procureur-impérial près le Tribunal de 1ere. instance, dans
le ressort duquel la justice de paix est située. La récusation sera jugée en dernier ressort dans la huitaine,
sur les conclusions du procureur-impérial, sans qu'il soit
besoin d'appeler les parties.

Faute par lui de répondre. M. F. : » La loi de 1790 porte
» que si le juge-de-paix n'a point répondu à l'acte de ré-
» cusation, il sera censé avoir consenti à s'abstenir, et ne
» pourra rester juge. Le Code, au contraire, loin de regar-
» der le silence du juge-de-paix comme acquiescement, veut
» que le Tribunal de 1ere. instance décide s'il doit ou non
» rester juge ; car il est possible que le juge-de-paix croie
» devoir ne point répondre, parce qu'il voudra s'en rapporter
» à ce qui sera décidé par les juges supérieurs ; ainsi, soit que
» le juge-de-paix refuse de s'abstenir, soit qu'il ne réponde
» pas, la récusation doit être jugée, etc. (comme en l'art.) «

Arrêt de la C. S. du 15 février 1811, décidant que le juge-
de-paix contre lequel il a été formé une récusation, doit
s'abstenir de statuer jusqu'à ce que le Tribunal de 1ere. instance ait prononcé sur le mérite de la récusation. [R. Sir.
t. 11, 1ere. ptie. p. 253.]

Autre arrêt de la même C., semblable, sur la même question. [Den. 1ere. ptie., p. 414.]

SOMMAIRES, Liv. 2, Tit. 1er.

Décrété le 14 avril 1806.

DE LA CONCILIATION.

	ARTICLES.	
	C. N.	C. P. C.
Eloge de l'institution, par M. T.		
Conciliation définie.		
Demandes sujettes à la tentative de con- *ciliation.*		48
Ind^{on}. de l'art. qui détermine devant quel *juge la conciliation doit être tentée.*		

DES TRANSACTIONS.

ARTICLES.

C. N.   C. P. C.

DES CAUSES QUI INTERROMPENT LA PRESCRIPTION.

M. T. : » Que cette idée était philantropique et salutaire
» de n'ouvrir l'accès des Tribunaux qu'après l'épuisement
» de toutes les voies de conciliation! Pourquoi faut-il qu'une
» si belle institution n'ait pas produit tout le bien qu'on
» devait en attendre, et que les effets aient si peu répondu

» aux espérances ? Pourquoi faut-il que le mal ait été assez
» grand, ou du moins le bien assez faible, pour que même
» de bons esprits proposent la suppression des tentatives de
» conciliation ?

» Cette question a été agitée avec une maturité propor-
» tionnée à son importance : on a recherché avec soin les
» causes du faible succès de la conciliation ; on s'est convaincu
» d'abord, qu'en général, elle avait plus réussi dans les cam-
» pagnes que dans les villes ; parce que dans celles-ci les ha-
» bitans plus à portée de conseils ; accoutumés à peser rigou-
» reusement les droits, plutôt qu'à calmer les passions, ne se
» présentant qu'avec des opinions déjà formées ; sont par con-
» séquent moins disposés à céder à la voie conciliatrice du
» juge ; mais l'inutilité de la mesure dans les villes ne devrait
» pas être un motif pour la supprimer dans les campagnes.

» D'un autre côté, si, dans plusieurs communes, la conci-
» liation a été peu fructueuse, on n'a pu se dissimuler qu'elle
» avait produit les plus heureux effets dans d'autres, sur-tout,
» lorsque la place de juge-de-paix a été occupée par des
» hommes que la droiture du cœur, la justesse de l'esprit,
» des mœurs douces et conciliantes, l'estime générale enfin,
» avaient recommandés à leurs concitoyens.

Conciliation. C'est l'action d'accorder ensemble des personnes
qui sont en débat sur des intérêts opposés.

ART. 48. *Aucune demande principale introductive
d'instance* 1°., *entre parties capables de transiger*, 2°. *,
et sur des objets qui peuvent être la matière d'une transaction* 3°. *; ne sera reçue dans les Tribunaux de* 1ere. *instance que le défendeur n'ait été préalablement appelé en
conciliation devant le juge-de-paix* 4°. *, ou que les parties
n'y aient volontairement comparu.*

1°. *Aucune demande principale*, etc. Demande se dit d'une
action qu'on intente en justice pour obtenir une chose à laquelle on croit avoir droit : d'où il suit qu'il y aura de
sortes de demandes qu'il y a de sortes d'actions.

Demande principale est toute demande nouvelle qui donne
naissance à une contestation. La loi confirme cette définition, en désignant la demande principale introductive d'instance.

M. F. : « Depuis les lois rendues sous l'Assemblée Consti-
» tuante, aucune action principale n'a pu être reçue sans le
» préliminaire de la conciliation. La loi du 24 août 1790, exi-
» geait même ce préliminaire avant de procéder en cause
» d'appel, comme avant d'intenter l'action. Les lois subséquentes
» ont restreint l'obligation à l'introduction de l'instance. Le
» Code consacre ce principe, mais il en restreint l'exécution
» aux cas où l'on peut en attendre quelqu'utilité ; car toute
» formalité inutile présente un double inconvénient ; elle
» multiplie les frais et retarde l'expédition des affaires. «

Arrêt de la C. S. du 22 thermidor. an 11, statuant que l'exception fondée sur le défaut de citation en conciliation se couvre
par le silence devant les juges de 1ere. instance et d'appel.
[R. Sir. t. 3 , 2e. ptie. p. 363.]

Autre arrêt de la même C. du 6 pal. an 13, que cette exception ne peut se proposer pour la première fois en cause d'appel. [Id. t. 4 , 2e. ptie., p. 21.]

Arrêt de la même C. du 8 mesor. an 11 ; portant qu'on peut
réduire les conclusions de la demande , sans nouvelle tentative de conciliation. [Id. t. 7, 2e. ptie., p. 847.]

Arrêt de la même C. du 22 fer. 1809, décidant que la demande dont l'objet est de faire déclarer un acte de vente
contrat pignoratif, ne peut être regardée comme incident
ou accessoire à celle en rescision de cet acte pour cause de
lésion. [Den. 1809, 2e. ptie., p. 21.]

Arrêt de la C. S. du 11 décbre. 1809, décidant qu'une demande tendante à ce que l'adversaire soit tenu de se désister
d'une instance pendante devant d'autres juges, et sur tout
autre objet, est en soi une demande ppalle. soumise aux préalables ordinaires. [R. Sir. t. 10 , 1ere. ptie., p. 241.]

Consultez un arrêt de la C. de Bruxelles, du 27 flal. an 9,
sur la question de savoir si on est dispensé du préliminaire
de la conciliation pour se pourvoir au pétitoire, lorsque sur
une action au possessoire le juge a renvoyé les parties se pourvoir. [R. Sir. t. 4, 2e. ptie., p. 510.]

2°. *Entre parties capables de transiger.* M. F. : » La loi exige
» pour qu'une partie soit assujettie à ce préliminaire , qu'elle
» ait la capacité de transiger; car la conciliation est une vé-

(69)

» ritable transaction, et si celui qui ne peut transiger pouvait
» se concilier, il ne tiendrait qu'à lui d'éluder la loi. «

ART. 1124. Les incapables de contracter sont *les mineurs* (a), *les interdits* (b), *les femmes mariées* (c), dans
les cas exprimés par la loi, et généralement tous ceux à
qui la loi interdit certains contrats.

(a) *Les mineurs. Vide* art. 83, l'injonction de communiquer
au Procureur-impérial les causes des mineurs, et de toutes
les parties défendues par un curateur.

Consultez un arrêt de la C. de Poitiers, du 12 mesdor. an 11,
sur la question de savoir si un contrat de vente faite par un
mineur est nul de plein droit, et sur la forme et les délais
de son action en restitution. [R. Sir. t. 3, 2e. ptie., p. 489.]

Au C. N., art. 481. Les actes d'administrations dont le mineur émancipé est capable.

Au même C., art. 482, quels actes il ne peut faire sans l'assistance de son curateur.

Vide sous l'art. 865 du C. de P., quels actes il ne peut faire
sans délibération de famille préalablement homologuée.

Arrêt de la C. S. du 24 juin 1089, décidant, 1°. que le majeur
qui a procédé sous la qualité de mineur, ne peut se plaindre
de ce qu'on l'a assigné dans la forme usitée pour les mineurs.
[R. Sir. t. 10, 1ere. ptie., p. 40.]

2°. Que le mineur pubère ou émancipé, doit être assigné
en nom. Son curateur ne doit être assigné que pour l'assister.

Vide au C. N., art. 484, le pouvoir discrétionnaire accordé
au juge, quant aux effets des obligations des mineurs émancipés, contractées sous la forme d'achats.

Vide art. 49, not. 5, pour quels actes le mineur émancipé
est réputé majeur.

(b) *Les interdits. Vide*, au titre de l'*Interdiction*, le rapprochement de l'art. 509 du C. N., qui assimile l'interdit au mineur.

Id. Les art. 499 et 513 du même C., qui déterminent dans
quels cas et à quelles personnes on peut donner un conseil
judiciaire.

(c) *Les femmes mariées. Vide* art. 83, l'obligation de com-

(70)

muniquer au Procureur-impérial les causes qui intéressent leur dot.

Vide au titre de l'*Autorisation de la femme mariée*, les diverses exceptions que reçoit leur incapacité.

Arrêt de la C. S. du 3 mai 1810, décidant qu'une femme autorisée à ester en jugement, est, par cela seul autorisée à essayer la conciliation. [R. Sir. t. 8 , 2e. ptie., p. 310.]

Démontre la nécessité de tenter la conciliation dans les procès qui intéressent les femmes mariées. [Den. 1808, 1ere. ptie., p. 236 et 237.]

C. N. ART. 1125. Le mineur, l'interdit et la femme mariée ne peuvent attaquer pour cause d'incapacité leurs engagemens, que dans les cas prévus par la loi.

Les personnes capables de s'engager (a) ne peuvent opposer l'incapacité du mineur de l'interdit, ou de la femme mariée avec qui elles ont contracté.

(a) *Les personnes capables*, etc. Consultez un arrêt d'application de cette règle, en matière de compromis entre un majeur et un mineur, par la C. de Turin, le 19 v.ose. an 11. [R. Sir. t. 4, 2e. ptie., p. 620.]

ART. 2044. La transaction est un contrat par lequel les parties terminent une contestation née, ou préviennent une contestation à naître.

Ce contrat doit être rédigé par écrit.

ART. 2045. Pour transiger, il faut avoir la capacité de disposer des objets compris dans la transaction.

Le tuteur ne peut transiger pour le mineur *que conformément à l'art.* 467 (a), au titre de la minorité de la tutelle et de l'émancipation ; il ne peut transiger avec le mineur devenu majeur sur le compte de tutelle, *que conformément à l'art.* 472 (b), au même titre.

Les communes et établissemens publics ne peuvent transiger *qu'avec l'autorisation expresse de l'Empereur* (c).

(a) *Que conformément à l'art. 467. Vide* cet art. sous l'art. 885, au titre des *Avis de parens.*

(b) *Que conformément à l'art. 472. Vide* cet art. sous l'art. 527, au tit. des *Redditions de compte.*

(c) *Qu'avec l'autorisation.* Arrêté du Gouvernement du 12 fre. an 12, qui détermine les actes préparatoires de cette autorisation, qui sont, 1°. une demande à la Préfecture; 2°. l'avis de trois jurisconsultes; 3°. une délibération du Conseil municipal. [R. Sir. t. 4, 2e. ptie., p. 46.]

ART. 2046. On peut transiger sur l'intérêt civil qui résulte d'un délit.

La transaction n'empêche pas la poursuite du ministère public.

ART. 2047. On peut ajouter à une transaction la stipulation d'une peine contre celui qui manquera à l'exécuter.

ART. 2048. Les transactions se renferment dans leur objet : la renonciation qui y est faite à tous droits, actions et prétentions, ne s'entend que de ce qui est relatif au différend qui y a donné lieu.

ART. 2049. Les transactions ne règlent que les différends qui s'y trouvent compris, soit que les parties aient manifesté leur intention par des expressions spéciales ou générales, soit que l'on reconnaisse cette intention par une suite nécessaire de ce qui est exprimé.

ART. 2050. Si celui qui avait transigé sur un droit qu'il avait de son chef, acquiert ensuite un droit semblable du chef d'une autre personne, il n'est point, quant au droit nouvellement acquis, lié par la transaction antérieure.

ART. 2051. La transaction faite par l'un des intéressés ne lie point les autres intéressés, et ne peut être opposée par eux.

ART. 2052. Les transactions ont, entre les parties, *l'autorité de la chose jugée en dernier ressort* (a).

E 4

Elles ne peuvent être attaquées pour cause d'erreur de droit, ni pour cause de lésion.

(a) *L'autorité de la chose jugée en dernier ressort.* Arrêt de la C. S. du 11 mars 1807, consacrant la validité d'une transaction entre un avocat et son client, pour couvrir les vices d'une société faite précédemment entre eux, dans l'objet de devenir, pour le profit commun, adjudicataires des biens dont le client poursuivait l'expropriation. [R. Sir., t. 7, 2e. ptie., p. 1235.

ART. 2053. Néanmoins, une transaction peut être rescindée, lorsqu'il y a erreur dans la personne ou sur l'objet de la contestation.

Elle peut l'être dans tous les cas où il y a dol ou violence.

ART. 2054. Il y a également lieu à l'action en rescision contre une transaction, lorsqu'elle a été faite *en exécution d'un titre nul* (a), à moins que les parties n'aient expressément traité sur la nullité.

(a) *En exécution d'un titre nul.* Arrêt de la C. S., du 25 mars 1807, qui décide que cet art. ne s'applique pas au cas où le titre sur l'exécution duquel il a été transigé n'était supposé valable que par une *erreur de droit*, comme il s'applique au cas où le titre était supposé valable *par erreur de fait.* [R. Sir. t. 7, 1ere. ptie., p. 199.]

ART. 2055. La transaction faite sur pièces, qui depuis ont été reconnues fausses, est entièrement nulle.

ART. 2056. La transaction sur un procès terminé *par un jugement passé en force de chose jugée* (a), dont les parties ou l'une d'elles n'avaient pas connaissance, est nulle.

Si le jugement ignoré des parties était susceptible d'appel, la transaction serait valable.

(a) *Par un jugement passé en force de chose jugée.* Arrêt de la C. S. du 16 pal. an 13, portant qu'encore qu'une contestation ait été décidée par un jugement *en dernier ressort*, elle peut être la matière d'une transaction, si le jugement était susceptible de recours en cassation. [R. Sir., t. 7, 2e. ptie., p. 1230.]

ART. 2057. Lorsque les parties ont transigé généralement sur toutes les affaires qu'elles pouvaient avoir ensemble, les titres qui leur étaient alors inconnus, et qui auraient été postérieurement découverts, ne sont point une cause de rescision, *à moins qu'ils n'aient été retenus par le fait de l'une des parties.*

Mais la transaction serait nulle, si elle n'avait qu'un objet sur lequel il serait constaté, par des titres nouvellement découverts, que l'une des parties n'avait aucun droit.

(a) *A moins qu'elles n'aient été retenues, etc.* Arrêt d'application de cette règle par la C. S., du 1er. gal. an 10. [R. Sir., t. 2, 2e. ptie., p. 351.]

ART. 2058. L'erreur de calcul dans une transaction doit être réparée.

3o. *Sur des objets qui peuvent être, etc.* Consultez, sur la question de savoir si, en matière d'opposition à un mariage, la conciliation doit être tentée, pour en obtenir la main-levée, un arrêt de la C. d'appel d'Angers, du 21 pal. an 11. [R. Sir., t. 7, 2e. ptie., p. 848.]

Vide, sous la note précédente, l'art. 2046 du C. N.

4°. *Que le défendeur n'ait été préalablement.* Arrêt de la C. S., du 6 fdor. an 12, décidant qu'il n'y a pas lieu de tenter la conciliation sur la demande en main-levée de l'opposition formée par le débiteur au commandement de payer requête du créancier. [R. Sir., t. 5, 1ere. ptie., p. 63.]

Arrêt de la même C., du 10 décbre. 1806, décidant qu'on ne peut déclarer non recevable l'action hypothécaire du créancier, s'il a cité avant l'assignation l'héritier de son débiteur, tant en qualité d'héritier, que de bien tenant. [*Id.,* t. 6, 1ere. ptie., p. 516.]

Arrêt de la même C., du 14 août 1811, décidant que la femme qui, après avoir obtenu son divorce, poursuit le paiement des sommes que son mari lui doit, n'est pas tenue de tenter la voie de conciliation, sur-tout si elle avait formé sa demande en divorce.

Dans ce cas, elle peut former sa demande par acte d'avoué et l'action peut être portée devant le tribunal qui a prononcé le divorce, encore que depuis la prononciation le mari ait changé de domicile. [*Id.*, t. 11, 1ere. ptie., p. 353.]

ART. 49. Sont dispensées du préliminaire de la conciliation, les demandes qui intéressent *l'état* 1°., *et le domaine* 2°., *les communes* 3°., *les établissemens publics* 4°., *les mineurs* 5°., *les interdits* 6°., *les curateurs aux successions vacantes* 7°.

2°. Les demandes qui *requièrent célérité* 8o.

3°. Les demandes *en intervention* et *en garantie* 9o.

4°. Les demandes *en matière de commerce* 10°.

5°. Les demandes *de mise en liberté* 11°., celles en *main-levée de saisie ou opposition* 12°., en *paiement de loyers, fermages* 13°, ou arrérages de rentes ou pensions; celles *des avoués en paiement de frais* 14°.

6°. *Les demandes formées contre plus de deux parties* 15°., encore qu'elles aient le même intérêt.

7°. *Les demandes en vérification d'écriture* 16°., *en désaveu* 17°., *en réglement de juges* 18°., *en renvoi* 19°., *en prise à partie* 20°., les demandes *contre un tiers-saisi* 21°., et en général *sur les saisies* 22°., *sur les offres réelles, sur la remise des titres* 24°., *sur leur communication* 25°., *sur les séparations de biens* 26°., *sur les tutelles et curatelles* 27o.; et enfin sur toutes les causes exceptées par les lois 28°.

M. T. : » La loi de 1790 avait excepté de la règle générale
» les affaires qui intéressent la Nation, les communes et
» l'ordre public : le motif de cette exception nous a paru
» s'appliquer aux mineurs, et en général à tous ceux qui ne
» sont pas capables de transiger; car le but de la conciliation
» est une transaction, et l'usage en serait quelquefois funeste
» à ceux qui, n'étant pas en état de défendre leurs intérêts,
» pourraient se trouver victimes d'un arrangement peu ré-
» fléchi.

» On avait aussi fait une seconde exception pour les affaires
» de commerce qui ne pourraient, sans de graves inconvé-

» niens, supporter les retards d'une tentative de concilia-
» tion.

» Ce même motif nous a paru s'appliquer aux demandes qui
» requièrent célérité, et dont le détail se trouve dans la loi.

» On ne devait pas soumettre à la conciliation des actions
» incidentes à un procès déjà existant, comme les interven-
» tions, les garanties, les vérifications d'écritures, et autres
» demandes de cette espèce.

» Enfin, lorsque l'action du demandeur est dirigée contre
» plus de deux personnes, on a cru ne devoir pas exiger la
» citation préalable en conciliation; les défendeurs peuvent
» être domiciliés dans des lieux différens et éloignés; de-
» vant qui citerait on dans ce cas? Quelle perte de temps! »

M. F. : » La loi dispense de ce préliminaire toutes les ma-
» tières urgentes; souvent le tems qu'on perdrait à citer et
» comparaître au bureau de paix suffirait pour juger l'affaire
» au Tribunal.

» Elle en dispense les demandes formées contre plus de
» deux parties, quoiqu'elles aient le même intérêt. La diffi-
» culté d'obtenir de chacune d'elles qu'elles comparaissent,
» et l'embarras d'accorder tant de personnes chez qui l'in-
» térêt personnel oppose au succès de si grands obstacles,
» que presque toujours ce n'est qu'une forme dispendieuse et
» illusoire; le Code n'assujétit pas non plus les demandes en
» vérification d'écritures, en réglement de juges et autres qui
» tiennent à l'ordre public, et celles qui dépendent telle-
» ment d'une affaire préexistante, qu'elles ne puissent être
» considérées comme introductives d'instance. «

1°. *Etat.* Gouvernement d'un peuple vivant sous la domi-
nation d'un Prince, ou en République.

2°. *Domaine de la couronne, ou simplement domaine,* s'entend
des biens-fonds, des droits réels et des meubles précieux
unis à la couronne, et qui en forment le patrimoine.

Vide art. 69, en la personne et au domicile de qui l'état
doit être assigné, lorsqu'il s'agit de domaines et droits domaniaux.

C. N. Art. 537. Les particuliers ont la libre disposition
des biens qui leur appartiennent, sous les modifications établies par les lois. Les biens qui n'appartiennent pas à de-

particuliers, sont administrés et ne peuvent être aliénés que dans les formes et suivant les règles qui leur sont particulières.

ART. 538. Les chemins, routes et rues à la charge de l'Etat, les fleuves et rivières navigables ou flottables, les rivages, pays et relais de la mer, les ports, les hâvres, les rades, et généralement toutes les portions du territoire français qui ne sont pas susceptibles d'une propriété privée, sont considérés comme des dépendances du domaine public.

ART. 539. Tous les biens vacans et sans maître, et ceux des personnes qui décèdent sans héritiers, ou dont les successions sont abandonnées, appartiennent au domaine public.

ART. 540. Les portes, murs, fossés, remparts des places de guerre et des forteresses, font aussi partie du domaine public.

ART. 541. Il en est de même des terreins, des fortifications et remparts des places qui ne sont plus places de guerre : ils appartiennent à l'Etat s'ils n'ont été valablement aliénés, ou si la propriété n'en a pas été prescrite contre lui.

3°. *Communes.* On appelle ainsi la réunion collective des habitans d'un même lieu.

ART. 542. Les biens communaux sont ceux à la propriété et au produit desquels les habitans d'une ou plusieurs communes ont un droit.

Arrêté du 26 bre. an 10, qui rétablit les communes dans la jouissance des amendes qui leur ont été attribuées par la loi du 6 octobre 1791. [R. Sir. , t. 2, 2e. ptie. , p. 9.]

Avis du Conseil-d'état, du 2 pluviose an 13, que les églises des presbytères abandonnés aux communes en vertu de la loi du 28 gal. an 10, doivent être considérés comme propriétés communales [*Id.*, t. 5, 2e. ptie, p. 330. [

Loi du 9 vse. an 12, qui ordonne la rentrée dans les mains des communes des terreins défrichés par ceux qui n'avaient pas de titres, des bois communaux, et de tous autres biens communs. [*Id.*, t. 4, 2e. ptie., p. 272.]

Vide art 69, en quelles personnes les communes doivent être assignées.

Sous l'art. 48, C. P. civile, et 2045 C. N., audit art., les formalités préalables des transactions au nom des communes. [R. Sir., t. 12, 2e. ptie., p. 164.]

Communes, autorisation, Conseil-d'état.

4ᶜ. *Etablissemens publics.* Le C. N., art. 80, désigne comme tels les hôpitaux militaires, civils, ou autres maisons publiques. [R. Sir., t. 6, 2e. ptie., p. 26.]

Décret impérial, 12 août 1807, portant que les communes, les fabriques et les établissemens d'instruction publique, peuvent accepter, sans arrêté spécial du Gouvernement, les dons et legs au-dessous de 300 fr. Il suffit, en ce cas, de l'au-torisation du sous-préfet.

Décret impérial, 31 jllet. 1806, portant que les biens des fa-briques des églises supprimées appartiennent aux fabriques des églises auxquelles les églises supprimées ont été réunies, quand même ces biens seraient situés dans des communes étrangères. [*Id.*, t. 6, 2e. ptie., p. 457.]

Avis du Conseil-d'état, du 28 avril 1807, qui détermine les rentes qui doivent être rendues aux fabriques par préférence aux hospices. [*Id.* t. 7, 2e. ptie., p. 113.]

Avis du Conseil-d'état, du 14 obre. 1809, qui établit le droit de propriété des hospices, en cas de décès, sur les effets ap-portés par les malades traités gratuitement.

Et le droit de ces mêmes hospices, par préférence au do-maine sur les effets de ceux dont le traitement et l'entretien ont été acquittés. [R. Sir., t. 4, 2e. ptie., p. 380.]

Loi du 4 vse. an 9, qui affecte aux besoins des hospices les plus voisins les rentes appartenantes à la République, dont la reconnaissance et le paiement se trouveraient interrompus, et les domaines qui auraient été usurpés par des particuliers. [*Id.*, t. 1er., 2e. ptie., p. 483.]

Arrêté explicatif de cette loi. [*Id.*, t. 1er., 1ere. ptie., p. 535.]

Université, jurisdiction. [R. Sir., 1812, 2e. ptie., p. 164.]

Décret Impérial, du 11 jer. 1808, portant que les rentes à l'égard desquelles il y a eu contrainte décernée, ne sont pas considérées comme découvertes par les hospices. [*Id.*, t. 8, 2e. ptie., p. 101.]

Id. du 23 juin 1808, qui donne la faculté aux hospices, sur la simple autorisation du Préfet, de recevoir de la part des pauvres qui existent dans ces établissemens, des place-mens à rente viagère ou à fonds - perdu, pourvu que les fonds versés n'excèdent pas 300 fr. [*Id.*, t. 6, 2e. ptie., p. 403.]

Arrêté du 27 fre. an 11, contenant la désignation des rentes provenant de l'ancien domaine national du clergé, ou de corporations supprimées, qui sont censées appartenir aux hospices. [*Id.*, t. 3, 2e. ptie., p. 46.]

Décret impérial du 12 août 1807, portant que les baux à ferme des biens des hospices et autres établissemens publics, doivent être faits pour la durée ordinaire, aux enchères, par-devant le notaire que désigne le Préfet du département, et le droit d'hypothèque sur tous les biens du preneur doit y être stipulé par la désignation, conformément au Code civil. [R. Sir., t. 7, 2e. ptie., p. 157.]

Arrêté du 7 gal. an 9, portant que les biens ruraux appar-tenant aux hospices, aux établissemens d'instruction pu-blique et aux communautés d'habitans, ne peuvent être concédés à longues années sans l'autorisation du Gouverne-ment. [*Id.*, t. 1er., 2e. ptie., p. 511.].

Décret impérial, 30 novbre. 1809, qui fixe les droits des fabriques, le mode de l'administration de leurs biens, leurs propriétés particulières, et de direction de leurs procès. [R. Sir., t. 10, 2e. ptie., p. 357.]

Vide art. 1032, par quelles personnes doivent être sui-vies les actions qui les intéressent, et quelles sont les for-malités préalables ?

5°. *Les mineurs.*

ART. 388. Le mineur est l'individu de l'un et l'autre sexe qui n'a point encore l'âge de 21 ans accomplis.

ART. 476. Le mineur est émancipé de plein droit par le mariage.

ART. 477. Le mineur non marié pourra être émancipé par son père, ou, à défaut de père, par sa mère, lorsqu'il aura atteint l'âge de 15 ans révolus.

Cette émancipation s'opérera par la seule déclaration du père ou de la mère, reçue par le juge-de-paix, assisté de son greffier.

Art. 478. Le mineur resté sans père ni mère pourra aussi, mais seulement à l'âge de 18 ans accomplis, être émancipé si le conseil de famille l'en juge capable ; en ce cas, l'émancipation résultera de la délibération qui l'aura autorisée, et de la déclaration que le juge-de-paix, comme président du conseil de famille, aura faite dans le même acte que le mineur est émancipé.

Vide, au titre des *Avis de parens*, ceux que la loi autorise à requérir l'émancipation des mineurs, lorsque le tuteur néglige de le faire.

Id, au titre des *Rédditions de compte*, en présence de quelle personne le compte de tutelle doit être rendu au mineur émancipé.

Art. 485. Tout mineur émancipé, dont les engagemens auraient été réduits en vertu de *l'art. précédent (a)*, pourra être privé du bénéfice de l'émancipation, laquelle lui sera retirée en suivant les mêmes formes que celles qui auront eu lieu pour la lui conférer.

(a) *De l'art. précédent. Vide* sous l'art. 48, not. 1ere., l'article 484.

Art. 486. Dès le jour où l'émancipation aura été révoquée, le mineur rentrera en tutelle, et y restera jusqu'à sa majorité accomplie.

Art. 487. Le mineur émancipé qui fait un commerce, est réputé majeur pour les faits relatifs à ce commerce.

L'art. 114 du C. de Com^ce. porte :

Les lettres-de-change souscrites par des mineurs non négocians, sont nulles à leur égard, sauf les droits respectifs des parties, conformément à l'art. 1312 du Code Napoléon.

C. C. Art. 2. Tout mineur émancipé de l'un ou de l'autre sexe, âgé de dix-huit ans accomplis, qui voudra profiter de la faculté que lui accorde l'art. 487 du C. N., de faire le commerce, *ne pourra en commencer les opérations, ni être réputé majeur, quant aux engagemens par lui contractés pour fait de commerce ;* 1°. s'il n'a été préalablement autorisé par son père, ou par sa mère, en cas de décès, interdiction ou absence du père ; ou, à défaut du père et de la mère, par une délibération du conseil de famille, homologuée par le Tribunal civil ; 2°. si, en outre, l'acte d'autorisation n'a été enregistré et affiché au Tribunal de commerce du lieu où le mineur veut établir son domicile.

Id. Art. 3. La disposition de l'art. précédent est applicable aux mineurs, même non commerçans, à l'égard de tous les faits qui sont déclarés faits de commerce par les dispositions des art. 632.

Vide transaction, tuteur, mineur, expédient. [Den., 1810, 2e. ptie., p. 66.]

C. N. Art. 1990. Les femmes et les mineurs émancipés peuvent être choisis pour mandataires ; mais le mandant n'a d'action contre le mandataire mineur que d'après les règles générales relatives aux obligations des mineurs.

Vide ces règles, art. 48.

6°. *Les interdits.* Ce sont ceux contre lesquels il a été prononcé un jugt. d'interdicton.

Vide, au titre de l'*Interdiction*, quelles règles sont communes aux interdits et aux mineurs.

Id., le mode pour faire prononcer la main-levée de l'interdiction, quand les causes cessent.

7°. *Les curateurs aux successions vacantes.* Ils sont, comme les héritiers par bénéfice d'inventaire, des administrateurs

particuliers

particuliers qui né peuvent aliéner que dans les cas et suivant les formes établies par les lois.

Vide art. 998 et suivans, ce qui les concerne.

8°. *Demandes qui requièrent célérité. Vide* art. 155.

9°. *En intervention et en garantie. Vide* art. 339.

La loi, en fixant le mode d'introdon. de l'interventon., né prescrit point la tentative de la conciliaton., art. 175 et 176. La loi fixe un délai trop bref pour appeler garant et sous-garant, pour qu'il soit possible de tenter la conciliaton.

10°. *En matière de commerce. Vide* l'opinion de M. T., en tête de l'art.

11°. *Demande de mise en liberté. Vide* art. 795, le mode d'introduction de cette demande.

12°. *Main-levée de saisie ou opposition. Vide* art. 567, la demande en main-levée de saisie-arrêt est presque toujours incidente à la demande en validité.

Vide art. 806, 807, et suivans, que toutes les difficultés relatives à l'exécution des titres et jugemens, se décident par référé.

13°. *Paiement de loyers, fermages.*

Loyers. On appelle ainsi les produits des biens de ville.

Fermages. Ceux des biens ruraux.

Vide art. 404, dernier §., les demandes qui ont pour objet leur recouvrement, sont déclarées matière sommaire.

Id., art. 464, la faculté de demander sur l'appel, ceux échus depuis le jugement.

Vide art. 661, le mode de faire valoir le privilége des propriétaires dans une distribution par contribution.

Sous le même art., le rapprochement des articles du C. N. qui le consacrent.

Id., art. 819, le mode de le faire valoir par saisie-gagerie.

14°. *Des avoués en paiement de frais.* Les avoués sont des officiers établis pour agir en justice au nom de ceux qui plaident; ils remplacent les procureurs *ad lites.*

C. N. Art. 2273. L'action des avoués pour le paiement de leurs frais et salaires, se prescrit par deux ans, à compter du jugement des procès ou de la conciliation des parties, ou depuis la révocation desdits avoués à l'égard des affaires

F

non-terminées : ils ne peuvent former de demandes pour leurs frais et salaires qui remonteraient à plus de cinq ans.

Arrêt de la C. S., du 18 mars 1807, décidant que la prescription contre les avoués commence à courir du jour du décès de l'avoué , encore bien que son fils devenu son successeur, ait continué ses services pour la suite de l'affaire. [R. Sir. t. 7, 2e. ptie. , p. 1109.]

Vide art. 104, l'obligation d'indiquer, au bas de leurs écritures , le nombre des rôles, à peine de rejet de la taxe.

Le décret impérial du 16 février 1807, porte art. 9 : Les demandes des avoués et autres officiers ministériels, en paiement de frais contre les parties pour lesquelles ils auront occupé ou instrumenté, seront portées à l'audience, sans qu'il soit besoin de citer en conciliation. Il sera donné, en tête des assignations , copie du mémoire des frais réclamés.

Vide art. 133 , la nécessité de demander l'exécutoire lors du jugement qui adjuge les dépens.

L'art. 151 du T. porte :

Tous les avoués seront tenus d'avoir un registre coté et paraphé par le président du Tribunal auquel ils seront attachés , ou par un des juges du siège qui sera par lui commis, sur lequel registre ils inscriront eux-mêmes, par ordre de dates et sans aucun blanc, toutes les sommes qu'ils recevront de leurs parties.

Ils représenteront ce registre toutes les fois qu'ils en seront requis, et qu'ils formeront des demandes en condamnation de frais; et faute de représentation ou de tenue régulière, ils seront déclarés non-recevables dans leurs demandes.

Le tarif ne comprend que l'émolument net des avoués et autres officiers; les déboursés seront payés en outre.

Consultez un arrêt du 2 avril 1810, par la C. d'App. de Liége, sur la question si l'avoué qui a été constitué par plusieurs personnes dans un procès qui leur est commun, peut actionner solidairement chacune d'elles pour le paiement de ses frais. [Den. 1810 , 2e. ptie. , p. 130.]

15°. *Les demandes contre plus de deux parties. V.* gratia, contre des héritiers associés, co-débiteurs, etc.

Arrêt de la C. S. du 20 fer. 1810, qui décide que, pour savoir si l'on a pu se dispenser du préliminaire de conciliation, en raison de ce que la demande aurait été formée contre plus de deux parties, il faut compter les parties assignées,

(83)

sans examiner si le demandeur a eu tort ou raison de les comprendre dans son assignation. [R. Sir. , t. 10 , 1ere. ptie. , p. 188 ; Den. 1810 ; 1ere. ptie. , p. 91.]

16°. *Les demandes en vérification d'écriture. Vide* art. 193 , le mode d'introduction de cette demande.

17°. *En désaveu. Vide* art. 353 , le mode d'introduction de cette demande.

18°. *En règlement de juges. Vide* art. 384 , le mode d'introduction de cette demande.

ART. 83. §. 4. Sa communication au ministère public.

19°. *En renvoi. Voyez* art. 370 , *id.*

ART. 83. Comme en l'art. précédent.

20°. *En prise à partie. Vide* art. 505 , les causes légitimes de cette prise à partie ; art. 509 , les Tribunaux compétens d'en connaître suivant la qualité des juges ; art. 511 , le mode d'obtenir l'autorisation préalable ; et art. 514 et suivans , le mode pour faire statuer sur cette demande.

21°. *Contre un tiers-saisi. Vide* art. 570 , le mode d'introduction de l'instance en affirmation contre le tiers-saisi.

22°. *Sur les saisies. Vide* pour les saisies , exécutions , art. 607 , le mode de statuer sur les réclamations du saisi.

Quant aux *saisies immobiliaires. Vide* art. 733 , et l'art. 124 du tarif , et 735 , le mode d'introduction des demandes en nullité.

23°. *Les offres réelles. Vide* art. 815 , le mode d'introduire la demande en validité , ou en nullité des offres , si elle est principale. *Ibid.* , le mode si elle est incidente.

24°. *Remise de titres. Vide* au titre des *Partages et Licitations* , quels titres peuvent rester communs après le partage , et à quelle condition ils sont restés aux mains d'un des héritiers. [C. N. , art. 742.]

25°. *Communications. Vide* art. 191 , le mode d'obtenir la remise des pièces données en communication.

Vide art. 107 , comment on obtient la remise de celles produites en instruction par écrit.

26°. *Les séparations de biens. Vide* au titre l'art. du C. N. qui déclare nulle toute séparation volontaire ; et art. 865 et suivans , le mode d'introduction de ces demandes.

27°. *Les tutelles et les curatelles. Vide* au titre des *Avis de parens et des Interdictions.*, les formes spéciales des demandes relatives à ces sortes d'administrations.

28o. *Enfin toutes les causes exceptées par les lois. Vide* art. 878, comment la conciliation doit être tentée en matière de séparation de corps.

Id., sous l'art. 881, le rapprochement des art^{es}. du C. N., relatifs à l'introduction de la demande en divorce.

Vide au titre du *Bénéfice d'inventaire*, le rapprochement de l'art. 803 du C. N., qui déclare l'héritier par bénéfice d'inventaire simple administrateur.

Consultez un arrêt de la C. I. de Poitiers, du 14 août 1806, sur la question de savoir si les demandes en péremption d'instance sont assujéties au préliminaire de la conciliation. [R. Sir., t. 6, 2e. ptie., p. 214.]

ART. 5o. Le défendeur sera cité en conciliation *en matière personnelle* 1o., et *réelle* 2o., devant le juge-de-paix de son domicile ; s'il y a deux défendeurs, devant le juge de l'un d'eux, au choix du demandeur.

2o. En matière de *société* 3o., autre que celle de commerce, tant qu'elle existe, devant le juge du lieu où elle est établie.

3o. En matière de *succession* 4o., sur les demandes entre héritiers, jusqu'au partage inclusivement ; sur les demandes qui seraient intentées par les créanciers du défunt avant le partage ; sur les demandes relatives à l'exécution des dispositions à cause de mort, jusqu'au jugement définitif, devant le juge-de-paix du lieu où la succession est ouverte.

M. F. : « Lorsqu'il y aura lieu de citer en conciliation, la
» citation sera donnée devant le juge-de-paix du domicile
» du défendeur. Elle le sera en matière réelle comme en
» matière personnelle, parce que le défendeur doit naturel-
» lement avoir plus de confiance dans le Magistrat qu'il con-
» naît, que dans celui qui lui est étranger ; et qu'en matière
» de conciliation, tout repose sur la confiance.

» Le Code excepte néanmoins certains cas où il s'agit de
» succession ou de société, et dans lesquels il faut citer,
» s'il s'agit de succession, devant le juge-de-paix du lieu

» où elle est ouverte ; et s'il s'agit de société, devant le
» juge du lieu où elle est établie.

» Ces exceptions sont fondées sur ce que le juge du lieu
» se trouve plus à portée de connaître le véritable état des
» choses ; et dans le même lieu, il est aussi plus facile aux
» parties de faire entre elles, aux moindres frais possibles,
» les recherches qui peuvent être nécessaires. «

1°. *Matière personnelle. Voyez* sa définition, art. 2, not. 1ere.

2°. *Matière réelle*, se dit des actions que nous dirigeons
pour nous faire remettre en possession d'une *chose* qui est
détenue par un autre, et qui nous appartient.

Vide art. 59, §. 3, devant quel juge l'action réelle doit être
portée.

4°. *Société.* On appelle société une convention par laquelle
deux ou plusieurs particuliers mettent en commun, entre
eux, tous leurs biens ou une partie, pour en supporter la
perte en commun, selon ses fonds, ou ce qui est réglé par
le traité de société. [C. N., art. 1832 et suivans.]

5°. *Succession.* Ce terme désigne la transmission des droits
actifs et passifs du défunt à la personne de son héritier.

ART. 51. Le *délai* de la citation sera de trois jours au
moins.

M. F. : » Le Code fixe les délais les plus courts pour la ci-
» tation et la comparution ; il exclut toute espèce de formes. «

Délai. Voir en l'art. 1033, comment ce délai doit être entendu, et de quelles extensions il est susceptible suivant les
distance.

ART. 52. La citation sera donnée par un huissier de la
justice de paix du défendeur ; elle énoncera *sommairement*
l'objet de la conciliation.

Vide art. 48, la faculté aux parties de se présenter volontairement.

Sommairement. (*Vide* art. 1er., not. 5.) *Vide* l'art. 21 du T.

ART. 53. Les parties comparaîtront en personne ; en
cas d'empêchement, par un *fondé de pouvoir.*

M. F. : » On avait proposé de défendre aux gens de loi de
» se présenter pour les parties : après avoir approfondi la
» question, on a reconnu que la proposition ne répondait

» point, dans la pratique, à l'idée qu'on s'en était formée
» dans la théorie. Sans doute, il est facile de reconnaître
» un Avoué ; mais on ne connaîtra pas toujours un Praticien
» que l'Avoué lui-même fera paraître avec des instructions
» particulières, s'il est assez peu délicat pour éluder la loi;
» si la partie n'a confiance que dans son avoué, ne se pré-
» sentera-t-elle pas, comme on l'a vu si souvent, avec un plan
» de conduite dont elle ne consentira jamais à se départir ?
» et, peut-être, si cet Avoué eût paru, il eut été moins
» difficile au juge de réussir à tout concilier, en lui fai-
» sant apprécier le mérite de ses observations ; enfin, si
» l'une des parties est homme de loi, serait-il juste que
» l'homme de loi eût tous les avantages qui peuvent résulter
» de ses connaissances, tandis que l'autre serait réduit à
» lutter avec des armes inégales ? Toutes ces considérations
» ont déterminé à n'apporter aucunes limites à la confiance
» des parties, lorsqu'il s'agit de donner un pouvoir. «

Fondé de pouvoirs. Qui doit être autorisé à se concilier ?

L'art. 69 du T. n'alloue rien à l'Avoué pour cette comparution.

ART. 54. Lors de la comparution, le demandeur *pourra
expliquer* 1º., même *augmenter* 2º. sa demande, et *le
défendeur former celles qu'il jugera convenables* 3º. ; le
procès-verbal qui en sera dressé contiendra les conditions
de l'arrangement, s'il y en a ; dans le cas contraire, il fera
sommairement mention que les parties n'ont pu s'accorder.

Les conventions des parties insérées au procès-verbal,
ont force d'obligation privée. 4º.

Vide art. 65, quel usage on doit faire de ce procès-verbal.

1º. *Pourra expliquer* ; c. à. d., réparer un oubli glissé dans la
citation, rendre la demande plus claire, plus précise.

2º. *Augmenter.* L'on entend par-là qu'il pourra demander les
intérêts du capital, ou l'exécution de l'obligation par la contrainte par corps, dans les cas où elle peut avoir lieu, mais
non former une demande nouvelle ; ce qui serait évidemment
contraire à l'art. 52 : ce n'est qu'au défendeur que la loi permet de

3º. *Former les demandes qu'il jugera convenables,* parce qu'il ne fait alors que repousser directement ou indirectement les attaques du demandeur.

4°. *Force d'obligations privées.*

M. T. : » On a pensé que ces conventions devaient avoir force
» d'obligations privées. On ne pouvait pas évidemment leur
» refuser cet effet ; puisque deux hommes, jouissant de leurs
» droits, pouvant terminer entre eux leurs différends par un
» écrit privé, ne doivent pas être moins libres parce qu'ils sont
» devant le juge. Le juge est un ange pacificateur ; il s'efforce
» de calmer les passions, d'assoupir les haines ; il éclaire les
» parties sur leur intérêt. Bien entendu, il leur montre l'a-
» bîme dans lequel elles vont se plonger ; il persuade enfin la
» conciliation : là , se borne son ministère dans ce moment ; sa
» compétence ne peut s'étendre plus loin ; on n'aurait pu attri-
» buer aux conventions des parties le caractère d'un acte pu-
» blic, sans porter une atteinte grave aux fonctions des no-
» taires établis pour donner l'authenticité aux actes. «

M. F. : » Le procès-verbal ne contiendra , si les parties n'ont
» pu s'accorder, qu'une mention sommaire de ce qui s'est passé;
» mais si les parties se sont conciliées, il contiendra les condi-
» tions de l'arrangement. Il est essentiel d'observer qu'ici le
» juge-de-paix n'exerce aucune jurisdiction. Le procès-verbal
» n'étant point un jugement, il ne peut en avoir la force. Les
» jugemens et les actes notariés peuvent seuls produire hypo-
» thèque, ainsi qu'il résulte du Code civil ; eux seuls sont sus-
» ceptibles de la forme constitutionnelle qui leur donne le ca-
» ractère d'un titre exécutoire ; ainsi, les conventions insérées
» au procès-verbal de conciliation , ne peuvent avoir que la
» force d'obligations privées. «

Vide en l'art. 2113 du C. civil, de quels actes l'hypothèque judiciaire peut résulter, et les formalités indispensables, pour que ces actes la lui confèrent.

C. N. Art. 2127, le mode de consentir l'hypothèque conventionnelle.

Arrêt de la C. S. , du 22 décbre. 1806 , qui refuse l'effet de l'hypothèque à la reconnaissance, devant le juge-de-paix , d'une dette résultante d'un acte sous seing-privé. [Den., 1807, 1ere. ptie., p. 109.]

Vide art. 1317 du C. Nap., la définition de l'acte authentique.

En l'art. 1319, quelle foi lui est due.

F 4

.- L'art. 10 du T. fixe les droits du greffier pour l'expédition du procès-verbal.

ART. 55. Si l'une des parties défère *le serment* 1°. à l'autre, *le juge-de-paix le recevra* 2°. , ou *fera mention du refus de le prêter* 3°.

Le serment. Vide la définition, art. 35 , note 3.

C. N. ART. 1357. Le serment judiciaire est de deux espèces :

1°. Celui qu'une partie défère à l'autre pour en faire dépendre le jugement de la cause, il est appelé *décisoire*.

2°. Celui qui est déféré d'office par le juge à l'une ou à l'autre des parties.

Vide, sous l'art. 120 du C. P. C., les principes relatifs au serment d'office.

Consultez un arrêt de la C. de Poitiers, du 21 pal., an 11, sur la question si un serment judiciaire peut être prêté par procureur.

ART. 1358. Le serment décisoire peut être déféré *sur quelque contestation que ce soit* (a).

(a) Vbl. Ga. *sur quelque contestation*, etc., contre et outre le contenu en un acte authentique. Arrêt de la C. de Turin, du 8 avril 1807. [R. Sir. t. 6, 2e. ptie. p. 900.]

Arrêt de la C. de Colmar, du 18 avril 1806. [R. Sir., t. 6, 2e. ptie. , p. 988.]

Sur la question de savoir si une personne est ou n'est pas mariée, lorsqu'il s'agit de l'exécution d'une obligation subordonnée au fait du mariage. C. de Bruxelles , 20 jer. 1807. [*Id.*, t. 7, 2e. ptie. , p. 658.]

Sur des faits de séduction et d'attentat de la liberté de tester. (C. de Turin, 13 avril 1808.') [R. Sir., t. 9, 2e. ptie. , p. 37.]

Sur des faits d'usure. (C. de Bruxelles , 1er. fer. 1809.) [*Id.*, ibid. , 217.]

ART. 1359. Il ne peut être déféré *que sur un fait personnel à la partie* (a) à laquelle on le défère.

(a) *Que sur un fait personnel*, etc. Consultez un arrêt de la C. de Turin, du 15 jllet. 1806, si le serment décisoire peut être déféré contre la créance résultante d'un jugement passé en force de chose jugée. [R. Sir. , t. 7, 2e. ptie. , p. 47 ; R. Sir. t. 7, 2e. ptie. , p. 1198.]

Consultez un arrêt de la C. de Grenoble, du 11 jllet. 1806, sur la question si on peut déférer le serment aux personnes contre lesquelles on n'a pas d'action.

ART. 1360. *Il peut être déféré en tout état de cause* (a), et encore qu'il n'existe aucun commencement de preuve de la demande ou de l'exception sur laquelle il est provoqué.

(a) *Il peut être déféré en tout état de cause.* Arrêt de la C. S. du 30 obre. 1810, décidant que le serment qu'une partie défère à l'autre subsidiairement, ne doit point être réputé décisoire. [Den. , 1810, 1ere. ptie., p. 555.]

ART. 1361. Celui auquel le serment est déféré, qui le refuse ou ne consent pas (a) le référer à son adversaire, ou l'adversaire à qui il a été référé et qui le refuse, doit succomber dans sa demande ou dans son exception.

ART. 1362. Le serment ne peut être référé quand le fait qui en est l'objet n'est point celui des deux parties, mais est purement personnel à celui auquel le serment avait été déféré.

ART. 1363. *Lorsque le serment déféré* (a) ou référé a été fait, l'adversaire n'est point recevable à en prouver la fausseté.

(a) *Lorsque le serment déféré.* Arrêt de la C. S., du 6 fre. an 13, décidant que lorsqu'une des parties a demandé que l'autre soit entendu cathégoriquement, sous serment purgatif et décisoire, elle peut encore être reçue à faire preuve contre ce serment. [R. Sir. , t. 5 , 2e. ptie., p. 680.]

ART. 1364. La partie qui a déféré ou référé le serment, ne peut plus se rétracter, lorsque l'adversaire a déclaré qu'il est prêt à faire ce serment (a).

ART. 1365. *Le serment fait ne forme preuve* qu'au profit de celui qui l'a déféré, ou contre lui et au profit de ses héritiers ou ayans-cause, ou contre eux. Néanmoins, le serment déféré par l'un des créanciers solidaires au débiteur, ne libère celui-ci que pour la part de ce créancier.

Le serment déféré au débiteur principal, libère éga-lement les cautions.

Celui déféré à l'un des débiteurs solidaires profite aux co-débiteurs.

Et celui déféré à la caution, profite au débiteur prin-cipal.

Dans ces deux derniers cas, le serment du co-débiteur solidaire, ou de la caution, ne profite aux autres co-débiteurs ou au débiteur principal, que lorsqu'il a été déféré sur la dette, et non sur le fait de la solidarité ou du cautionnement.

(a) *Le serment fait.* Consultez un arrêt de la C, de Turin, du 7 avril 1807, sur la question de savoir si on peut être admis à prêter un nouveau serment pour réparer une omission dans le serment déféré. [R. Sir., t. 7, 2e. ptie. p. 646.]

2°. *Le juge-de-paix le recevra.* Consultez un arrêt de la C. Imp. de Paris, du 31 jer. 1807, sur l'effet des aveux faits au bureau de paix quant à l'indivisibilité. [R. Sir., t. 7, 2e. ptie. P. 779.]

Autre arrêt de la C. d'appel de Turin, du 6 décbre. 1810, sur la même question. [Den. 1810, 2e. ptie., p. 22.]

3°. *On fera mention du refus.*

Arrêt de la C. S., du 17 jllet. 1810, décidant que la partie qui, en conciliation devant le juge-de-paix, a refusé de prêter le serment décisoire, est recevable à le prêter ensuite devant le Tribunal, pour éviter l'application de l'art. 1361, qui fait de ce refus une cause de condamnation [R. Sir., t. 10, 1ere. ptie., P. 327.]

ART. 56. Celle des parties qui ne comparaîtra pas, *sera condamnée à une amende de 10 fr.*, et toute audience lui sera refusée, jusqu'à ce qu'elle ait justifié de la quittance.

Vide l'art. 58, les formalités à remplir dans le cas de non-comparution.

Une décision de son Exc. le G.-J., du 31 jllet. 1808, porte que cette amende n'est encourue de plein droit, que quand le demandeur poursuit et obtient jugement, qui condamne au paiement du principal et aux dépens; ce jugement, quoique par défaut, doit comprendre l'amende comme un accessoire

de la condamnation principale, parce que c'est un véritable jugement définitif qui termine le procès, et qui, par cette
raison, doit contenir toutes les condamnations qui résultent
de la loi ; qu'autrement, ce serait violer la disposition de cet
art., et que tel était le vœu de la loi du 27 mars 1791. [R. Sir.
t. 8, 2e. ptie. p. 272. Den. 1808, 2e. ptie. p. 158.]

Décision du Ministre de la Justice, du 1 novbre. 1808, portant que lorsqu'une partie qui a été dans l'impossibilité de
comparaître au Bureau de paix, en justifie au Tribunal de 1re.
inst, elle peut être entendue, sans justifier du paiement de
l'amende de 10 fr. [R. Sir. t. 9, 2e. ptie. p. 54, Den. 1809, 2e. ptie.,
p. 2.]

Arrêt de la C. S., du 19 flal. an 12, sur la même question.
[R. Sir. t. 4, 2e. ptie. p. 153.]

Arrêt de la C. S., du 11 novbre. 1806, décidant que les
amendes non-adjugées pour défaut de comparution au Bureau de
Paix, ne se prescrivent que par 30 ans. [R. Sir. t. 7, 2e. ptie.
p. 1109.]

ART. 57. La citation en conciliation *interrompra la
prescription* 1°., et *fera courir les intérêts* 2°. ; le tout,
pourvu que la demande soit formée dans le mois 3°.,
à dater du jour de la non-comparution, ou de la non-conciliation.

1°. *Interrompra la prescription.* Prescription, dans un sens,
est l'acquisition du droit de propriété, par la possession d'une
chose pendant un tems déterminé par la loi ; et, dans un
autre sens, ce mot désigne l'extinction d'un droit, d'une
charge, d'une obligation, qui sont demeurés sans exécution
durant le même tems.

Arrêt de la C. S., du 30 fre. an 11, décidant que la demande
en compensation, formée au Bureau de Paix, par le défendeur
en conciliation, interrompt le cours de la prescription.
[R. Sir. t. 3, 1ere. ptie., p. 28.

C. N. ART. 2242. La prescription peut être interrompue ou naturellement, ou civilement.

Circulaire de son Exc. le G.-J., du 30 août 1808, décidant
qu'une contrainte signifiée dans un délai utile, en conservant
les droits du trésor public, pour une demande en supplément
de droits d'enregistrement, ne conserve pas en même-tems tous
les droits de la partie pour réclamer une restitution. [R. Sir.
t. 8, 2e. ptie. p. 286.]

ART. 2243. Il y a interruption naturelle, lorsque le possesseur est privé, pendant plus d'une année, de la jouissance de la chose, soit par l'ancien propriétaire, soit même par un tiers.

ART. 2244. Une citation en justice, un commandement ou une saisie signifiée à celui qu'on veut empêcher de prescrire, forment l'interruption civile.

Arrêt de la C. S., du 5 flal. an 12, décidant que la prescription n'est pas interrompue par une sentence qui est restée 30 ans sans exécution. [R. Sir. t. 4, 1ere. ptie. p. 247.]

Avis du Conseil-d'état, des 8 et 15 avril 1809, sur les formalités à observer pour interrompre la prescription des rentes sur l'état. [R. Sir. t. 10, 2e. ptie. p. 394.]

Consultez un arrêt de la C. d'Agen, du 22 août 1809, sur la question de savoir si le titre nouvel que fournit le donateur au créancier d'une rente, interrompt la prescription, même à l'égard du donataire universel chargé par la donation du service de cette rente. *Id.* t. 10, 2e. ptie. p. 299.

ART. 2245. La citation en conciliation devant le bureau de paix interrompt la prescription du jour de sa date, lorsqu'elle est suivie d'une assignation en justice, donnée dans les délais de droit.

ART. 2246. La citation, en justice, donnée même devant un juge incompétent, interrompt la prescription.

ART. 2247. Si l'assignation est nulle par défaut de formes ; si le demandeur se désiste de sa demande ; s'il laisse périmer l'instance, ou si sa demande est rejettée, l'interruption est regardée comme non-avenue.

ART. 2248. La prescription est interrompue *par la reconnaissance que le débiteur (a)*, où le possesseur fait du droit de celui contre lequel il prescrivait.

(a) *Par la reconnaissance, etc.* Consultez un arrêt de la C. d'Appel de Paris ; du 20 jllet. 1808, sur la question de savoir si les créances pour ouvrages et fournitures des ouvriers se prescrivent par six mois, lorsqu'il y a eu offres réelles. [R. Sir. t. 8, 2e. ptie., p. 263.]

Art. 2249. L'interpellation faite conformément aux art^{es}. ci-dessus à l'un des débiteurs solidaires, ou sa reconnaissance, interrompt la prescription contre tous les autres, même contre leurs héritiers.

L'interpellation faite à l'un des héritiers (a) du débiteur solidaire, ou la reconnaissance de cet héritier, n'interrompt pas la prescription à l'égard des autres co-héritiers, quand même la créance serait hypothécaire si l'obligation n'est indivisible.

Cette interpellation ou cette reconnaissance n'interrompt la prescription à l'égard des autres co-débiteurs, que pour la part dont cet héritier est tenu.

Pour interrompre la prescription pour le tout, à l'égard des autres co-débiteurs, il faut l'interpellation faite à tous les héritiers du débiteur décédé, ou la reconnaissance de tous ces héritiers.

(a) *L'interpellation faite à l'un des héritiers.* Consultez un arrêt de la C. de Riom, du 20 décbre. 1808, sur la question de savoir si l'interpellation faite (avant partage à l'un des héritiers qui détient l'entière succession) personnellement pour sa part, et hypothécairement pour le tout, interrompt la prescription. [R. Sir., t. 9, 2e. ptie., p. 123.]

Art. 2250. L'interpellation faite au débiteur principal ou sa reconnaissance, interrompt la prescription contre la caution.

2°. *Et fera courir les intérêts.* Les intérêts sont le profit que tire le créancier de l'argent qui lui est dû.

M. F. : » Comme celui qui a cité en conciliation avant de » former la demande s'est conformé à la loi, celle-ci vient » à son secours en faisant courir les intérêts du jour de la cita- » tion, comme si la demande avait été formée le même jour. «

Arrêt de la C. S., du 17 novbre. 1807, décidant que l'intérêt moratoire est dû à partir du jour de la demande régulièrement formée, encore qu'elle n'ait pas été suivie de condamnation. [R. Sir. t. 8, 1ere. ptie., p. 108. Den. 1807, 1ere. ptie., p. 569.]

Loi du 3 septbre. 1807, qui fixe l'intérêt de l'argent à 5 pour cent en matière civile, et à 16 pour cent en matière de commerce, et prononce des peines contre l'usure. [*Id. ibid.*, 2e. ptie. p. 161.]

Arrêt de la C. S., du 12 jllet. 1808, décidant qu'avant le Code de P. C. la citation en conciliation faisait courir les intérêts lors même qu'elle n'avait pas été suivie d'assignation dans le mois. [R. Sir., t. 9, 1ere. ptie., p. 275.]

Arrêt de la même C., du 12 juin 1810, décidant que les receveurs d'enregistrement ne peuvent en aucuns cas exiger des intérêts ; que, par la même raison, la régie ne peut y être condamnée même sur la restitution de sommes induement perçues. [R. Sir., t. 10, 1ere. ptie., p. 293 ; Den. 1809, 2e. ptie. 61.]

3°. *Pourvu que sa demande, etc.* M. T. fait remarquer la sagesse de la disposition qui assujétit à former la demande dans le mois, et sans laquelle on aurait pu prolonger indéfiniment les délais des prescriptions en donnant successivement des citations qui n'auraient aucune suite.

ART. 58. En cas de non-comparution de l'une des parties, il en sera fait *mention* sur le registre du greffe de la justice de paix, et sur l'original ou la copie de la citation, sans qu'il soit besoin de dresser procès-verbal.

Mention, etc.

« M. F. fait remarquer que la nouvelle loi est toujours attentive à éviter les frais qui ne sont pas indispensables.

» En effet, ajoute-t-il, il ne doit y avoir de procès-verbal » que pour constater les déclarations des parties ; mais lors» que l'une d'elles ne comparaît pas, il suffit de faire mention » de la présence de l'une et de l'absence de l'autre ; du reste, » il n'y a rien à constater. »

Vide art. 65, quel usage on doit faire de cette mention.

L'art. 13 du T. n'alloue rien au greffier pour cette opération.

~~~~~~~~~~~~~~~~~~~~~~

SOMMAIRES, Liv. 2, Tit. 2.

DES AJOURNEMENS.
~~~~~~~~~~~~~~~~~~~~~~

Opinion

G

M. F. : » Le Code suit, dans la distribution des titres, la
» marche ordinaire de la procédure ; après avoir parlé de la
» la conciliation, il s'occupe des ajournemens.

» En effet, lorsque les parties n'ont pu se concilier, le de-
» mandeur doit nécessairement traduire son adversaire en jus-
» tice : il doit le faire par un acte, qualifié d'assignation ou
» ajournement. La matière des ajournemens est d'une telle im-
» portance, que les législateurs ont toujours pris le plus grand
» soin à la régler. «

(101)

M. T. : « L'exploit d'ajournement est la base, la pierre fon-
» damentale de l'instruction ; il est sujet à plus de formalités
» que tout autre ; mais on n'exige pour cet acte que l'absolu
» nécesaire.

» Ce titre présente, au surplus, des règles précises sur le
» lieu où les exploits doivent être donnés, et sur la personne
» à qui ils sont remis, ainsi que sur les délais des assigna-
» tions : c'est sur-tout le défaut ou l'incertitude de la règle
» qui sont fâcheux en cette matière : il ne pourra plus exister
» de doute, la loi s'est expliquée avec précision et clarté. «

Vide les art. 68 et 69, la personne à laquelle il doivent être
délivrés, et aux art. 72, 73 et 74, les délais entre les assignations et leurs échéances.

ART. 59. *En matière personnelle* 1°., le défendeur sera
assigné devant le Tribunal *de son domicile* 2°. ; s'il n'a
pas de domicile, devant le Tribunal de *sa résidence* 3°.

S'il y a plusieurs défendeurs 4°., devant le Tribunal du
domicile de l'un d'eux, au choix du demandeur.

En matière réelle 5°., devant le Tribunal de la situation de l'objet litigieux.

En matière mixte 6°., devant le Tribunal de la situation, ou devant le juge du domicile du défendeur.

En matière de société 7°., tant qu'elle existe, devant
le juge du lieu où elle est établie.

En matière de succession 8°., 1°. sur les demandes *entre
héritiers jusqu'au partage* 9°. inclusivement ; 2°. sur les
demandes qui seraient intentées par les créanciers du
défunt avant le partage ; 3°. sur les demandes relatives à
l'exécution des dispositions à cause de mort, jusqu'au
jugement définitif, devant le Tribunal du lieu où la succession est ouverte.

En matière de faillite 10°., devant le juge du domicile
du failli.

En matière de garantie 11°., devant le juge où la demande originaire sera pendante.

Enfin, en cas d'élection de domicile 12°., pour l'exé-

cution d'un acte , devant le juge du domicile élu , ou devant le Tribunal du domicile réel du défendeur , conformément à l'art. 111 du C. N.

1°. *En matière personnelle. Vide* art. 2 , note 1ere. , sa définition ; art. 3 , note 3 , la compétence de ces sortes d'affaires
attribuées aux juges-de-paix , jusqu'à concurrence de 100 fr.

L'art. 5 , tit. 4 de la loi du 24 août 1790 , attribue aux Tribunaux de 1ere. inst. la connaissance en 1er. et der. ressort de
toutes affaires personnelles et mobiliaires , jusqu'à la valeur
de 1000 fr. de principal.

Arrêt de la C. S. du 3 fer. 1806 , décidant que l'action à fin
d'exhibition ou de restitution de titres , est purement personnelle , quand même elle serait formée comme base d'une
action en répétition d'immeubles. [R. Sir. t. 6 , 2e. ptie, p. 705.]

Arrêt de la C. S. du 15 mars 1808 , qui caractérise action mobiliaire celle d'un créancier hypothécaire , contre le
tiers-détenteur , tendante à la représentation du prix de l'immeuble. [R. Sir. t. 8 , 1ere. ptie. p. 359.]

Arrêt de la C. S. du 30 juin 1807 , décidant que les dommages et intérêts conclus par le défendeur , ne peuvent être
considérés comme une demande principale de sa part , et entrer
dans le calcul de la somme de 1000 fr. , à laquelle est fixée la
compétence en dernier ressort des Tribunaux de 1ere. instance
[R. Sir. t. 7 , 1ere. ptie. p 398.]

Arrêt de la même C. , du 22 octbre. 1807 , décidant que lorsque
la demande reconventionnelle dérive de la demande principale,
et lui est accessoire , le Tribunal de 1ere. inst. ne doit y avoir
égard pour déterminer sa compétence. [R. Sir. t. 8 , 1ere. ptie.
p. 74 Den. 1807 , 2e. ptie. p. 176.]

Arrêt de la même C. , du 29 mars 1808 , décidant que la demande reconventionnelle ne doit entrer en ligne de compte
pour fixer le taux du dernier ressort , que lorsque la demande
reconventionnelle est contestée. [Den. 1808 , 2e. ptie. p. 65.
R. Sir. t. 8 , 1ere. ptie. p. 438.]

Arrêt de la même C. , du 2 décbre. 1807, décidant que la somme
pour laquelle le défendeur se constitue reconventionnellement
demandeur , doit entrer en ligne de compte avec celle dont
le paiement est poursuivi contre lui, pour déterminer si l'objet de la contestation excédait ou non le taux du dernier ressort. [R. Sir. t. 8 , 1ere. ptie. p. 73.]

Arrêt de la C. S. du 18 novbre. 1807, décidant que les intérêts, les fruits, les frais d'un contrat ou d'un protêt, les dépens, les dommages et intérêts doivent entrer en compte, pour déterminer la compétence. [Den. 1807, 2e. ptie. p. 177.]

Arrêt de la C. S. du 7 juin 1810, décidant qu'un Tribunal de 1ere. inst. peut prononcer en dernier ressort sur une demande qui se compose de deux chefs, dont l'objet excède 1000 fr., si l'un des deux n'est pas contesté, et que l'autre rentre dans le taux du dernier ressort. [Den. 1810, 1ere. ptie. p. 548. R. Sir. t. 11, 1ere. ptie. p. 35.]

Arrêt de la C. S., du 4 septbre. 1811, décidant qu'un jugement qui a statué sur une demande dont l'objet excédait d'abord 1000 fr., mais qui dans le cours d'une instance a été réduit à cette somme ou au-dessous, doit être réputé en dernier ressort. [Den. 1811, 1ere. ptie., p. 465 ; R. Sir., t. 12, 1ere. ptie., p. 11.]

2°. *Domicile.*

M. F. : » On ne trouvera ici aucune disposition qui explique » en quoi consiste le domicile ; tout ce qui le concerne est » réglé par le C. civil «. *Vide* art. 2, note 3.

Arrêt de la C. S., du 5 jllet. 1808, décidant qu'en matière personnelle, lorsque le véritable intérêt de la cause est tout entier entre deux individus, le demandeur ne peut se donner plusieurs adversaires pour avoir l'occasion de distraire le défendeur principal de ses juges naturels. [R. Sir., t. 8, 2e. ptie., p. 426.]

Consultez un arrêt de la C. de Trèves, du 4 fer. 1807, sur la question de savoir si la demande en dommages et intérêts résultant de l'inexécution d'une convention, doit se poursuivre devant le juge du domicile du débiteur, ou devant celui du lieu où la dette devait être acquittée. [R. Sir., t. 7, 2e. ptie., p. 277.]

3°. *Résidence. Vide* art. 2, note 4.

4°. *S'il y a plusieurs défendeurs.* Consultez un arrêt de la C. d'Appel de Paris, du 24 bmaire. an 12, conforme à cette règle. [R. Sir., t. 7, 2e. ptie., p. 789.]

Un autre de la même C., du 13 juin 1807, sur la question de savoir si le jugement obtenu contre deux époux doit être signifié à la femme séparée de biens par exploit particulier. [*Id* t. 7, 2e. ptie., p. 620.] *Vide*, note 6.

Matière réelle. Vide sa définition, art. 50, note 2.

L'article 4 du titre 4 de la loi du 24 août 1790, attribue aux tribunaux de 1ere. instance la connaissance en premier et dernier ressort des affaires réelles, dont l'objet principal sera de 50 fr. de revenu déterminé, soit en rente, soit par prix de bail.

Vide art. 116, la faculté de consentir le dernier ressort en toute matière.

Arrêt de la C. S., du 11 obre 1808, décidant qu'un tribunal de 1ere. instance ne peut prononcer en dernier ressort sur la demande en rescision ou en nullité de la vente d'un immeuble dont le prix, fixé dans le contrat même, n'excède pas 1000 fr. si d'ailleurs le revenu de cet immeuble n'est déterminé ni en rente, ni par prix de bail. [Den. 1808, 2e. ptie., p. 190 ; R. Sir. t. 8, 1ere. ptie. p. 535.]

Arrêt de la C. S. du 8 mai 1811, décidant que les tribunaux de 1ere. instance ne peuvent statuer en dernier ressort sur la demande alternative ou d'un paiement d'une somme au-dessous de 1000 f., ou du délaissement d'un immeuble. [R. Sir., t. 11, 2e. ptie., p. 203.]

Décret impérial du 28 novbre. 1809, statuant qu'en matière de cours et de prise d'eau, les contestations entre particuliers ne doivent point être soumises à l'autorité administrative. [R. Sir., t. 10, 2e. ptie., p. 271.]

Vide art. 64, ce que doivent contenir les exploits en ces sortes de matières.

6°. *Matière mixte.* C'est celle qui participe à la fois de la personnelle et de la réelle, *V.b. Ga.*, l'action du vendeur pour recouvrer le bien vendu réméré est personnelle sous le rapport de l'obligation de l'acheteur de souffrir le rachat, et réelle sous le rapport de l'objet dont on demande le recouvrement.

Autre Ex. L'action contre un vendeur pour le forcer de livrer la chose.

Consultez un arrêt de la C. de Paris, du 16 fer. 1808, sur la question si l'action en résiliation de bail est une action *mixte*, et si elle peut être intentée devant le juge de la situation *des biens*, comme devant celui du domicile du preneur. [R. Sir., t. 7, 2e. ptie., p. 721.]

Arrêt de la C. S., du 2 fer. 1809, qui décide que l'action en délivrance de l'immeuble vendu est mixte, c. à. d. personnelle et réelle. [*Id.* t. 9, 1ere. ptie., p. 138.]

Arrêt de la C. S., du 5 novbre. 1806, portant que l'action en rescision d'une vente d'immeubles est une action mixte. [R. Sir., t. 6, 1ere. ptie., p. 512.]

Arrêt de la C. S., du 13 jllet. 1809, décidant qu'un tribunal civil, seul compétent pour connaître de la demande formée contre un fermier, relativement à des pailles et fumiers, devient compétent pour connaître dans la même affaire d'une demande afin des réparations et dégradations, objets placés dans l'attribution du juge-de-paix. [R. Sir., t. 8, 1ere. ptie., p. 271.]

7°. *Matière de société. Vide* la définition, art. 50, not. 3.

Arrêt de la C. S. du 14 mars 1810, décidant, 1°. que la règle établie par cet art., qui veut que le défendeur soit assigné en matière de société, tant qu'elle existe, devant le juge du lieu où elle est établie, n'est point applicable aux sociétés en participation ; 2°. qu'un associé peut assigner les autres associés en reddition de compte devant le domicile de l'un d'eux ; 3°. qu'il le peut, lors même que la société a été contractée et dissoute avant la mise en activité du Code de Procédure. [Den., 1810, 1ere. ptie., p. 141 ; R. Sir., t. 10, 1ere. ptie., p. 256.]

Vide art. 69, not. 4, en quel lieu et en quelle personne les sociétés commerciales doivent être assignées.

Arrêt de la C. S., du 10 septbre. 1806, décidant que le sociétaire ne peut décliner la jurisdiction du Tribunal du lieu de l'établissement social, sous le prétexte que la société était dissoute antérieurement aux titres de créances sur lesquelles sont fondées les poursuites dirigées contre lui. [R. Sir., t. 6, 1ere. ptie., p. 521.]

Arrêt de la même C., du 14 mars 1810, décidant que les juges du lieu où la société est établie, sont ceux qui doivent décider la question de savoir si celui qui est assigné comme co-associé a cette qualité. [*Id.*, t. 10, 1ere. ptie., p. 250.]

Consultez un arrêt de la C. de Pau, du   1er. 1811, sur la question s'il faut donner autant de copies d'exploit qu'il y a d'associés. [R. Sir., t. 12, 2e. ptie., p. 12.]

8°. *Matière de succession. Vide* sa définition, art. 50, not. 4.]

M. F. : » Jusqu'au partage, la succession n'est encore qu'un être moral qui représente le défunt ; c'est aussi dans le lieu de son ouverture que les héritiers auront plus de moyens et plus de facilité de se défendre. «

Consultez un arrêt de la C. de Turin, du 18 avril 1810, sur

la quesrion si la demande en délivrance d'un legs doit être formée contre l'héritier universel, devant le Tribunal du lieu de l'ouverture de la succession. [Den. 1810 , 2e. ptie. , p. 153; R. Sir. , t. 10, 2e. ptie. ,p. 330.]

Un autre arrêt de la C. de Bruxelles, du 25 mars 1808, sur les questions si les Tribunaux du lieu de l'ouverture d'une succession sont seuls compétens pour statuer sur la demande dirigée contre l'héritier, pour qu'il ait à accepter ou répudier, et si l'héritier ne peut être assigné, à cet effet, devant le juge de son domicile ; enfin, si l'incompétence de ce dernier juge est absolue, *ratione materiæ*. [R. Sir. , t. 12, 2e. ptie. , p. 205.]

Consultez un autre arrêt de la C. de Paris, du 20 jer. 1808, sur la question de savoir si c'est le Tribunal du lieu de l'ouverture d'une succession qui doit connaître d'une contestation entre deux créanciers d'une succession vacante , dont l'un demande la restitution de sommes induement perçues par l'autre, plutôt que le juge du domicile du défendeur. [R. Sir. t. 7, 2e. ptie. , p. 1027.]

9°. *Entre héritiers jusqu'au partage. Vide,* au titre des *Partages* l'art. 822 du C. N., qui soumet en outre au juge du lieu de l'ouverture de la succession les actions en rescision de partage et en garantie des lots.

Arrêt de la C. S. du 15 jer. 1806, décidant que la question si un particulier est ou n'est pas héritier, peut être jugée en dernier ressort par un Tribunal de 1ere. inst., lorsque l'objet de la demande n'excède pas 1000 fr., et que la question d'héritier est seulement préjudicielle. [R. Sir. t. 7, 1ere. ptie. p. 528.]

Arrêt de la C. S. du 18 juin 1807, décidant que l'héritier bénificiaire (étant unique) peut être assigné par les créanciers du défunt devant un autre Tribunal que celui de l'ouverture de la succession. [R. Sir. t. 7, 1ere. ptie. p. 425.]

Arrêt de la C. S. du 11 mai 1807, statuant que les demandes en licitation des biens restés indivis entre cohéritiers, *après partage*, doivent être portées , non au Tribunal du lieu de l'ouverture de la succession, mais devant le Tribunal de la situation des biens. [R. Sir. t. 7, 1ere. ptie. p. 226.]

Arrêt de la même C. du 8 avril 1809 , qui décide que la demande à fin d'ordre et distribution du prix des biens vendus d'une succession , doit être portée comme action réelle devant le juge de la situation des biens. [*Id.* t. 9, 1ere. ptie. p. 226.]

10°. *Matière de faillite.* Faillite est l'état dans lequel se trouve un marchand , banquier ou négociant , dont les affaires sont tellement dérangées, qu'il est dans l'impossibilité de remplir les engagemens qu'il a contractés, et d'acquitter les sommes dont il s'est rendu débiteur.

Arrêt de la C. S. du 16 mai 1809, statuant que lorsqu'un négociant a deux maisons de commerce dans deux villes différentes, s'il vient à faillir, la connaissance de la faillite est dévolue aux juges du domicile, plutôt qu'aux juges du lieu où la faillite a éclaté. [R. Sir. t. 10, 1ere. ptie. p.   ]

Arrêt de la C. S. du 21 vendre. an 12, qui décide que quand un débiteur meurt en état de faillite, toutes les contestations relatives à la succession doivent être portées devant le juge de son domicile. [*Id.* t. 4, 2e. ptie. p. 30.]

L'art. 494 du C. de Commerce porte :

A compter de l'entrée en fonction des agens et ensuite des syndics, toute action civile intentée avant la faillite contre la personne et les biens mobiliers du failli, par un créancier privé, ne pourra être suivie que contre les agens et les syndics ; et toute action qui serait intentée après la faillite, ne pourra l'être que contre les agens et les syndics.

11°. *Matière de garantie.* On appelle ainsi l'action fondée sur l'obligation du garant : on distingue deux sortes de garantie, la garantie de droit et la garantie de fait ou conventionnelle.

La garantie de droit est celle à laquelle on est obligé de plein droit lors même qu'elle n'a pas été stipulée : telle est la garantie que tout vendeur ou cédant doit à l'acquéreur ou cessionnaire, pour lui assurer la jouissance ou propriété de la chose vendue ou cédée.

La garantie de fait ou conventionnelle, est celle qui n'a lieu qu'en vertu d'une convention ; on en fait un usage fréquent dans les cessions ou transports, soit de rentes, soit de dettes mobiliaires.

Arrêt de la C. S. du 26 juillet 1809, décidant que le garant qui a été assigné devant le Tribunal du garanti, ne peut se plaindre qu'il n'est pas traduit devant le Juge de son domicile, encore qu'il soit assigné comme débiteur solidaire et non comme garant. [R. Sir. t. 9, 1ere. ptie. p. 28.]

2°. *En cas d'élection de domicile. Vide* art. 2, note 3, le rapprochement de l'art. 111 du C N. et la jurisprudence.

Art. 68, note 2, les autres règles concernant le domicile et son changement.

Arrêt de la C. S. du 13 décbre 1808, décidant qu'en matière

d'ordre on peut assigner sur l'appel au domicile élu dans le procès-verbal d'ordre. [*Id.* t. 9, 1ere. ptie. p. 69.]

Consultez au R. Sir. t. 8, 2e. ptie. p. 144, divers arrêts sur la question de savoir si dans une assignation donnée pour obtenir condamnation sur une lettre-de-change, on doit observer le délai de distance à cause de l'éloignement du domicile réel.

Art. 60. Les demandes formées pour *frais* par les officiers ministériels seront portées au Tribunal où ces frais ont été faits.

Frais. On appelle ainsi les dépenses occasionnées par la poursuite d'un procès ; c'est ce qu'on nomme autrement dépens. Cependant, le nom de *dépens* s'applique plus particulièrement aux frais que la partie qui a succombé doit payer à celle qui a obtenu gain de cause.

Vide en l'art. 543, comment ils se liquident en matière sommaire.

Art. 544, comment ils se liquident dans les autres matières.

Vide art. 49, note 14, la forme spéciale des assignations à la requête des officiers ministériels.

Art. 61. L'exploit d'ajournement contiendra *la date* 1°. des jour, mois et an, les noms, profession *et domicile du demandeur* 2°., *la constitution de l'avoué* 3°. qui occupera pour lui, et chez lequel *l'élection de domicile sera de droit* 4°., à moins d'une élection contraire par le même exploit. Les noms, demeure et immatricule de l'huissier, *les noms et demeure du défendeur* 5°., *et mention de la personne à laquelle copie de l'exploit sera laissée* 6°.

3°. *L'objet de la demande* 7°., l'exposé sommaire des moyens.

4°. *L'indication du Tribunal* qui doit connaître de la demande *et du délai pour comparaître*, le tout *à peine de nullité.*

1°. *Date.* C'est l'indication que l'on fait du tems où un acte a été passé ; on date communément de l'année, du mois et du jour, ainsi qu'il est prescrit pour les exploits d'ajournement.

Consultez un arrêt de la C. d'Aix, du 9 mai 1810, décidant que le Calendrier Grégorien doit être suivi, à peine de nullité, dans la date d'un acte d'appel ; ainsi, au lieu de dater de 1809, il ne suffirait pas de dater de l'an 5 du règne de Napoléon, empereur. [R. Sif., t. 10 ; 2e. ptie., p. 257.]

Arrêt de la C. S., du 4 brumaire, an 10, qui décide que lorsque la copie de l'acte de signification d'un arrêt d'admission de la C. de Cassation, ne contient pas la date et le mois, de manière qu'il soit impossible d'y trouver la preuve que la signification ait été faite à délai utile, l'exploit de signification est nul. [Id. t. 2, 1ere, ptie. p. 121.]

Arrêt de la même C., du 8 nivose an 11, décidant qu'un exploit de signification n'est pas nul par cela que l'huissier a omis *la date de l'année*, *si d'ailleurs* la partie a pu connaître cette date au moyen des actes signifiés et des énonciations renfermées dans l'exploit. [*Id.* t. 3, 2e. ptie. p. 553.]

Arrêt de la même C., du 8 novbre. 1808, décidant qu'une signification dont la date est inexacte, et où l'on a énoncé une année pour l'autre, peut n'être pas nulle. [*Id.* t. 9, 1ere. ptie., p. 146.]

Dissertation sur la question de savoir si un exploit dans la copie duquel la date serait omise est nulle, et sur cette autre *quid* si la date n'est qu'imparfaite.

Arrêt de la C. S. du 8 fer. 1809, qui décide que la copie d'un exploit non-régulière, quand bien même l'original le serait, peut le faire annuller. [*Id.* t. 9, 1ere. ptie. p. 241.]

Arrêt de la même C., dudit jour, qui porte qu'un exploit est nul si dans la copie il n'est pas daté ou porte une date fausse, ou erronnée, quoique régulièrement énoncée dans l'original. [Den. 1809, 2e. ptie., p. 17.]

Arrêt de la C. S., du 2 novbre. 1807, décidant que l'art. 61 du C. de P. n'est pas applicable aux assignations données devant la C. de Cassation en vertu d'arrêt d'admission. [Den. 1807, 2e. ptie., p. 164.]

2°. Que l'exploit dans lequel l'huissier n'a pas fait mention de sa patente, n'est pas nulle.

Arrêt de la C. S., du 4 septbre. 1811, décidant que la copie, comme l'original d'un exploit d'ajournement, doit, à peine de nullité, offrir intégralement la triple date du mois, du jour et de l'an. [R. Sir., t. 12, 1ere. ptie. p. 59.]

2°. *Domicile du demandeur.*

Arrêt de la C. S., du 12 septbre. 1809, qui n'admet point la nullité d'une assignation requise par un maire, ou par un adjoint exerçant les fonctions du maire à défaut, dénonciation des noms et domicile de ces fonctionnaires. [Den. 1809, 2e ptie. p. 159.]

Arrêt de la même C., du 10 avril 1811, qui dispense de la formalité de l'indication du domicile du demandeur l'assignation donnée en cassation, en vertu d'arrêt d'admission d'un pourvoi. [Id. 1811, 2e. ptie., p. 204.]

Arrêt semblable de la même C., du 8 mai 1811. R. Sir., t. 11, 1ere. ptie., p. 203.]

Consultez un arrêt de la C. de Paris, du 6 germal an 10, sur la question de savoir si une femme demanderesse en divorce indique suffisamment son domicile en énonçant celui de sa résidence de fait. [R. Sir., t. 2, 2e. ptie., p. 285.]

Un autre arrêt de la C. de Turin, du 19 mai 1807, sur la question de savoir si une partie peut continuer valablement ses significations à l'ancien domicile, lors même qu'elle connaît le nouveau domicile de l'autre partie, que cette dernière ne lui a pas notifié. [Id. t. 7, 2e. ptie. p. 650.]

Un autre arrêt de la C. d'Aix, du 18 fér. 1808, sur la question si sous l'empire du C. de P. on peut appeler et citer par procureur. [Id. t. 8, 2e. ptie., p. 109.]

Un autre arrêt de la C. de Gênes, du 5 août 1808, sur la question de savoir si la mention de la *demeure* peut être équivalente dans un exploit à celle du *domicile*. [Id. t. 9, 2e. ptie. p. 108.]

3°. *Constitution de l'avoué.* Constituer un avoué, c'est lui donner pouvoir de conclure à l'audience et de faire des actes de procédure pour celui qui l'a constitué.

Consultez un arrêt de la C. de Bruxelles, sur la question si l'élection de domicile chez un avoué peut suppléer la constitution expresse. [R. Sir, t. 7, 2e. ptie., p. 340.]

Un autre de la C. de Trèves, du 4 décbre. 1809, sur celle si la constitution d'avoué est valable lorsqu'elle porte, par erreur, sur un avoué qui avait accepté la fonction de juge trois jours avant sa constitution. [Id. t. 10. 2e. ptie. p. 62.]

4°. *L'élection de domicile sera de droit. Vide* art. 352, quel pouvoir il faut à l'avoué ou à tout autre pour accepter des offres; il suit de la prohibition de les accepter sans pouvoir spécial, que les offres ne peuvent être faites qu'au domicile de la partie.

Consultez un arrêt de la C. de Bruxelles, du 14 jllet. 1808, sur la question si l'assignation donnée à un domicile élu doit indiquer le domicile réel du défendeur. [R. Sir., t. 10, 2e. ptie., p. 508.]

Arrêt de la C. S., du 28 obre. 1811, décidant que les arrêts d'admission de pourvoi ne peuvent être signifiés à domicile élu. [R. Sir., t. 12, 1ere. ptie., p. 12.].

5°. *Les noms et demeure* du défendeur. *Vide* l'arrêt ci-dessus, note 4.

Arrêt semblable de la Cour de Turin, du 11 mai 1811. [Den. 1812, 2e. ptie., p. 47.]

Consultez un arrêt de la même C., du 5 août 1811, sur la question si l'erreur dans l'énonciation du prénom de l'une des parties produit nécessairement la nullité de l'assignation. [R. Sir. t. 12, 2e. ptie., p 252.]

6°. *Mention de la personne à laquelle, etc.*

» La mention exigée ici n'est pas la simple indication » du sexe de la personne à laquelle on laisse l'exploit ; cette » personne doit être, d'après l'art. 68, parent ou serviteur, » ou voisin ; ainsi, pour ne pas être assujétie à la formalité » secondaire exigée par cet art. 68, il faut que l'huissier » énonce la qualité que tient dans la maison de l'assignée la » personne à laquelle il délivre l'exploit. «

Arrêt de la C. S. du 20 juin 1808, qui décide qu'un exploit signifié à domicile, sous l'empire de l'ordonnance de 1667, est nul pour avoir été laissé *à une femme*, qui n'a dit son nom, de ce sommée, sans autre énonciation.

La Cour s'est fondée sur les dispositions des art. 61 et 68 du du C. P. C., concordantes avec celles des ordonnances de 1667 et 1539. [Den. 1808, 1ere. ptie. p. 322.]

Arrêt de la C. S. du 22 jer. 1810, décidant qu'un exploit d'assignation dont la copie a été laissée à un serviteur ou domestique trouvé au domicile de la partie assignée, est valable. [Den. 1810, 1ere. ptie. p. 44.]

7°. *L'objet de la demande.*

M. T. : » Il faut bien que celui qui est assigné sache pour-» quoi il est cité, par quel motif, à quel Tribunal, à quelle » époque ; quel est l'avoué qui doit occuper pour le demandeur ; » l'exploit doit le dire (§. 3. et 4.)

» Il faut bien s'assurer que le défendeur a eu connaissance » de l'assignation ; par conséquent, l'exploit doit faire men-

» tion du nom, de la demeure du défendeur, et de la personne
» qui a reçu la copie. Comment sera-t-on certain de la remise
» d'un exploit par l'emploi d'un officier, qui ait un caractère
» public ? L'exploit doit, en conséquence, contenir les noms,
» demeure et immatricule de l'huissier. (§. 2.)

» M. F. L'omission d'une seule de ces formalités mettrait le
» défendeur dans l'impossibilité de se défendre ; aussi chacune
» de ces omissions emporte-t-elle peine de nullité. L'exploit
» d'ajournement est également nul, s'il ne contient pas la
» constitution de l'avoué qui doit occuper pour le demandeur;
» il est nécessaire que le défendeur connaisse l'avoué de son
» adversaire, pour éviter les frais de signification à domicile
» et les lenteurs qui en seraient la suite « (§. 2.)

8°. *L'indication du Tribunal.*

Sans elle, il n'y aurait pas de véritable assignation, puisque
le défendeur ne connaîtrait pas le Tribunal devant lequel il
devrait se présenter.

9°. *Délai pour comparaître.*

Vide l'art. 72, sur l'étendue du délai ordinaire, et les art.
37 et 1033 sur l'étendue des délais extraordinaires.

Arrêt de la C. S. du 1 septbre. 1808, statuant qu'assigner à
un délai plus long que celui fixé par la loi, n'est pas commettre une nullité. [R. Sir. t. 9, 1ere. ptie. p. 225.]

Arrêt de la C. S. du 7 jer. 1812, décidant qu'il n'est pas nécessaire, à peine de nullité, d'indiquer littéralement le jour pré-
fixe de l'échéance du délai. [R. Sir. t. 12, 1ere. ptie. p. 169.]

10°. *A peine de nullité.* On appelle nullité, soit la qualité
d'un acte qui est nul, comme non-avenu, soit le vice qui
empêche cet acte de produire son effet.

Vide l'art 1030, qui porte qu'aucune des nullités prononcées
par le Code n'est comminatoire.

L'art. 1031 qui décide qu'un exploit ne peut être déclaré nul,
si la nullité n'en est formellement prononcée ; et enfin, l'art.
172, qui indique comment se couvrent les nullités d'exploit ou
autres actes.

Vide, art. 68, le complément des formalités de l'exploit
d'ajournement.

Arrêt de la C. S. du 2 novbre. 1807, décidant, 1°. que cet art.
n'est pas applicable aux assignations données devant la Cour de
Cassation, en vertu d'arrêt d'admission.

2°. Que

2°. Que l'exploit dans lequel l'huissier n'a pas fait mention de sa patente n'est pas nul.

3°. Que le C. de P. a abrogé les lois antérieures relatives à la procédure. [Den. 1807, 2e. ptie. p. 164.]

Vide, art. 456, la jurisprudence relative à la forme spéciale des assignations sur l'appel.

ART. 62. Dans le cas du transport d'un huissier, il ne lui sera payé pour tous frais de déplacement *qu'une journée au plus.*

Qu'une journée au plus.

M. T.: » Il a été pourvu à ce que les parties ne fussent pas grévées par les frais onéreux d'un transport d'huissier dans des lieux éloignés de résidence. «

Vide l'art. 66 du T. Il n'accorde aucun droit pour voyage en-deçà d'un demi-myriamètre ; il fixe la journée à 5 myriamètres, et accorde un droit progressif suivant la distance qui, au-delà d'un myriamètre, se compte par un demi-myriamètre.

Cet article fait en outre défense aux huissiers-commis de prendre de plus forts droits.

ART. 63. Aucun exploit ne sera donné un *jour de fête légale* 1°., si ce n'est en vertu *de permission du Président* du Tribunal.

1°. *Fête légale.* Suivant l'indult donné à Paris, le 9 avril 1802, ces fêtes sont au nombre de quatre, indépendamment des fêtes et dimanches ; savoir : Noël, l'Ascension, l'Assomption et la Fête de Toussaint.

2°. *Permission du Président.* Suivant l'art. 828, cette permission peut être donnée pour la saisie-revendication.

Suivant l'art. 795, elle peut l'être pour demande en nullité d'emprisonnement.

ART. 64. *En matière réelle ou mixte* 1°., les exploits énonceront la nature de l'*héritage* 2°., la commune ; et, autant qu'il est possible, la partie de la commune où il est situé, et deux au moins des *tenans et aboutissans* 3°. ; s'il s'agit d'un domaine, corps de ferme ou métairie, il suffira d'en désigner le nom et la situation : le tout à peine de nullité.

H

1°. *En matière réelle ou mixte.*

M. T. : « S'il s'agit d'un héritage, peut-on se dispenser de le désigner d'une manière non-équivoque ? »

Matière réelle. Voyez art. 50, note 2.

Matière mixte. Voyez art. 59, note 5.

Arrêt de la C. S. du 10 décbre. 1806, décidant que le créancier ayant une hypothèque générale sur les biens de son débiteur, peut assigner les détenteurs à titre universel de ces biens en leur qualité d'héritiers et comme biens tenans, sans qu'il doive, à peine de nullité, présenter dans l'exploit de demande une désignation spéciale des biens soumis à son droit. [R. Sir. t. 6, 1ere. ptie., p. 475.]

2°. *L'héritage* appliqué aux propriétés foncières, indique un immeuble que l'on possède à quelque titre que ce soit.

3°. *Les aboutissans* sont les deux points qui bornent un héritage dans sa longueur, depuis le lieu où il a son entrée jusqu'à celui où il finit.

Les tenans sont ses confins latéraux.

ART. 65. Il sera donné, avec l'exploit, copie du procès-verbal de non-conciliation, ou copie de *la mention de non-comparution* 1°., à peine de nullité ; sera aussi *donnée copie des pièces* 2°., ou de la partie des pièces sur lesquelles la demande est fondée : à défaut de ces copies, celles que le demandeur sera tenu de donner dans le cours de l'instance, n'entreront point en taxe.

Voyez art. 61, les autres formalités exigées pour la validité d'un exploit d'ajournement.

1°. *Mention de non-comparution.*

» Décision de son Exc. le Ministre des finances, 7 juin 1808, » qui porte, entre autres dispositions : que le législateur ayant » désiré diminuer pour les parties les frais de procédure, cette » intention ne serait pas remplie si ces mentions étaient con- » sidérées, à titre de certificat, comme passibles de la forma- » lité de l'enregistrement. [R. Sir. t. 8, 2e. ptie., p. 229.] «

2°. *Sera donné copie des pièces.* L'art. 23 de la loi du 22, fr. an 7, défend de faire usage, soit par acte public, soit en justice, de tous actes sous signatures-privées, qu'ils n'aient été préalablement enregistrés.

L'art. 41 défend aux huissiers et autres, de délivrer aucune copie ou expédition d'un acte soumis à l'enregistrement sur l'original, ni faire aucun autre acte en conséquence, avant qu'il ait été enregistré, quand même le délai pour l'enregistrement ne serait pas encore expiré, à peine de 50 fr. d'amende, outre le paiement du droit.

L'art. 12 de la loi du 15 brumaire. an 7, détermine les actes sujets à la formalité du timbre.

L'art. 23 défend d'expédier deux actes à la suite l'un de l'autre sur la même feuille de papier timbré. Il contient plusieurs exceptions, notamment pour à-compte d'une seule et même créance, ou d'un seul terme de fermage.

L'art. 26 contient la classification des amendes pour chaque contravention.

L'art. 28 du T. fixe les droits pour les copies de pièces remises avec l'exploit d'ajournement en raison des rôles.

ART. 66. *L'huissier* 1°. ne pourra instrumenter pour ses *parens et alliés* 2°., et ceux de sa femme, en ligne directe à l'infini, ni pour ses parens et alliés collatéraux, *jusqu'au degré de cousin issu de germain* 3°. inclusivement ; le tout à peine de nullité.

1°. *L'huissier.* La loi du 27 vtôse. an 8, ordonne la nomination d'un nombre fixe d'huissiers près les tribunaux.

Un arrêté du gouvernement, du 22 thérdor. suivant, porte, art. 7 :

1°. Que les huissiers près les tribunaux de 1ere. instance ne peuvent exercer leurs fonctions que dans le ressort du tribunal où ils sont immatriculés.

2°. Que les huissiers attachés aux Cours d'Appel ne peuvent instrumenter que dans le ressort du tribunal de 1ere. instance, établi dans le lieu où siège la C. d'Appel, près laquelle ils exercent leurs fonctions.

2°. *Parens et alliés en ligne directe à l'infini. Vide* art. 4, notes 4 et 5.

3°. *Cousin issu de germain. Vide* art. 44, note 1ere., l'issu de germain est le descendant du cousin-germain ; la prohibition de la loi s'étend jusqu'à lui.

M. F. : « Le motif d'exclusion des huissiers parens dans les
» degrés ci-dessus, est encore plus fort qu'à l'égard des huis-
» siers des justices de paix ; car les affaires soumises aux tri-
» bunaux inférieurs sont bien plus importantes ; aussi la pro-

» hibition est-elle étendue plus loin ; d'ailleurs, il est moins
» difficile de trouver un autre huissier. «

ART. 67. Les huissiers seront tenus de mettre à la fin
de l'original et de la copie de l'exploit, *le coût d'icelui*,
à peine de cinq francs d'amende, payable à l'instant de
l'enregistrement.

Le coût d'icelui.

M. T. dit : « On s'est assuré de l'exécution de cet article en
mulctant l'huissier, s'il y manque, d'une amende payable par
lui à l'instant de l'enregistrement.

L'art. 66 du T. ajoute à cette peine la faculté de l'*interdiction* sur la réquistiion d'office des procureurs-impériaux.

Interdiction est la suspension d'un officier ou la défense
d'exercer les fonctions de sa charge.

ART. 68. Tous exploits seront faits *à personne* 1°. *ou domicile* 2°. ; mais *si l'huissier ne trouve au domicile ni la
partie, ni aucun de ses parens ou serviteurs* 3°., il remettra
de suite *la copie à un voisin* 4°., qui signera l'original, si
ce voisin ne peut ou ne veut signer, l'huissier remettra la
copie au Maire ou Adjoint de la commune, lequel visera
l'original sans frais ; *l'huissier fera mention du tout*, tant
sur l'original que sur la copie.

Vide art. 61, note 3, et l'art. 70 qui prononce la peine de
nullité pour inobservation.

1°. *Personne.* Terme qui ne se dit que de l'homme et de
la femme, et dont on se sert également pour signifier un homme
ou une femme.

M. F. : » L'huissier est censé n'avoir trouvé personne lors-
» qu'il n'a pu remettre l'exploit à un parent ou à un serviteur
» de la partie ; on a pensé qu'il serait dangereux de l'auto-
» riser à laisser cette copie à un étranger qui se trouverait
» par hasard dans la maison : celui qui reçoit la copie doit
» viser l'original ; quant à la remise de la pièce qu'il a reçue,
» ce doit être un objet d'ordre ou de règlement.

Par arrêt du 15 août 1807, la C. S., sections réunies, a décidé qu'en cas de cohabitation de deux personnes, la copie
de l'exploit signifié à l'une d'elles peut être remise au serviteur de l'autre. [R. Sir. t. 7, 2e. ptie. p. 126.]

(117)

Arrêt de la C. S. du 7 août 1809 , portant que la personne à qui on a laissé copie d'un exploit, doit être désignée par ses rapports avec la partie assignée. [Den. 1809, 2e. ptie. p. 133.]

Arrêt conforme de la même C. du 4 novbre. 1811. [Den. 1811, 1ere. ptie. p. 510.]

Arrêt de la C. S. du 23 jer. 1810, décidant que la mention faite dans un exploit que la copie en a été laissée à telle personne , remplit suffisamment le vœu de la loi , s'il est reconnu que cette personne appartient à la famille de la partie. [Den. 1810, 1ere. ptie. p. 57.]

Arrêt de la C. S. du 7 septbre. 1808 , qui décide que si une femme séparée de biens d'avec son mari est assignée à raison de ses droits , conjointement avec le mari au domicile de celui-ci, il doit être laissé deux copies de l'assignation , l'une pour la femme et l'autre pour le mari. [Den. 1808, 1ere. ptie. p. 439. [R. Sir. t. 8 , 1ere. ptie. p. 502.]

Arrêt de la C. S. du 1er. avril 1812 , décidant que les époux non-séparés peuvent être assignés conjointement par une seule copie. [R. Sir. t. 12 , 1ere. ptie. p. 318.]

Arrêt de la C. S. du 5 août 1812, décidant qu'une assignation donnée à une femme non-commune en biens avec son mari, n'est pas nulle , par cela seul que celui-ci n'a pas été assigné par le même exploit pour autoriser sa femme, si d'ailleurs il a été ultérieurement appelé en cause pour autoriser sa femme. [Den. 1812, 1ere. ptie. p. 567.]

2°. *A domicile. Vide*, art. 2 , note 3, les règles principales relatives au domicile et à son changement ; art. 59, note 2 , et art. 61 , notes 2 et 5, la Jurisprudence. [Den. 1811, 1ere. ptie. p. 417.]

Arrêt de la C. S. du 3 septbre. 1811, décidant qu'une personne décédée , mais dont le décès n'est pas connu , peut être assignée à son dernier domicile, comme si elle existait encore. [R. Sir. t. 11, 1ere. ptie. p. 349.]

Arrêt de la C. S. du 28 août 1810, qui consacre la nullité d'un exploit de signification d'arrêt d'admission laissée au domicile de l'assignée , en parlant à un domestique ou à une femme, sans exprimer que ce soit la domestique ou la femme de la partie elle-même. [R. Sir. t. 10 , 1ere. ptie. , p. 384. Den 1810, 1ere. ptie. p. 476.]

Autre arrêt semblable de la même C. , du 7 août 1809. [Id. t. 10, 1ere. ptie. p. 249.]

Autre arrêt de la même Cour, rejettant la nullité, le 22 jer. 1810. [Id. t. 10 , 1ere. ptie. p. 117.]

H 3

Arrêt de la C. S. du 15 fer. 1810, décidant que dans un exploit d'assignation fait à domicile, on doit indiquer les rapports de la personne à qui la copie est laissée avec la partie assignée, et particulièrement qu'un exploit d'assignation dont la copie est laissée à un commis doit énoncer que ce commis est celui de cette partie. [Den. 1811, 1ere. ptie., p. 113.]

Arrêt de la C. S. du 9 nivose an 12, qui décide que l'huissier qui certifie dans un exploit s'être transporté au domicile de l'assigné, lorque dans la vérité il a fait porter l'exploit par un tiers, commet un faux caractérisé. [R. Sir. t. 4, 2e. ptie., p. 62.]

Arrêt semblable, de la même Cour, du 16 jer. 1806. [Id., t. 6, 1ere. ptie., p. 224.]

Id. du 22 mai 1806. [Id., t. 6, 2e. ptie., p. 576.].

3°. Si l'huissier ne trouve au domicile. Arrêt de la C. S. du 14 nose. an 11, statuant que si la partie dont le pourvoi a été admis par le jugement de la section des requêtes, ne peut signifier le jugement au domicile du défendeur mort dans l'intervalle, en ce cas, la signification doit être faite à la personne ou au domicile des héritiers, encore que ceux-ci n'aient point notifié le décès de leur auteur. [R. Sir. t. 4, 1ere. ptie. p. 9.]

Arrêt de la C. S. du 25 mars 1812, décidant que lorsque la copie d'un exploit est remise à un voisin, l'huissier doit faire mention expresse dans cet exploit, à peine de nullité, qu'il ne trouve au domicile de la partie ni celle-ci, ni aucun de ses parens ou serviteur. [Den. 1812, 1ere. ptie. p. 326. R. Sir. t. 12, 1ere. ptie., p. 336.]

Arrêt de la C. S. du 4 novbre 1811, décidant que le parlant à d'un exploit, doit, à peine de nullité, indiquer clairement le rapport qui existe entre l'assigné et la personne qui reçoit la copie ; qu'il ne suffit donc pas de dire parlant à une fille de confiance, ainsi qu'elle a dit être sommée de le faire savoir. [R. Sir. t. 12, 1ere. ptie., p. 32.]

4°. Au Maire ou Adjoint. Consultez un arrêt de la C. de Bruxelles, du 28 juin 1810, sur la question si l'huissier qui ne trouve personne au domicile de la partie à laquelle il veut signifier un acte, est tenu, à peine de nullité, d'indiquer dans l'exploit la maison et le nom du voisin auquel il offre de remettre la copie. [R. Sir., t. 10, 2e. ptie., p. 398.]

5° *Et fera mention, etc. Vide* la note 6 , art. 61 et l'art. 70, qui prononce la peine de nullité pour inobservation.

Arrêt de la C. S., du 29 mai 1811 , décidant que l'art. 68 du C· de P. est applicable aux exploits faits au domicile réel comme au domicile élu. [Den., 1811, 1ere. p^{tie}., p. 301; R. Sir. t. 11 ; 1ere. p^{tie}. p. 265.]

A**RT**. 69. Seront assignés, l'*Etat* 1°., lorsqu'il s'agit de domaines et droits domaniaux, en la personne ou au domicile du Préfet du département ou siége le Tribunal devant lequel doit être portée la demande en 1ere. instance.

2°. Le trésor public, en la personne ou au bureau de l'agent.

3°. *Les administrations* 2°. , ou établissemens publics, en leurs bureaux, dans le lieu où réside le siége de l'administration; dans les autres lieux, en la personne et au bureau de leur préposé.

4°. L'Empereur , pour ses domaines, en la personne du procureur-impérial de l'arrondissement.

5°. *Les communes* 3°. , en la personne et au domicile du Maire; et à Paris, en la personne et au domicile du Préfet.

Dans les cas ci-dessus, l'original sera visé de celui à qui la copie de l'exploit sera laissée; en cas d'absence ou de refus , le *visa* sera donné soit par le juge-de-paix, soit par le procureur-impérial près le Tribunal de 1ere. instance, auquel , en ce cas, la copie sera laissée.

6°. *Les sociétés de commerce tant qu'elles existent en leur maison sociale* 4°.; et s'il n'y en a pas, en la personne et au domicile de l'un des associés.

7°. Les unions et directions de créanciers , en la personne et au domicile de l'un des syndics ou directeurs.

8°. *Ceux qui n'ont aucun domicile connu en France , au lieu de leur résidence actuelle* 5°., si le lieu n'est pas connu ; l'exploit sera affiché à la principale porte de l'auditoire du

H 4

Tribunal où la demande est portée ; une seconde copie sera donnée au procureur-impérial, lequel visera l'original.

9°. Ceux qui habitent le territoire français, hors du continent, et ceux qui habitent chez l'étranger, au domicile du Procureur-impérial près le Tribunal où sera portée la demande, lequel visera l'original, et enverra la copie pour les 1ers., au ministère de la Marine, et pour les 2ds., à celui des relations extérieures.

1°. *L'Etat. (Ce qu'on entend par)*, art. 59, note 1ere.

L'art. 15 de la loi du 5 novbre. 1790, porte qu'il ne pourra être exercé aucune action contre le procureur-général-syndic, (aujourd'hui *le préfet*) en sadite qualité par qui que ce soit, sans qu'au préalable on ne se soit pourvu, par simple mémoire, d'abord au directoire du district (aujourd'hui *le sous-préfet*) pour donner son avis, ensuite au directoire du département (aujourd'hui *le conseil de préfecture*), pour donner une décision, à peine de nullité. Les sous-préfets et préfets statueront sur le mémoire dans le mois, à compter du jour qu'il aura été remis avec les pièces justificatives, dont le secrétaire donnera son récépissé, et dont il fera mention sur le registre qu'il tiendra à cet effet. La remise et l'enregistrement du mémoire interrompent la prescription ; et dans le cas où le préfet et sous-préfet n'auraient pas statué dans le délai ci-dessus, il sera permis de se pourvoir devant les tribunaux ; l'impossibilité d'agir étant cessée, la prescription reprend son cours.

Arrêt de la C. S. du 11 mesdor. an 10, décidant que les tribunaux ne peuvent, sans commettre un excès de pouvoir, statuer en matière d'actions qui tendent à faire déclarer l'Etat débiteur. [R. Sir. t. 7, 2e. ptie., p. 843.]

Arrêt de la C. S. du 8 pviose. an 13, qui décide qu'une procédure qui serait faite contre l'Etat par suite d'une assignation donnée au préfet, dans la personne du sous-préfet, est radicalement nulle. [R. Sir., t. 7, 2e. ptie., p. 770.]

Si l'action appartient à l'Etat.

L'art. 14, tit. 3, loi du 5 novbre. 1790, porte : Il ne pourra être intenté aucune action par le procureur-général-syndic qu'ensuite d'un arrêté du directoire du département, à peine de nullité et de responsabilité, excepté pour les objets de simple recouvrement.

Quant aux affaires qui concernent la domanialité des biens,

(121)

les vices de forme du procès-verbal d'adjudication, interprétation des clauses d'adjudication ; en un mot, toutes les contestations qui peuvent donner lieu à quelque réclamation
contre le gouvernement, en sa qualité de vendeur, elles sont
de la compétence des administrations.

L'art. 13 de la loi du 24 août 1790, porte : Les fonctions judiciaires sont distinctes et demeureront toujours séparées des
fonctions administratives ; les juges ne pourront, à peine de
forfaiture, troubler, de quelque manière que ce soit, les opérations des corps administratifs, ni citer devant eux les administrateurs pour raison de leurs fonctions.

La loi du 16 fructidor an 3, fait défenses itératives aux
tribunaux de connaître des actes d'administration de quelque
espèce qu'ils soient, aux peines de droit.

La loi du 2 gnal. an 5, en annullant les jugemens rendus par
les tribunaux contre des agens du gouvernement, porte, art. 2 :
Les commissaires près les tribunaux civils sont tenus de s'opposer à toutes poursuites qui seraient dirigées devant les tribunaux contre les agens du gouvernement, en leur nom, soit
pour raison d'engagement par eux contractés en leur qualité,
soit pour raison d'indemnité prétendue à leur charge pour
retard de paiement de sommes dues par le Trésor public, et
de dénoncer au ministre de la justice tous les jugemens qui
pourraient intervenir au contraire.

Décret impérial du 20 juin 1812, décidant que l'autorité administrative n'est pas compétente pour déterminer relativement à un bien vendu par l'Etat ; quelles sont ses limites,
d'après des titres anciens des coutumes ou des convenances
locales. Elle ne peut, à cet égard, que déterminer le sens des
clauses de son adjudication. [R. Sir., t. 13, 2e. ptie. p 36.]

2°. *Les administrations.*

Arrêt du 9 vtose. an 10, qui décide que les actions contre les
hospices ne peuvent être intentées que suivant les règles établies pour les actions à intenter contre l'Etat. [R. Sir., t. 2,
2e. ptie., p. 17.]

3°. *Les Communes.*

Arrêt de la C. S. du 24 brumaire an 14, portant que l'art. 3
de la loi du 19 vendaire. an 5, qui défend aux communes de
suivre aucune action devant les autorités constituées sans l'autorisation préalable, ne leur interdit pas de faire sans cette
autorisation des actes conservatoires ; qu'ainsi, un acte d'appel
n'est pas nul pour avoir été émis par une commune sans l'autorisation préalable du préfet. [R. Sir., t. 6, 1ere. ptie., p. 88.]

(122)

Arrêt conforme de la même C. , du 12 jilet. 1808. [*Id.*, t. 9, 1ere. ptie., p. 267.)

Arrêté du 29 nivose an 8 , portant que le maire d'une commune ne peut consentir l'aliénation d'un terrein communal sans l'autorisation du conseil municipal, et sans une estimation préalable. [*Id.*, t. 2 , 2e. ptie., p. 13.]

Décret impérial du 16 jllet. 1810 , portant que le placement des capitaux provenant des remboursemens faits à des communes , hospices et fabriques , exige l'approbation du ministre de l'intérieur au-dessus de 500 fr. , et de l'Empereur au-dessus de 2000 fr. [*Id.* t. 10 , 2e. ptie. p. 503.]

Arrêt de la C. S. du 12 frimaire an 14 , statuant que l'autorisation obtenue par une commune pour défendre à une demande en cassation , ne couvre pas le défaut d'autorisation dans la procédure antérieure. [*Id.* , t. 6, 2e. ptie. , p. 766.]

Arrêt de la même C. du 3 frimaire an 12 , statuant que la délibération du conseil-général de la commune ne suffit pas pour autoriser une commune à plaider, si la délibération n'est approuvée par l'administration du département (aujourd'hui le préfet et le conseil-général de préfecture). [*Id.* t. 6, 2e. ptie. p. 662.]

Arrêt de la même C. , du 21 août 1809 , statuant qu'un maire qui plaide sans autorisation , est, au cas d'insuccès, passible des dépens en son nom personnel , encore qu'il apparaisse que le procès intéresse la commune , que l'autorisation doit être spéciale ; qu'ainsi, une autorisation pour plaider sur une question de propriété , serait insuffisante pour plaider sur des voies de fait ultérieures. [*Id.* t. 10 , 1ere. ptie., p. 285.]

Arrêt de la même C. , du 10 nivose an 13 , décidant qu'un jugement rendu en faveur d'une commune qui n'a pas été autorisée légalement à plaider, et à laquelle on n'a pas opposé le défaut d'autorisation, ni devant les juges du fond, ni même devant ceux de la C. de Cassation, n'en doit pas même être cassé pour raison de ce défaut, alors qu'il est suffisamment constaté. [R. Sir. t. 5 , 1ere. ptie. p. 246.

Autre arrêt du 16 prial. an 12 , par la même C. , statuant que la nullité résultante du défaut d'autorisation des communes est absolue et d'ordre public ; qu'ainsi, elle peut être opposée aux communes qui ont gagné leur procès. [*Id.*, t. 4, 1ere. ptie., p. 280.]

Arrêt de la même C. , sur la même question , du 2 mai 1808, [*Id.* t. 9, 1ere. ptie., p. 168 ; Den. 1808 , 2e. ptie., p. 98.]

Arrêt de la C. S. , du 6 nivose an 12, décidant qu'on peut en C. de Cassation, se faire un moyen de ce que la commune, contre laquelle on plaide, n'a point été autorisée en 1ere. instance et en appel; le silence des jugemens sur l'autorisation, fait preuve suffisante de sa non-existence. [*Id.* t. 4, 2e. ptie., p. 651.]

Arrêt de la C. S. , du 10 juin 1812, décidant que l'assignation donnée à une commune, doit l'être en l'absence du Maire, non à l'Adjoint, mais au juge-de-paix ou procureur-impérial près le Tribunal de 1ere. instance. [Den. , 1812 , 1ere. ptie. p. 448 ; R. Sir. t. 13 , 1ere ptie. p. 35.]

4°. *Les sociétés de commerce*, *etc.* Consultez un arrêt du 21 nbre. 1808, par la C. S., que lorsqu'on assigne un établissement public ou une société de commerce, il n'est point nécessaire que l'exploit contienne le nom des entrepreneurs ou sociétaires. [R. Sir. , t. 9, 1ere. ptie. , p. 40.]

5°. *Ceux qui n'ont aucun domicile connu*, *etc.* Arrêt de la C. S. , du 20 for. an 11, statuant que les Français qui habitent momentanément les colonies où ils sont attachés à quelque partie du service public, doivent être assignés en France dans le lieu de leur dernier domicile, non au domicile des procureurs-généraux près les Cours d'Appel. [R. Sir., t. 7, 2e. ptie. , p. 789.]

Arrêt de la C. S., du 27 juin 1809, statuant qu'un exploit peut être donné à un étranger au lieu où il a indiqué sa résidence actuelle en France. [*Id.* , t. 9, 1ere. ptie. , p. 413 ; Den. , 1809, 2e. ptie. , p. 114.]

Arrêt de la C. S., du 20 août 1811, décidant, 1°. que l'étranger résidant en France, mais non admis par le Gouvernement à y établir son domicile, peut y être assigné valablement à son domicile de fait.

2°. Qu'il peut même, s'il a quitté la France, y être assigné à son dernier domicile de fait connu. [Den. 1811 , 1ere. ptie. , p. 413.]

ART. 70. Ce qui est prescrit par les deux art. précédens sera observé, à peine de nullité.

M. F. : » Si ces formalités n'ont pas été remplies, il n'est » pas constaté légalement que l'acte soit connu des parties » intéressées. «

Vide, art. 173, comment les nullités se trouvent couvertes.

(124)

Art. 71. Si un exploit est déclaré *nul par le fait de l'huissier* 1°. , il pourra être condamné aux frais de l'exploit et de *la procédure annullée* 2°. , sans préjudice *des dommages et intérêts de la partie* 3°. , suivant les circonstances.

M. T. » fait remarquer que la disposition de la loi, qui » rend l'huissier garant des nullités de son fait, est juste, » mais nouvelle. Pourquoi exerce-t-il un état qu'il ne sait pas » remplir ? «

1°. *Nul par le fait de l'huissier*. L'exploit présentera ce vice, lorsque l'huissier n'aura pas observé, soit dans la confection, soit lors de la délivrance, les formalités que la loi prescrit, sous peine de nullité.

2°. *De la procédure annullée*. La peine qu'il encourre pour cette contravention, pour ainsi dire volontaire, ne se borne pas aux frais de l'exploit.

Vide, art. 61, note 6, la définition de la nullité. — La rigueur de la loi, quand elle la prononce, art. 1030 et l'art. 1031, qui ajoute à cette peine celle de la suspension, et l'étend à tous les officiers ministériels.

3°. *Des dommages et intérêts de la partie*. Ils sont l'indemnité ou dédommagement de la personne à qui l'on a causé quelque préjudice. Mais la loi, en laissant aux juges la faculté de les prononcer, suivant les circonstances, exige implicitement que la partie ait éprouvé un préjudice réel, pour qu'il y ait lieu à leur prononciation.

Jugé par la C. Imp. de Rouen, le 8 juillet 1811, 1°. que l'huissier chargé du protêt d'une lettre-de-change, et qui ne fait qu'un procès-val. de perquisit^{ns}., est responsable du défaut de protêt; 2°. que si, à défaut de protêt par la faute de l'huissier, le porteur perd son recours contre l'endosseur, il a contre l'huissier une action en garantie, et cette action en garantie, si elle est incidente à l'action récursoire contre l'endosseur, est de la compétence du Tribunal de Commerce. [R. Sir. , t. 12, 2e. p^{tie.} p. 97 . C. de C. 71, 176. C. de P. C., art. 181.]

Art. 72. *Le delai ordinaire* 1°. des ajournemens pour ceux qui sont domiciliés en France sera de huitaine, *dans les cas qui requerront célérité* ; le président pourra, par ordonnance rendue sur requête, *permettre d'assigner à bref délai.*

1°. *Delai ordinaire.*

M. F. » indique que l'art. 1033 augmente ce délai d'un jour, » à raison de 3 myriamètres de distance, et que, d'après cet » article, on ne comptera, pour les délais, ni le jour de la » signification, ni celui de l'échéance ; que ces deux dispo- » sitions sont conformes à l'ordonnance de 1667. «

2°. *Les cas qui requièrent célérité. Vide*, art. 135, les cas expri- més en cet art. ont été considérés comme tellement urgens, que la loi a autorisé les juges à ordonner l'exécution provi- soire de leurs jugemens avec ou sans caution.

Art. 76. Le mode particulier de constituer avoué sur une assignation à bref délai.

Vide, art. 554, quel juge statue provisoirement sur l'exécu- tion *qui requiert célérité*, sauf renvoi.

Arrêt de la C. S., du 25 vendre. an 12, décidant que lorsque le juge abrége les délais de l'assignation, il n'abrége que les délais ordinaires ; les délais des distances restent tels qu'ils sont établis par la loi. [R. Sir., t. 4, 1ere. ptie. p 97.]

Jugé le 9 jer. 1811, par la C. d'Appel de Turin, que lorsque le délai d'une assignation est plus long que celui de la loi, la partie assignée peut, sans en attendre l'échéance et sans som- mation préalable, se présenter à l'audience et prendre jugemt. de congé. [R. Sir., t. 11, 2e. ptie., p. 230.]

Par ordonnance. Jugé le 2 mai 1811, par la C. d'Appel de Rome, que l'ordonnance du président, portant permission d'assigner à bref délai, peut être annullée par la Cour et le Tribunal. [Den. 1811, 2e. ptie., p. 147. R. Sir. t. 11, 2e. ptie., p. 298.]

D'assigner à bref délai. Jugé le 12 jllet. 1809, par la C. d'Appel de Bruxelles, que l'art 1033 s'applique aux assignations à bref délai ; ainsi, lorsque le président a permis d'assigner à 3 jours, ces trois jours doivent être francs ; c. à d., non-compris le jour de l'assignation, ni celui de l'échéance. [R. Sir. t. 12, 2e. ptie., p. 365.]

ART. 73. Si celui qui est assigné demeure hors de la *France continentale*, le delai sera :

1°. Pour ceux demeurant en Corse, dans l'île d'Elbe ou de Capraïa, en Angleterre, et dans les Etats limitrophes de la France, de deux mois.

2°. Pour ceux demeurant dans les autres Etats de l'Europe, de 4 mois.

3°. *Pour ceux demeurant hors d'Europe*, en-deçà du Cap de Bonne-Espérance, de 6 mois.

Et pour ceux demeurant au-delà, d'un an.

Vide, art. 445, ceux désignés en cet art., ont pareil délai pour interjetter appel, outre le délai ordinaire de trois mois.

Art. 446. Ceux absens du territoire européen de l'empire pour service de terre ou de mer, ou employés dans les négociations extérieures, le plus long des délais ci - dessus, outre celui de trois mois.

Pour ceux demeurant hors d'Europe. Loi du 28 g^{al}. an 11, statuant que les délais des assignations pour les colonies sont de six mois, ou d'un an, selon qu'il s'agit d'assignations données aux colonies occidentales ou aux colonies orientales. [R. Sir. t. 3, 2e. ptie., p. 161.]

ART. 74. Lorsqu'une assignation à une partie domiciliée hors de la France, sera donnée à sa personne en France, elle n'emportera que *les délais ordinaires*, *sauf au Tribunal à les prolonger, s'il y a lieu.*

1°. *Les délais ordinaires* sont ceux qui résultent des articles 72 et 1033.

2°. *Sauf à les prolonger, s'il y a lieu.*

» M. F. fait remarquer que le tribunal *peut les prolonger* en
» faveur de celui résidant hors de France, ayant reçu person-
» nellement en France son assignation, s'il a besoin de faire
» venir de son domicile des pièces essentielles à son affaire.

» Il fait remarquer encore que le vœu du C. à cet égard
» était déjà consacré par une loi du 28 g^{nal}. an 11. «

M. T. : » Je dois vous faire observer une disposition qui s'é-
» carte de la règle générale, mais qui sera utile dans beaucoup
» de cas, et ne pourra jamais être nuisible.

» Les assignations données à des personnes domiciliées hors
» de France, mais données à leurs personnes en France, n'em-
» porteront que les délais ordinaires ; il fallait auparavant
» essayer toujours les mêmes délais que si l'exploit avait été
» donné au domicile de la partie en pays étranger ; ce qui
» pouvait souvent devenir très-préjudiciable au demandeur.

» Il peut arriver quelquefois il est vrai que la personne citée
» ait besoin pour sa défense de faire venir des pièces et des
» instructions , cela dépend *de la nature de l'affaire* ; il eût été
» par conséquent dangereux d'établir une règle absolue et qui
» dût recevoir son exécution ; dans tous les cas, aussi a-t-on
» inséré dans l'article une disposition pour autoriser le tri-
» bunal à prolonger le délai, s'il y a lieu ; par cette sage mo-
» dification , aucun intérêt ne peut être compromis. «

SOMMAIRES, Liv. 2, Tit. 3.

CONSTITUTIONS D'AVOUÉS ET DÉFENSES.

ARTICLES.

C. N.   C. P. C.

M. T. : » Tout a été prévu pour rendre la procédure plus simple,
» plus courte et moins dispendieuse. Toute formalité inutile
» a été abolie, et toute procédure superflue supprimée.
» Ainsi,

» Ainsi , plus d'actes de présentations au greffe, plus de dé-
» faut aux ordonnances ; la partie constitue avoué, signifie
» ses défenses, le demandeur répond, et l'affaire est jugée. «

Art. 75. *Le défendeur* 1°, *sera tenu, dans les délais
de l'ajournement, de constituer avoué* 2°. ; ce qui se fera
par acte signifié d'avoué à avoué. Le défendeur ni le demandeur ne pourront *révoquer leur avoué* 3°., sans en
constituer un autre; les procédures faites et jugemens
obtenus contre l'avoué révoqué, et non remplacé, seront
valables.

M. F. : » Le demandeur s'étant conformé à la loi, pour ce
» qui concerne l'assignation, il faut que le défendeur s'y con-
» forme de son côté. «

Puis, en parlant de la faculté de révoquer un avoué, il dit :
» On apperçoit la sagesse de la loi, qui n'a voulu laisser aux
» parties aucun moyen de retarder l'instruction et le jugem°.
» des affaires. «

1°. *Le défendeur* est celui à qui on fait une demande en
justice.

2°. *Il doit constituer avoué* dans les délais de l'ajournement
fixés par les articles 72, 73, 74 ; art. 1030, quand ils sont
prorogés.

Avoués. On appelle ainsi les officiers ministériels qui ont remplacé les procureurs, et dont les fonctions consistent à représenter en justice les personnes qui les chargent de leurs affaires
litigieuses; à faire toutes les procédures convenables pour mettre les juges en état de prononcer sur les différends de leurs
cliens, et à prendre des conclusions dans les affaires, soit que
les parties exercent ou non le droit qu'elles ont de se défendre
elles-mêmes verbalement ou par écrit.

L'art. 352 désigne les actes qu'ils ne peuvent faire sans
mandat spécial.

Vide les lois du 20 mars 1791, et du 27 ventose an 8, qui
établissent les avoués.

Arrêt de la C. S. du 29 thdor. an 10, décidant que la république , plaidant par le ministère des préfets des départemens,
n'est pas obligée de constituer avoué. [R. Sir., t. 2 ; 2e. ptie.,
p. 383.]

3°. *Révoquer un avoué*, c'est anéantir le mandat qu'on lui
avait donné. Cette révocation peut exister par le fait seul de

I

la décharge des pièces, lorsqu'il les remet; sans cela, elle ne peut avoir lieu que par une signification extrajudiciaire.

Vide art. 344, ce que l'on doit faire si l'avoué constitué meurt, ou cesse ses fonctions avant que l'affaire soit en état.

L'art. 70 du T. fixe les droits de l'avoué pour sa constitution.

ART. 76. Si la demande a été formée à *bref délai* 1°. le défendeur pourra, au jour de l'échéance, faire présenter à l'audience un avoué, auquel il sera donné acte de sa constitution; ce jugement ne sera point levé; l'avoué sera tenu de réitérer, dans le jour, sa constitution par acte; faute par lui de le faire, le jugement sera levé à ses frais.

1°. *Bref délai. Vide* art. 72, note 2, et l'art. 135.

M. F. » observe que si le juge a permis d'abréger les dé» lais, le défendeur n'a pas un instant à perdre pour se mettre » en règle. «

Arrêt de la C. S. du 3 pal. an 12, décidant qu'il y a nullité de jugement obtenu sur assignation à bref délai, si l'assignation n'a pas été donnée avec l'intervalle prescrit. [R. Sir. t. 4, 2e. ptie. , p. 706.]

L'art. 80 du T. règle les droits de l'avoué pour son assistance à l'audience, à l'effet de demander acte de sa constitution, en cas d'abréviation des délais.

ART. 77. *Dans la quinzaine* 1°. du jour de la constitution, le défendeur fera signifier *ses défenses* 2°. signées de son avoué; elles contiendront offre *de communiquer* 3°. les pièces à l'appui ou à l'amiable, d'avoué à avoué, ou par la voie du greffe.

1°. *Dans la quinzaine.*

M. F.: » Rien de plus simple que la marche de l'instruction. » Les défenses doivent être signifiées dans la quinzaine du » jour de la constitution d'avoué. «

Ce délai n'est susceptible d'aucune extension à cause de la distance, parce que l'art. 1033 ne la prononce que pour les actes, citations ou sommations faits à la personne ou domicile.

2°. *Défenses.* Ce sont les moyens de fait ou de droit que l'on emploie au palais, en matière civile, contre une action.

Les défenses dont il s'agit ici doivent-elles être signifiées par requête ? La loi ne l'ayant prescrit que par l'art. 96, et en instruction par écrit, on ne doit pas le faire dans ce cas; ce serait augmenter les frais sans nécessité. Il doit y avoir néanmoins exception si les défenses contiennent, soit des demandes incidentes, soit des conclusions tendantes à des interlocutoires qui ne puissent être demandées que par requête.

Vide art. 104, l'obligation de mentionner le nombre des rôles.

L'art. 72 du T. fixe le droit à raison du nombre de rôles, et le mode d'évaluer les copies de pièces qui peuvent être données avec les défenses; il accorde de plus aux avoués le droit de copie des actes signifiés avec les exploits, à la charge de les certifier et de les signer.

3°. *Communiquer*. C'est exhiber une ou plusieurs pièces, comme billets, contrats, actes de procédure, etc., à la partie intéressée, afin qu'elle les examine.

Vide art. 188, comment et quand la communication, que le défendeur est tenu d'offrir, doit être demandée.

L'art. 91 du T. fixe le droit de vacation pour donner et prendre communication des pièces de la cause à l'amiable, sur récépissé ou par la voie du greffe, et leur rétablissement ou retrait, le tout ensemble.

ART. 78. Dans la huitaine suivante, le demandeur fera signifier sa *réponse* aux défenses.

Réponses, sont des défenses, des réparties aux moyens et raisons qu'on objecte, dans la vue de détruire la demande.

Vide art. 104, la nécessité de mentionner le nombre des rôles.

ART. 79. Si le défendeur n'a point fourni ses défenses dans le délai de quinzaine, le demandeur poursuivra l'audience sur un simple acte d'avoué à avoué.

Vide l'art. 70 du Tarif.

ART. 80. Après l'expiration du délai accordé au demandeur pour faire signifier sa réponse, la partie la plus diligente pourra poursuivre l'audience sur un simple acte d'avoué à avoué; pourra même le demandeur poursuivre l'audience, après la signification des défenses, et sans y répondre.

Aʀт. 81. Aucunes autres écritures, ni significations, n'entreront en taxe.

Voir en l'art. 105 , même disposition.

M. F. » observe qu'en conséquence les autres écritures resteront à la charge des officiers qui les auront faites ; de plus, » celles qui sont permises doivent être signées de l'avoué. «

Vide art. 1031, prohibition des actes frustratoires, c. à. d. de ceux inutiles et faits sans objet.

M. T. : » On ne pourrait pas en exiger moins sans doute sans » compromettre l'intérêt de l'une ou de l'autre des parties, » et le scrupule pour la destruction des abus a été porté si » loin, qu'on a fait un article exprès pour ordonner qu'il ne » sera passé en taxe qu'un seul acte d'avoué pour la citation à » l'audience. « Voir l'art. 82.

Aʀт. 82. Dans tous les cas où l'audience peut être poursuivie sur un acte d'avoué à avoué, il n'en sera admis en taxe qu'un seul pour chaque partie.

M. F. : » Les actes connus dans plusieurs tribunaux, sous le » nom d'avenir, et dont l'objet est de poursuivre l'audience, » sont réduits à un seul ; l'avoué qui se permettrait d'en faire » plus d'un , en supportera les frais sans répétition. «

La procédure n'est ainsi restreinte que pour les causes qui ne présentent ni complication , ni incident, ni interlocutoire, et qui sont susceptibles par cette raison d'être jugées soit sur plaidoiries, soit sur délibéré.

Vide art. 95 et suiv., les actes qui deviennent nécessaires lorsque le tribunal ordonne une instruction par écrit.

Elle n'est applicable encore que lorsque le défendeur a constitué un avoué avant l'obtention d'un jugement par défaut.

Vide art. 173 et suiv., quand les exceptions doivent être proposées.

L'art. 70 du T. fixe les droits de l'avoué pour cette sommation.

<hr>

SOMMAIRES, Liv. 2, Tit. 4.

DE LA COMMUNICATION AU MINISTÈRE PUBLIC.

I 3

I 4

Les renvois pour parenté et alliance.

Ind^{on}. des art^{es}. qui déterminent les cas
de renvoi, et exigent la communica-
tion.

Les prises à partie.

Rapproch^t. de l'art. du C. N., qui détermine dans quel cas le juge se rend
coupable du déni de justice.

Ind^{on}. des art^{es}. qui tracent la marche de
la procédure.

Les causes des femmes.

Renvoi à l'art. sous lesquelles on trouve
les règles relatives à leur incapacité.

Ind^{on}. de celui sous lequel sont réunies
celles relatives à leur autorisation.

Id. de plusieurs art^{es}. relatifs à leur autorisation spéciale dans diverses circonstances.

Id. d'une exception pour l'aliénation des
biens dotaux par le mari. (Jurisp.)

Les causes des mineurs.

Renvoi à l'art. sous lequel on trouve les
règles de leur incapacité.

Id. à la définition du mineur, et du mineur émancipé.

Id. des art^{es}. qui établissent de quels
actes les mineurs sont capables ou incapables. (Jurisp.)

Celles où l'une des parties est défendue
par un curateur.

Ind^{on}. des art^{es}. qui déterminent les condamnations qui emportent la mort civile.
Art. 22 et 23.

Rapproch^t. de celui qui déclare les actes
dont le condamné à la mort civile est
incapable, et qui lui défend de procé-

M. T. : » En s'occupant de l'instruction des affaires , on
» n'a pas dû perdre de vue l'obligation d'en communiquer plu-
» sieurs au ministère public, ni la manière dont elles doivent
» être présentées à l'audience.

» Toutes les affaires dans lesquelles l'ordre public peut être
» intéressé, seront communiquées. Il est sensible que dans

» cette classe doit se trouver tout ce qui touche, soit les
» établissemens publics, soit l'ordre des juridictions, soit
» les personnes qui ne sont pas en état de se défendre elles-
» mêmes. Ce titre présente l'énumération de cette espèce
» d'affaire ; mais on a cru nécessaire d'y insérer une disposi-
» tion pour autoriser les procureurs-impériaux à prendre con-
» naissance, même des autres causes, quand ils penseront que
» leur ministère pourra y être intéressé ; les Tribunaux pour-
» ront aussi ordonner cette communication d'office. «

ART. 83. Seront communiquées au procureur-impérial
les causes suivantes :

1°. Celles qui concernent *l'ordre public* 1°., *l'État* 2°.,
le domaine 3°., *les communes* 4°., *les établissemens publics* 5°., *les dons et legs au profit des pauvres* 6°.

2°. Celles qui concernent *l'état des personnes* 7°., *et les
tutelles* 8°.

3°. *Les déclinatoires sur incompétence* 9°.

4°. *Les réglemens de juges* 10°., *les récusations* 11°. *et
renvois pour parenté et alliance* 12°.

5°. *Les prises à partie* 13°.

6°. *Les causes des femmes, non-autorisées par leurs
maris, ou même autorisées, lorsqu'il s'agit de leur dot,
et qu'elles sont mariées sous le régime dotal* 14°. ; *les
causes des mineurs* 15°., *et généralement toutes celles
où l'une des parties est défendue par un curateur* 16°.

7°. *Les causes concernant ou intéressant les personnes
présumées absentes* 17°.

Le procureur-impérial pourra néanmoins prendre communication de toutes les autres causes dans lesquelles il
croira son ministère nécessaire ; le Tribunal pourra même
l'ordonner d'office.

1°. *L'ordre public.* L'art 6 du C. N. porte : On ne peut déro-
ger, par des conventions particulières, aux lois qui intéressent
l'ordre public et les bonnes mœurs.
L'art 900, *id.* Dans toutes dispositions entre-vifs ou testa-
mentaires, les conditions impossibles, celles qui seront contraires aux lois et aux mœurs, seront réputées non-écrites.
Vide art. 140, à quelles fins les procureurs-impériaux doivent se faire représenter les minutes des jugemens.

L'art. 202 exige son audition en matière de vérification d'écriture.

L'art. 227, sa présence au procès-verbal de description des pièces arguées de faux.

L'art. 249 défend d'homologuer aucune transaction sur le faux incident, sans communiquer au procureur-impérial.

L'art. 251 l'oblige à conclure, lors de tout jugement en matière de faux.

Suivant l'art. 359, toute demande en désaveu doit lui être communiquée.

L'art. 668, il doit conclure, avant tout jugement, en matière de distribution par contribution.

L'art. 762, *id.*, lors du jugement, relatif à l'ordre des créanciers.

L'art. 782, sur la demande en sauf-conduit par le débiteur condamné par corps.

L'art. 805, les demandes en élargissement par un débiteur incarcéré, doivent lui être communiquées.

L'art. 900, *id.*, la demande en admission au bénéfice de cession.

L'art. 1004, on ne peut compromettre sur les contestations sujettes à communication.

2°. *L'état. Vide* sa définition, art. 59, note 1ere.

Id. Les biens qui lui appartiennent, suivant le C. N.

Art. 69. En quelle personne il doit être assigné, et le mode d'intenter les actions pour ou contre lui.

Id. Les affaires qui sont du ressort des administrations.

3°. *Le domaine*, id.

4°. *Les communes*, id.

5°. *Les établissemens publics*, id.

6°. *Les dons et legs au profit des pauvres.* L'art. 910 du C. N. porte :

Les dispositions entre-vifs, ou par testament, au profit des hospices, pauvres d'une commune ou d'établissement d'utilité publique, n'auront leur effet qu'autant qu'elles seront autorisées par un décret impérial.

Arrêté du 29 vendre. an 11, qui ne permet l'autorisation de la possession provisoire des hospices avant que l'autorité compétente ait statué sur l'acceptation. [R. Sir. t. 3, p. 35.]

L'art. 937, les donations faites au profit d'hospices des pauvres d'une commune, ou d'établissemens d'utilité publique, seront acceptées par les administrateurs de ces communes ou établissemens, après y avoir été dûment autorisés.

Consultez les décrets des 12 août 1807, 18 fer., 28 mai et 10 août 1809.

7°. L'état des personnes. 1°.

La légitimité d'un enfant.

Vide, au C. N., articles 331, 332 et 333, quels sont les enfans nés hors mariage que l'on peut légitimer ; le mode et les effets de la légitimation.

ART. 334 et suivans. Le mode de reconnaissance des enfans naturels, les effets de cette reconnaissance, et les règles relatives à la recherche de la paternité ou maternité.

Vide l'art. 356, *id.*, au titre des *Formes de l'Adoption*, la nécessité d'entendre le procureur-impérial sur l'homologation d'un acte d'adoption.

C. P. C. Art. 856. Sur les demandes en rectification des actes de l'état civil.

Validité des mariages.

C. N. ART. 184. Tout mariage contracté en contravention aux dispositions contenues aux art. 144, 147, 161, 162 et 163, *peut être attaqué*, soit par les époux eux-mêmes, soit par tous ceux qui y ont intérêt, soit *par le ministère public.*

Mariage avant 15 ans révolus, art. 144.

Deuxième mariage avant la dissolution du 1er., art. 147.

Mariage entre ascendans et descendans en ligne directe et alliés dans la même ligne, art. 161.

Mariage entre frères et sœurs, et alliés au même degré, art. 162.

Mariage entre l'oncle et la nièce, ou entre la tante et le neveu, art. 163.

ART. 190. Le procureur-impérial, dans tous les cas auxquels s'applique l'art. 184, et sous les modifications portées en l'art. 185 (V. G.) (1°. *s'il s'est écoulé six mois depuis que l'époux qui n'avait point l'âge où les époux ont atteint l'âge compétent ; 2°. si la femme qui n'avait point cet âge a conçu avant l'échéance de six mois*), peut et doit demander la nullité du mariage du vivant des deux époux, et les faire condamner à se séparer.

ART. 191. Tout mariage qui n'a point été contracté publiquement, et qui n'a point été célébré devant *l'officier public compétent*, peut être attaqué par les époux eux-mêmes, par les père et mère, par les ascendans, et par tous ceux qui y ont un intérêt né et actuel, ainsi que par le ministère public.

ART. 192. Si le mariage n'a point été précédé des deux publications requises, ou s'il n'a pas été obtenu des dispenses permises par la loi, ou si les intervalles prescrits dans les publications et célébrations n'ont point été observées, le procureur-impérial fera prononcer contre l'officier public une amende qui ne pourra excéder 5oo fr. ; et contre les personnes contractantes, ou ceux sous la puissance desquelles elles ont agi, une amende proportionnée à leur fortune.

Vide art. 63 du C. N., l'époque et le mode de ces deux publications.

Art. 166, 167 et 168, le lieu où elles doivent être faites suivant les circonstances.

Vide au titre de l'*Interdiction*, l'art. 511 du même C., qui exige ses conclusions pour l'homologation d'une délibération relative aux conventions matrimoniales de l'enfant d'un interdit.

ART. 199. Si les époux, ou l'un d'eux, sont décédés sans avoir découvert la fraude, l'action criminelle peut être intentée par tous ceux qui ont intérêt de faire déclarer le mariage valable, et par le procureur-impérial.

ART. 200. Si l'officier public est décédé, lors de la découverte de la fraude, l'action sera dirigée au civil contre ses héritiers, par le procureur-impérial, en présence des parties intéressées, et sur leur dénonciation.

ART. 228. La femme ne peut contracter un nouveau mariage qu'après dix mois révolus, depuis la dissolution du mariage précédent.

Consultez un arrêt de la C. de Pau, du 29 jvier. 1809, sur la question de savoir si le ministère public peut interjetter appel d'un jugement qui a déclaré nul un mariage, même après les délais prescrits par l'art. 443.

L'Interdiction.

Vide l'art. 48, note 2, les interdits assimilés aux mineurs et *au titre de l'interdiction*, l'art. 491 du C. N. qui détermine les cas dans lesquels le procureur-impérial doit provoquer l'interdiction, et celui où il le peut.

L'art. 496 du même C. exige dans tous les cas sa présence à l'interrogatoire.

L'art. 515 exige ses conclusions lors de tout jugement en matière d'interdiction ou de nomination de conseil.

L'art. 891 du C. de P. C. prescrit d'ordonner la communication de la requête.

L'art. 892, son audition lors du jugement préparatoire.

8°. *Les tutelles. Vide* l'art. 882, au titre des *Avis de parens*; le tuteur nommé peut se pourvoir contre la délibération qui rejette ses excuses. C. N. art. 440.

Et sous l'art. 885, la délibération que le C. N. soumet à l'homologation d'après ses conclusions.

C. N. Art. 464. Aucun tuteur ne pourra introduire en justice une action relative aux droits immobiliers des mineurs, ni acquiescer à une demande relative aux mêmes droits, sans l'autorisation du conseil de famille.

9°. *Les déclinatoires sur incompétence.*

Vide art. 168 et 169, la faculté que la loi accorde au défendeur mal assigné de demander son renvoi;

Et l'art. 170 qui prescrit au tribunal de renvoyer d'office, lorsqu'il est incompétent à raison de la matière.

Art. 181. Dans quel cas la loi autorise les assignés en garantie à demander leur renvoi.

Art. 570. *id.* Quand il peut être demandé par le tiers-saisi.

Arrêté du 13 b^{maire}. an 10, qui prescrit au ministère public de requérir, par écrit, le renvoi à l'autorité compétente d'une question attribuée à l'autorité administrative, et, en cas de refus du renvoi, d'en instruire le préfet pour qu'il élève le conflit. [R. Sir. t. 2, 2e. ptie., p. 5.]

10°. *Les réglemens de juges. Vide* art. 363, dans quel cas ils peuvent avoir lieu, et quel est le tribunal compétent pour y statuer.

11°. *Les récusations. Vide* art. 44, les motifs de récusation du juge-de-paix; et, art. 47, le mode à suivre pour la faire juger en dernier ressort par le tribunal de première instance.

Art. 378. Les motifs des récusations admis par la loi, et

l'art. 381 qui déclare ces causes applicables au ministère public.

L'art. 385 exige ses conclusions sur l'admission ou le rejet.
L'art. 394 prescrit la même formalité sur l'appel.

ART. 311. Il donne ses conclusions dans les contestations relatives aux récusations des experts.

Vide la note sous l'art. 84, relative à sa récusation personnelle.

12°. *Les renvois pour parenté et alliance.* L'art. 368 fixe les cas où ce renvoi peut être demandé.

L'art. 371 exige la communication au ministère public.

13°. *Les prises à partie. Vide* art. 505, les causes d'admission.

L'art. 4 du C. N. porte : Le juge qui refusera de juger, sous prétexte du silence de l'obscurité ou de l'insuffisance de la loi, pourra être poursuivi comme coupable de déni de justice.

L'art. 505 fixe les causes qui peuvent donner lieu à prise à partie contre les juges.

Et les art. 506 et suiv. du C. de P. déterminent la marche de cette procédure.

14°. *Les causes des femmes non autorisées, ou, etc. Vide* art. 48, note 2, les femmes sont incapables de transiger,

L'art. 862 sur la demande en autorisation de la femme dont le mari ne se présente pas.

Au titre de *l'Autorisation des femmes mariées*, les règles relatives aux diverses autorisations dont elle a besoin.

ART. 865. Qui doit l'autoriser à poursuivre sa séparation de biens.

ART. 868. *id.* pour la séparation de corps.

ART. 881. *id.* pour la demande en divorce, C. N. art. 237, jusques et compris 240.

Lorsqu'il s'agit de leur dot. Vide au même titre.

Dans quel cas le mari peut aliéner les biens dotaux ? C. N. 1557.

ART. 864. Sur la demande de la femme de l'interdit, pour être autorisé à la poursuite de ses droits.

Consultez un arrêt de la C. de Paris, du 9 flal. an 13, sur la question si les femmes mariées peuvent attaquer de nullité les jugemens rendus à leur préjudice par cela seul que le Ministère public n'a pas été entendu. [R. Sir. t. 5, 2e. ptie., p. 560.)

15°

(145)

15°. *Les causes des mineurs. Vide* art. 48, C. de P. Civ., note 2, le mineur considéré comme incapable de contracter.

Art. 49, note 5, les définitions du mineur et du mineur émancipé.

Au titre *des Avis de parens et des redditions de comptes*, les principes relatifs aux actes dont les mineurs sont capables ou incapables.

Arrêt de la C. S. du 26 avril 1809, décidant qu'en matière d'expropriation sur un mineur, le Ministère public doit être entendu. [Den. 1809, 2e. ptie. p. 55; R. Sir.; t. 9, 1ère. ptie., p. 248.]

Arrêt semblable de la C. S., du 30 octbre. 1811. [R. Sir. t. 12, 2e. ptie. p. 95.]

Arrêt de la même C. du 27 fre, an 13, qui refuse au Ministère public qualité pour provoquer une délibération relative à la tutelle d'un mineur. [R. Sir., t. 7, 2e. ptie., p. 1058.]

Arrêt de la même C., du 28 bmaire. an 14, qui, attendu que le légataire universel n'a pas qualité pour agir dans l'intérêt des légataires particuliers, dispense le Ministère public de conclure pour des mineurs légataires particuliers dans une instance entre l'héritier *ab intestat* et le légataire universel. [R. Sir., t. 7, 2e. ptie., p. 1060.]

16°. *Celles où l'une des parties est défendue par un curateur. Vide* aux art. 22 et 23 du C. N., quelles sont les condamnations qui emportent la mort civile.

C. N. Art. 25. *Par la mort civile*, le condamné perd la propriété de tous les biens qu'il possédait; sa succession est ouverte au profit de ses héritiers, auxquels ses biens sont dévolus de la même manière que s'il était mort naturellement et sans testament.

Il ne peut plus recueillir aucune succession, ni transmettre à ce titre les biens qu'il a acquis par la suite.

Il ne peut ni disposer de ses biens, en tout ou en partie, soit par donation entre-vifs, soit par testament, ni recevoir à ce titre, si ce n'est pour cause d'alimens.

Il ne peut être nommé tuteur, ni concourir aux opérations relatives à la tutelle.

Il ne peut être témoin dans un acte solennel ou authentique, ni être admis à porter témoignage en justice.

K

Il ne peut procéder en justice, ni en défendant, ni en demandant, que sous le nom et par le ministère d'un curateur spécial, qui lui est nommé par le Tribunal où l'action est portée.

Il est incapable de contracter un mariage qui produise aucun effet civil.

Le mariage qu'il avait contracté précédemment est dissous, quant à tous ses effets civils.

Son époux et ses héritiers peuvent exercer respectivement les droits et les actions auxquels sa mort naturelle donnerait ouverture.

C. N. ART. 393. Si, lors du décès du mari, la femme est enceinte, il sera nommé un curateur au ventre, par le conseil de famille.

A la naissance de l'enfant, la mère en deviendra tutrice, et le curateur en sera de plein-droit le subrogé-tuteur.

ART. 482. Il ne pourra (le mineur émancipé) intenter une action immobilière, ni y défendre, même recevoir et donner décharge d'un capital mobilier, sans l'assistance de son curateur, qui, au dernier cas, surveillera l'emploi du capital reçu.

Vide art. 49, de quels actes le mineur émancipé est capable.

Et à l'art. 885, au titre *des Avis de parens*, avec quelle formalité il peut faire des emprunts.

L'art. 811 du C. N. prescrit la nomination d'un curateur à une succession vacante. *Vide* art. 999 et 1000 du C. de P. Civ. ses obligations.

ART. 936. Le sourd-muet qui ne sait pas écrire, doit être assisté d'un curateur spécial pour accepter une donation.

L'art. 2174 du C. N. prescrit la nomination d'un curateur avant la vente d'un immeuble délaissé.

17°. *Les causes concernant les personnes présumées absentes.* *Vide* au titre *des Dispositions relatives aux biens des absens*, le rapprochement de l'art. 114 du C.

La surveillance prescrite au Ministère public, art. 1004 C. de P., qui peut réclamer la nullité d'un compromis avec un curateur sans pouvoir.

Arrêt de la C. S., du 13 m^{dor}. an 9, décidant que dans les causes des militaires absens, il n'est pas absolument nécessaire que le Ministère public soit entendu. [R. Sir. t. 8 , 1ere. ptie. , p. 460.]

Art. 863. Il doit conclure sur la demande de la femme dont le mari est présumé absent.

Par arrêt de la C. S., du 13 mai 1807, il a été jugé, 1º. que lorsqu'il y a lieu à prononcer la destitution d'un notaire, la chambre de discipline ne doit pas nécessairement donner son avis avant que le Tribunal prononce; 2º. que le Ministère public peut appeler du jugement qui déclare qu'il n'y a pas lieu à la destitution d'un notaire qu'il a provoquée. [R. Sir., t. 7, 2e. ptie. , p. 109.]

Arrêt de la C. S., du 28 avril 1808, statuant que l'omission de la communication au Ministère public, ordonnée par l'art. 83 du C. de P., ne donne pas ouverture à la cassation; c'est un moyen de requête civile. [R. Sir., t. 9, 2e. ptie. p. 410.]

Arrêt de la C. S., du 3 novbre. 1806, qui accorde la voie d'action au Ministère public, lorsqu'il s'agit de la police des audiences. [R. Sir., t. 6, 2e. ptie., p. 914.]

Arrêt de la C. S., du 29 f^{dor}. an 3, décidant que dans les causes où le Ministère public doit être entendu, il est nécessaire, à peine de nullité, que le jugement constate que son audition a réellement eu lieu. [R. Sir. t. 7. 2e. ptie. p. 1092.]

Autre arrêt, du 13 p^{al}. an 10, décidant qu'il ne suffit pas de leur simple présence, qu'il faut encore qu'il donne ses conclusions. [R. Sir. t. 2, 2e. ptie. p. 317.]

Autre arrêt du 18 p^{ial}. an 7, qui ne permet au Ministère public de prendre dans l'intérêt des parties des conclusions qu'elles n'aient pas prises elles-mêmes. [*Id.* t. 1er., 1ere. ptie. p. 217.]

Vide art. 69 et 70 C. P. C., quelles personnes peuvent être assignées au domicile du procureur-impérial, et comment les assignations doivent être constatées.

Art. 560. Quand les saisies-arrêts ne peuvent être signifiées au domicile du procureur-impérial.

Art. 84. En cas d'absence ou *empêchement* des procureurs-impériaux, ou de leurs substituts, ils seront remplacés par l'un des juges ou suppléans.

Empêchement. Vide art. 381, les causes de récusation contre

les juges, contenues en l'art. 878, sont applicables au Ministère public, lorsqu'il est partie jointe.

SOMMAIRES, Liv. 2, Tit. 5.

DES AUDIENCES, DE LEUR PUBLICITÉ ET DE LEUR POLICE.

K 3

M. T. : » Je n'ai pas besoin de dire que les audiences seront
» publiques, et que ceux qui y assisteront doivent se tenir
» dans le silence et dans le respect ; malheur au juge qui
» n'étant pas pénétré de la dignité de ses fonctions, oubliant
» qu'il a l'honneur de rendre la justice au nom de l'Empereur,
» aurait la coupable faiblesse de souffrir des murmures et des
» mouvemens irrespectueux. La loi l'arme d'un pouvoir ; il
» rendra compte également de l'emploi qu'il en aura fait et de
» l'emploi qu'il aurait dû en faire. «

La section 2e. du titre 2 du décret imp. du 30 mars 1808,
porte, art. 53 :

Les dispositions des articles 10 et suivans, concernant la
tenue des audiences, et composant la 2e. section du titre 1er.
du présent réglement, seront aussi exécutées dans les Tribunaux de 1ere. instance.

Art. 10. Chaque audience sera au moins de 3 heures.

Le tems destiné aux audiences ne devra être employé, ni
à d'autres fonctions, ni aux assemblées générales de la
Cour.

Art. 15. Lorsque l'ouverture n'en aura pas été faite à l'heure
prescrite, le président ne pourra être excusé par aucun motif.

Si, néanmoins, c'était par défaut de juges, il en dressera
un procès-verbal, qui devra être envoyé par le procureur-
général au G. J. Ministre de la Justice.

Art. 85. Pourront les parties, *assistées de leur avoué*, 1°.
se défendre elles-mêmes 2°. ; le Tribunal, cependant, aura
la faculté de leur interdire ce droit, s'il reconnaît que la
passion ou l'inexpérience les empêche de discuter leur
cause avec la décence convenable, ou la clarté nécessaire
pour l'instruction des juges.

1°. *Assistées de leur avoué.*

M. F. : » *Les parties* peuvent plaider leur propre cause, c'est
» un droit sacré que le Code reconnaît ; il faut, cependant,
» qu'elles soient assistées de leur avoué : c'est aux avoués
» qu'il appartient de diriger les conclusions ; et il est pos-
» sible que dans le cours de la plaidoierie, il y ait lieu de
» modifier les conclusions qu'une partie a prises, ou de deman-
» der actes d'aveux échappés à son adversaire. «

2°. *Se défendre elles-mêmes.*

M. T. : » La défense est de droit naturel ; ainsi, toute partie

» peut avoir le droit de se défendre elle-même ; mais il faut
» que l'usage de ce droit ne blesse les intérêts de personne :
» l'expérience a prouvé qu'il devenait quelquefois une arme
» bien funeste au plaideur lui-même; le Tribunal peut donc
» lui en interdire l'usage ; je ne saurais mieux vous faire con-
» naître l'esprit dans lequel l'interdiction peut être prononcée
» qu'en mettant sous vos yeux l'article même. «

Une d^{lle}. a été admise, le 31 mars, à plaider, en matière civile,
sa cause devant la C. S. [Den. 1807, p. 68.]

ART. 86. Les parties ne pourront charger de leur
défense, soit verbale, soit par écrit, même à titre de
consultation, les juges en activité de service, procureurs-
généraux, procureurs-impériaux, *leurs substituts*, même
dans les Tribunaux, autres que ceux près desquels ils
exercent leurs fonctions ; pourront néanmoins les juges,
procureurs-généraux, impériaux et leurs substituts, plaider dans tous les Tribunaux leurs causes personnelles et
celles de leurs femmes, parens ou alliés en ligne directe,
et de leurs pupilles.

M. T. : » Il est arrivé plusieurs fois que des juges et des
» procureurs-impériaux se sont chargés dans des Tribunaux,
» autres que le leur, ou même dans leur propre Tribunal,
» dans des causes dont ils n'étaient pas juges, de la défense
» de l'une des parties : de graves inconvéniens peuvent
» être attachés à cet usage ; sommes-nous bien assurés que
» notre main tiendra une balance égale, quand nous pronon-
» cerons aujourd'hui comme juges, sur le sort de celui que
» nous défendions hier comme client ? Quand nous aurions
» cette certitude, est-il aussi obligé de l'avoir le malheu-
» reux plaideur qui voit assis au milieu de ses juges le conseil
» de son adversaire ?

» Ces considérations, qu'on pourrait fortifier de beaucoup
» d'autres, ont déterminé cet article. «

M. F. : » L'indépendance que la magistrature doit toujours
» conserver, l'attention qu'elle doit toujours avoir de ne rien
» faire qui l'expose au soupçon de partialité, tout commande
» aux juges en activité de service, aux procureurs-généraux
» et impériaux, à leurs substituts, de ne se charger d'aucune
» défense verbale ou par écrit, même à titre de consulta-

* tion. Le Code n'excepte point les affaires portées à des
» Tribunaux, autres que ceux près desquels ils sont en acti-
» vité : son motif est fondé sur le danger de l'influence. «

Substitut est un fonctionnaire public qui est chargé de suppléer et de remplacer le procureur-général et impérial près
des Cours et des Tribunaux.

QUESTION. A-t-on entendu étendre aux juges suppléans des
Tribunaux la prohibition portée contre les juges, procureurs
impériaux et leur *substitut* ?

RÉPONSE. La prohibition ne résultant du texte d'aucun art.,
elle ne peut s'étendre.

ART. 87. Les plaidoieries seront publiques, excepté dans
les cas où la loi ordonne qu'elles seront secrettes : Pourra
cependant, le Tribunal ordonner qu'elles se feront à *huis-
clos* 1°., si la discussion publique devait entraîner ou scandale, ou des inconvéniens graves ; mais, dans ce cas, le Tribunal sera tenu *d'en délibérer* 2°., et de rendre compte de
sa délibération au procureur-général-impérial près la Cour
d'Appel ; et si la cause est pendante dans un Tribunal
d'Appel, au grand-juge, ministre de la justice.

M. T. : » J'ai dit que les plaidoieries étaient nécessairement
» publiques ; ce principe est sacré ; vous concevez cependant
» qu'il peut exister des affaires d'une telle nature, qu'elles
» ne pourraient être plaidées publiquement sans un grand
» scandale et sans un notable inconvénient, la publicité serait
» alors une véritable calamité. Nous avons pensé que, dans
» ces cas infiniment rares, le Tribunal pouvait, comme jadis ,
» ordonner qu'une affaire serait plaidée à huis-clos ; mais nous
» avons pris des précautions contre l'abus de cette exception
» salutaire. Le Tribunal doit particulièrement délibérer sur
» cet objet, et rendre compte des motifs de sa délibération. «

M. F. » La règle générale est que les plaidoieries soient pu-
» bliques ; mais il est des affaires où cette publicité, loin de
» produire aucun bien, ferait beaucoup de mal, s'il s'agit des
» contestations entre parens, et que l'affaire entraîne des
» détails domestiques, dont la révélation ne serait pour le
» public qu'un objet de scandale, et, pour les parties, qu'un
» sujet d'aigreur et de haine ; la décence, les bonnes mœurs ,

» le repos des familles, demandent que de telles affaires soient
» plaidées devant les juges seuls. Les juges, avant d'ordonner
» que l'audience soit secrète, seront toujours trop animés du
» sentiment de leur devoir pour ne pas examiner d'abord s'il
» y a nécessité de s'écarter de la règle; ils seraient d'ailleurs
» retenus, s'il en était besoin, par la pensée de la surveillance
» continuelle de l'autorité supérieure. Le Code charge le Tri-
» bunal *de délibérer*, avant tout, s'il y a lieu d'interdire la
» publicité de la plaidoierie ; et, s'il juge qu'il y a lieu, de
» rendre compte de sa délibération. «

1°. *Huis-clos.* Ces mots signifient les portes fermées. *Vide*
art. 879, séparation de corps.

2°. *Délibérer*, c'est examiner, consulter en soi-même, ou avec
les autres, pour prendre une résolution pour se déterminer.

Arrêt de la C. S., du 13 décbre. 1808, qui décide qu'en matière de divorce, les plaidoieries pourront avoir lieu à huis-
clos lorsque la discussion publique entraînerait du scandale.
[Den. 1809, 1ere. ptie. p. 32 ; R. Sir. t. 9, 1ere. ptie. p. 123.]

ART. 88. Ceux qui assisteront aux audiences, se tien-
dront découverts, *dans le respect et le silence* ; tout ce
que le président ordonnera pour le maintien de l'ordre,
sera exécuté ponctuellement et à l'instant.

La même disposition sera observée dans les lieux où,
soit les juges, soit les procureurs-impériaux, exerceront
des fonctions de leur état.

Dans le *respect et le silence. Vide* art. 10, note 2.

ART. 89. Si un ou plusieurs individus, quels qu'ils
soient, interrompent le silence, donnent des signes d'approbation, ou d'improbation, *soit à la défense des parties*, soit aux discours des juges ou du ministère public,
soit aux interpellations, avertissemens, ou ordres des pré-
sidens, juge-commissaire ou procureurs-impériaux, soit
aux jugemens ou ordonnances, causent ou excitent du
tumulte de quelque manière que ce soit, et si après
l'avertissement des huissiers, ils ne rentrent pas dans
l'ordre sur-le-champ, il leur sera enjoint de se retirer, et

les résistans seront saisis et déposés à l'instant dans la maison d'arrêt pour vingt-quatre heures : ils y seront reçus sur l'exhibition de l'ordre du président, qui sera mentionné au procès-verbal de l'audience.

M. F. » Il suffit de lire les dispositions relatives à la police » des audiences, pour être convaincu de leur sagesse; il » n'est pas besoin de prouver que les magistrats ne doivent » jamais être troublés dans l'exercice de leurs fonctions; que » celui qui manque de respect au Tribunal, ou à l'un de ses » membres, commet un véritable délit.

» Le perturbateur doit être arrêté à l'instant; il doit être » jugé par le Tribunal, à moins que le délit ne mérite *peine* » *afflictive ou infamante.*

» Il s'agit ici de venger moins encore la personne du » magistrat que la justice outragée; le jugement doit être » prompt; le moindre retard ferait perdre le fruit de l'exem- » ple, et il faut que le public apprenne que l'offense envers la » justice est punie aussi-tôt qu'elle est commise. «

Soit à la défense des parties.

Arrêt de la C. S. du 16 août 1806, décidant que des injures proférées à l'audience contre un avocat, ne peuvent être la matière d'une action principale, mais d'une action incidemment soumise au Tribunal même devant lequel les injures sont proférées. [R. Sir., t. 7, 2e. ptie., p. 71.]

ART. 90. Si le trouble est causé par un individu remplissant une fonction près le Tribunal, il pourra, outre la peine ci-dessus, être suspendu de ses fonctions; la suspension, pour la première fois, ne pourra excéder le terme de trois mois; le jugement sera exécutoire *par provision*, ainsi que dans le cas de l'article précédent.

Par provision. Vide la not., art. 12.

ART. 91. Ceux qui outrageraient ou menaceraient les juges ou les officiers de justice dans l'exercice de leurs fonctions, seront, de l'ordonnance du président, juge-commissaire, ou du procureur-impérial, chacun dans le lieu dont la police lui appartient, saisis et déposés à l'instant dans la maison-d'arrêt, interrogés dans les vingt-quatre heures, et condamnés par le

Tribunal , sur le vu du procès - verbal qui constatera le délit , à une détention qui ne pourra excéder le mois , et à une amende qui ne pourra être moins de 25 fr. , ni excéder 300 fr.

Si le délinquant ne peut être saisi à l'instant , le Tribunal prononcera contre lui , dans les vingt-quatre heures , les peines ci dessus , sauf l'opposition que le condamné pourra former dans les dix jours du jugement , en se mettant en état de détention.

Art. 92. Si les délits commis méritaient peine afflictive ou infamante , le prévenu sera envoyé en état de mandat de dépôt devant le Tribunal compétent , pour être poursuivi et puni suivant les règles établies *par le Code Criminel.*

Par le Code criminel. Consultez le §. 2 du tit. 1er. liv. 3 du C. *des Délits et des Peines ;* il fixe celles qui doivent être appliquées pour outrages et violences envers les dépositaires de l'autorité et de la force publique.

~~~~~~~~~~~~

SOMMAIRES, Liv. 2, Tit. 6.

DES DELIBÉRÉS ET INSTRUCTION PAR ECRIT.
~~~~~~~~~~~~

<table>
<tr><td></td><td colspan="2">ARTICLES</td></tr>
<tr><td></td><td>C. N.</td><td>C. P. C.</td></tr>
<tr><td>Les jugemens rendus sur rapport ne sont susceptibles d'opposition.</td><td></td><td>113</td></tr>
<tr><td>Comment le rapporteur est déchargé des pièces.</td><td></td><td>114</td></tr>
<tr><td>Renvoi à l'art. qui établit le mode de l'en charger.</td><td></td><td></td></tr>
<tr><td>Ind_{on}. de l'art. du C. N. qui détermine l'espèce de contrainte contre les avoués et les huissiers, pour les titres et deniers qu'ils ont reçus.</td><td></td><td></td></tr>
<tr><td>Rapproch^t. de celui qui fixe le délai après lequel les juges, les avoués et les huissiers sont déchargés des pièces.</td><td></td><td></td></tr>
<tr><td>Comment le greffier obtient cette décharge.</td><td></td><td>115</td></tr>
</table>

M. F. : » Les délibérés ne peuvent être ordonnés qu'à l'audience et à la pluralité des voix. (*Vide* art. 95 et 116.) Cette précaution a été prise pour qu'il fût constant que le Tribunal s'est déterminé en parfaite connaissance de cause, et d'après la nécessité reconnue par le plus grand nombre de ses membres.

» Le délibéré a lieu lorsque le Tribunal reconnaît qu'il a besoin d'examiner les pièces, et que l'affaire, pour être bien éclaircie, doit être rapportée par un juge. «

ART. 93. Le Tribunal pourra ordonner que les pièces seront mises sur le bureau, pour en être *délibéré* 1°. au rapport 2°. d'un juge nommé par le jugement, avec indication du jour auquel le rapport sera fait.

1°. *Délibéré. Vide* art. 116; les jugemens doivent être rendus à la pluralité des voix.

Arrêt de la C. S. du 30 mars 1812, décidant qu'un jugement ou arrêt rendu sur délibéré, au rapport d'un des juges, est nul, si l'un ou plusieurs des juges qui y ont concouru, n'avaient pas assisté à toutes les plaidoieries des parties qui ont précédé la mise en délibéré. [Den., 1812, 1ere. ptie., p. 381.]

2°. *Rapport. Vide* art. 95 , note 3.

Voyez art. 111. Il doit être fait à l'audience.

ART. 94. Les parties et leurs défenseurs *seront tenus d'exécuter* le jugement qui ordonnera le délibéré , sans qu'il soit besoin de le lever ni le signifier, et sans sommation ; si l'une des parties ne remet point ses pièces, la cause sera jugée sur les pièces de l'autre.

Seront tenues , etc.

M. F. : » Le jugement qui ordonne le délibéré n'est suivi » d'aucunes formes, parce que ce jugement ne peut être ignoré » ni des parties, ni de leur défenseur.

L'art. 90 du T. accorde un droit de vacation pour produire et retirer les pièces.

ART. 95. Si une affaire ne paraît pas susceptible d'être jugée sur plaidoierie ou délibéré , *le Tribunal ordonnera* 1°. qu'elle sera *instruite par écrit* 2°. , pour en être fait *rapport* 3°. par l'un des juges nommé par le jugement.

Aucune cause ne peut être mise en rapport qu'à l'audience et à la pluralité des voix.

Vide , art. 116.

1°. *Le Tribunal ordonnera.*

M. F. : » Il est des affaires tellement compliquées par la » variété des faits et le nombre des pièces justificatives, que » des développemens écrits peuvent seuls les éclaircir. En vain » on voudrait se contenter de la plaidoierie des défenseurs ; » en pareil cas, les explications verbales, loin d'apporter la » lumière, augmenteraient l'obscurité ; et la loi ne peut ja- » mais prendre trop de précautions pour s'assurer que chacun » des juges est parfaitement instruit de la contestation qui lui » est soumise.

» Au milieu d'un tel labyrinthe , l'instruction par écrit est » indispensable ; c'est contre l'abus qu'il faut se mettre en » garde , et l'on n'a rien négligé pour que ce mode fût tou- » jours utile et jamais abusif.

» Il n'est point à craindre que l'instruction par écrit soit » ordonnée sans un juste motif, puisqu'elle ne peut être » ordonnée qu'à l'audience et à la pluralité des voix. «

L'art. 90 du T. accorde un droit d'assistance aux avoués à ces sortes de jugemens.

2°.

2°. Qu'elle sera instruite ? etc.

Instruire une affaire, c'est faire la procédure dont l'objet est d'en vérifier et constater les faits, d'éclairer la religion des juges et la mettre en état d'être jugée.

L'instruire par écrit, c'est faire la procédure prescrite par ce titre.

Art. 405. L'instruction par écrit ne peut être ordonnée en matière sommaire ; il prescrit de les juger à l'audience.

3°. Rapport. C'est l'exposition ; le récit qu'un juge fait d'un procès devant les autres juges du même Tribunal, sans toutefois ouvrir son opinion.

Art. 96. *Dans la quinzaine de la signification du jugement* 1°.*, le demandeur fera signifier une *requête* 2°., contenant ses moyens ; elle sera terminée par un état des pièces produites au soutien.*

Le demandeur sera tenu, dans les vingt-quatre heures qui suivront cette signification, de produire au greffe, et de faire signifier *l'acte de produit.*

1°. Dans la quinzaine, etc.

M. F. : » On a réglé avec soin et abrégé, autant qu'il était possible, les délais d'attaque et de défense ; on n'a pas dû fixer des délais trop courts, ils produiraient le même effet que s'il n'y en avait point ; car il faudrait aller au-delà ; et une fois qu'ils auraient été franchis, il serait impossible de prévoir où l'on s'arrêterait «.

2°. Requête est un acte par lequel on forme une ou plusieurs demandes en justice.

Vide art. 104, le nombre des rôles doit être mis au bas des originaux et des copies.

L'art. 73 accorde un droit à raison du rôle, et un droit de copie.

3°. Acte de produit. Ce terme désigne l'acte qui constate le dépôt au greffe des pièces dont on veut faire usage. Il doit contenir le nombre des rôles de la requête ; art. 104.

L'art. 91 accorde un droit de vacation pour produire, et l'art. 70, un droit fixe de rédaction pour la déclaration de produit.

L.

Art. 97. *Dans la quinzaine* 1º. de la production du demandeur au greffe, le défendeur en prendra communication, et fera signifier sa réponse avec état au bas des pièces au soutien ; dans les vingt-quatre heures de cette signification, *il rétablira* 2º. au greffe *la production par lui prise* 3º. en communication ; fera la sienne, et en signifiera l'acte.

Dans le cas où il y aurait plusieurs défendeurs, s'ils ont tout-à la-fois des avoués et des intérêts différens, ils auront chacun *les délais* 4º. ci-dessus fixés, pour prendre communication, répondre et produire : la communication leur sera donnée successivement, à commencer par le plus diligent.

1º. *Dans la quinzaine.*

M. F. » A compter des 24 heures (mentionnées en l'art. pré- » cédent), le défendeur prend communication avec ou sans » déplacement, selon que les pièces sont susceptibles d'être » déplacées. «

2º. *Il rétablira.* De l'obligation imposée à l'avoué de rétablir la production, s'induit pour lui la faculté de les emprunter au greffe.

Vide, art. 106, cette faculté, etc. ; art. 108, l'ordre du registre, et art. 115, le mode de décharge du greffier.

3º. *Production.* On nomme ainsi l'assemblage des titres, pa- piers, ou procédures qu'une partie fait paraître en justice, pour appuyer sa demande ou sa défense, ou la vérité de ce qu'elle allègue.

L'art. 91 du T. accorde un droit fixe de vacaton. pour prendre cette producton. et la rétablir.

L'art. 73 accorde un droit fixe pour l'original de la requête servant de réponse ; et l'art. 70 un droit fixe pour la déclaraton. de la production.

4º. *Les délais.*

M. F. » sont toujours les mêmes, quel que soit le nombre des » défendeurs, à moins qu'ils n'aient tous à-la-fois des avoués, et » des intérêts différens «.

Vide, art. 100, ce qui arrive si aucun des défendeurs ne se conforme à la loi.

ART. 98. Si le demandeur n'avait pas produit dans *le délai* ci-dessus fixé, le défendeur mettra sa production au greffe, ainsi qu'il a été dit ci-dessus ; le demandeur n'aura que huitaine pour en prendre communication et contredire ; ce délai passé, il sera procédé au jugement sur la production du défendeur.

Le Délai. Vide art. 96.

M. F. : » Si le demandeur néglige de produire dans le délai fixé par la loi, les autres parties n'en souffriront point ; l'affaire n'est point retardée. «

ART. 99. Si c'est le défendeur qui ne produit pas dans le délai qui lui est accordé, il sera procédé au jugement sur la production du demandeur.

ART. 100. Si l'un des délais fixés expire sans qu'aucun des défendeurs ait pris communication, il sera procédé au jugement sur ce qui aura été produit.

Vide art. 97, 2e. ptie. ; les délais sont augmentés en raison du nombre des défendeurs ayant des intérêts opposés.

Art. 113. La loi n'admet point d'opposition contre le jugement qui interviendra.

Art. 338. Le mode de faire statuer sur les demandes incidentes en instruction par écrit.

Art. 341. *Id.* sur l'intervention contestée.

ART. 101. Faute par le demandeur de produire, *le défendeur* le plus diligent mettra sa production au greffe, et l'instruction sera continuée, ainsi qu'il est dit ci-dessus.

Vide art. 96, le délai accordé au demandeur pour produire ; il faut qu'il soit expiré avant que les défendeurs puissent produire, art. 97, 1ere. ptie. et art. 98.

M. F. : » A l'égard de l'observation des délais de l'instruction, chaque partie est intéressée à réclamer l'exécution des lois, et à demander jugement aussi-tôt que les délais sont expirés. Si aucune ne le demande, on ne doit s'en prendre ni à la loi, ni aux juges ; quand les parties sont d'accord, pour ne pas être jugées ; elles n'ont pas le droit de se plaindre, lorsque le retard provient du fait de l'avoué ; on peut le révoquer et en nommer un autre. «

L 2

Art. 102. Si l'une des parties veut produire *de nou-velles pièces*, elle le fera au greffe, avec acte de pro-duit contenant état desdites pièces, lequel sera signifié à avoué, sans requête de production nouvelle, ni écri-tures, à peine de rejet de la taxe, lors même que l'état des pièces contiendrait de nouvelles conclusions.

L'art. 71 du T. accorde un droit de rédaction de l'acte de production et un droit de copie, et l'art. 90 un droit de vaca-tion.

Art. 103. L'autre partie aura huitaine pour prendre communication et fournir sa réponse, qui ne pourra excéder *six rôles*.

Rôle. On appelle ainsi un feuillet ou deux pages d'écriture de 25 lignes à la page, et 12 syllabes à la ligne, art. 72 du Tarif.

Le T., art. 73, accorde un droit par rôle; et l'art. 90 un droit de vacation pour prendre en communication les pièces nou-velles.

Art. 104. Les avoués déclareront, au bas des origi-naux et des copies de toutes leurs requêtes et écritures, *le nombre de rôles*, qui sera aussi énoncé dans l'acte de produit, à peine de rejet lors de la taxe.

Le nombre des rôles.

M. F. » caractérise cette disposition nouvelle, une précau-
» tion de la loi pour mettre les avoués à l'abri du soupçon
» d'avoir augmenté après coup le nombre des rôles de leurs
» requêtes et écritures, et il fait remarquer la rigueur de la
» loi pour le rejet des écritures qui ne contiendraient pas la
» mention voulue par cet article. «

L'art. 74 du T. prescrit, en instruction par écrit, de décla-rer le nombre des rôles sur les grosses et les copies.

Art. 105. Il ne sera passé en taxe que les écritures et significations énoncées au présent titre.

Vide art. 81, pareille prohibition.

M. F. » fait remarquer que les avoués sont avertis une se-
» conde fois qu'ils doivent se borner aux écritures et signifi-
» cations autorisées. «

(165)

Art. 106. Les *communications* 1°. seront prises au greffe sur les récépissés des avoués, qui en contiendront la date.

1°. *Communications*, c. à. d. l'exhibition d'une ou plusieurs pièces, comme billets, contrats, actes de procédure, etc., à la partie intéressée, afin qu'elle les examine.

Vide art. 188 et suivans.

Vide art. 189, quelles pièces ne peuvent être déplacées.

Art. 107. Si les avoués ne rétablissent, dans les délais ci-dessus fixés, les productions par eux prises en communication, il sera, *sur le certificat* 1°. *du greffier*, et sur un simple acte pour venir plaider, *rendu jugement* 2°. à l'audience, qui les condamnera personnellement, et sans appel, à ladite remise, aux frais du jugement sans répétition, et en 10 fr. au moins de dommages et intérêts par chaque jour de retard.

Si les avoués ne rétablissent les productions dans la huitaine de la signification dudit jugement, le Tribunal pourra prononcer, sans appel, de plus forts dommages et intérêts, même condamner l'avoué par corps, et l'interdire pour tel tems qu'il estimera convenable.

Lesdites condamnations pourront être prononcées sur la demande des parties, sans qu'elles aient besoin d'avoués, et sur un simple mémoire qu'elles remettront, ou au président, ou au rapporteur, ou au procureur-impérial.

1°. *Sur le certificat.*

L'art. 90 du T. accorde un droit de vacation pour prendre ce certificat.

2°. *Rendu jugement.*

M. F. : » Le C. établit aussi des moyens prompts et faciles pour contraindre les avoués au rétablissement des productions. «

Vide art. 191, comment on contraint l'avoué à la remise des pièces communiquées en matière ordinaire.

Art. 108. Il sera tenu au greffe un registre sur lequel seront portées toutes les productions, suivant leur ordre de dates. Ce registre divisé en colonnes, contien-

L 3

dra la date de la production , les noms des parties , de leur avoué , et du rapporteur ; il sera laissé une colonne en blanc.

ART. 109. Lorsque toutes les parties auront produit, ou après l'expiration des délais ci-dessus fixés, le greffier , *sur la réquisition* de la partie la plus diligente, remettra les pièces au rapporteur, qui s'en chargera en signant sur la colonne restée en blanc au registre des productions.

Vide, art. 114, comment le rapporteur est déchargé des pièces.

Sur la réquisition. L'art. 90 du T. accorde un droit de vacation pour cette réquisition.

ART. 110. Si le rapporteur décède , se démet , ou ne peut faire son rapport, il en sera commis *un autre sur requête* 1°. , par ordonnance du président , *signifiée* 2°. à la partie ou à son avoué, trois jours au moins avant le rapport.

1°. *Sur requête.* L'art. 76 du T. accorde un droit fixe pour la rédaction et l'obtention de l'ordonnance.

2° *Signifiée.* L'art. 70 détermine le droit de signification, original et copie.

ART. 111. Tous rapports, même sur délibérés , *seront faits à l'audience* 1°. ; le rapporteur résumera le fait et les moyens sans ouvrir son avis ; *les défenseurs n'auront, sous aucun prétexte, la parole* 2°. après ce rapport ; ils pourront seulement remettre sur-le-champ au président de simples notes énonciatives des faits sur lesquels ils prétendraient que le rapport a été incomplet ou inexact.

1°. *Seront faits à l'audience.*

Arrêt de la C. S. du 25 avril 1808, décidant qu'il est nécessaire , à peine de nullité, que les jugemens rendus en matière d'enregistrement énoncent qu'ils ont été précédés du rapport du juge. On ne peut suppléer cette formalité par des attestations extrajudiciaires du président du Tribunal. [R. Sir., t. 9, 1ere. ptie. , p. 47.]

2°. *Les défendeurs n'auront*, etc.

M. F. : « Il ne sera plus possible de recommencer à plaider, « lorsqu'il ne s'agit que de juger ; et cet abus, si contraire à la « décence, ne reparaîtra plus. »

ART. 112. Si la cause est susceptible de communication, le procureur-impérial sera entendu en ses conclusions.

Voyez, art. 83, quelles affaires doivent lui être communiquées.

Art. 84, décret impérial, 30 mars 1808, lorsque celui qui remplit le Ministère public ne portera pas la parole sur-le-champ, il ne pourra demander qu'un seul délai, et il en sera fait mention sur la feuille d'audience.

Art. 85, dans les procès dont l'instruction est par écrit, le juge-rapporteur devra veiller à ce que les communications au Ministère public soient faites assez à tems pour que le jugement ne soit pas retardé.

Art. 87, le Ministère public une fois entendu, aucune partie ne peut obtenir la parole après lui, mais seulement remettre sur-le-champ de simples notes, comme il est dit à l'art. 111 du C. de P.

ART. 113. Les jugemens rendus sur les pièces de l'une des parties, faute par l'autre d'avoir produit, ne seront point *susceptibles d'opposition*.

L'art. 85 du T. accorde un droit d'assistance aux jugemens en instruction par écrit, y compris les notes.

Décision du Ministre des Finances, du 10 jer. 1809, portant que l'opposition motivée faite par un redevable à une contrainte décernée par les préposés de l'administration des domaines, n'est point un mémoire ; elle suffit bien pour lier l'instance, mais ce n'est qu'un acte extrajudiciaire sur lequel on ne peut juger contradictoirement. [R. Sir., t. 9, 2e. ptie., p. 6.]

Arrêt de la C. S. du 17 jllet. 1811, décidant que cet art. n'est pas applicable aux jugemens rendus en matière d'enregistrement. [Den., 1810, 1ere. ptie., p. 446 ; R. Sir., t. 11, 1ere. ptie., p. 363.]

ART. 114. *Après le jugement*, le rapporteur remettra

les pièces au greffe, et il en sera déchargé par la seule radiation de sa signature sur le registre des productions.

Vide, art. 108, la forme de ce registre, et art. 109, comment le rapporteur est chargé des pièces.

Après le jugement. L'art 2276 du C. N.

Les juges et avoués sont déchargés des pièces 5 ans après le jugement des procès.

Les huissiers, après 2 ans depuis l'exécution de la commission, ou la signification des actes dont ils étaient chargés, en sont pareillement déchargés.

Vide, sous l'art. 126, l'art 2160 du C. N., qui détermine de quelle manière les avoués et les huissiers peuvent être contraints à la restitution des titres et deniers reçus par suite de leurs fonctions.

ART. 115. Les avoués, en retirant leurs pièces, émargeront le registre; cet émargement servira de décharge au greffier.

L'art. 70 du T. accorde un droit de sommation pour être présent au retrait des pièces après le jugement; et l'art 91, un droit de vacation pour les retirer.

SOMMAIRES, Liv. 2, Tit. 7.

DES JUGEMENS.

	ARTICLES	
	C. N.	C. P. C.
Quand et comment les jugemens doivent être prononcés.		
Faculté de continuer la cause, dispense de nouvel avenir.		116
Jugement défini.		
Ind^{on}. des définitions des jugemens contradictoires et par défaut.		
Id. des préparatoires et interlocutoires.		
Renvoi à la loi attributive du dernier ressort, en matière personnelle.		
Id. en matière réelle.		

DES DOMMAGES ET INTÉRETS RESULTANS DE L'INEXÉCUTION DE L'OBLIGATION.

ARTICLES.
C. N.   C. P. C.

Quant

M.

ART. 116. Les jugemens 1°. seront rendus à la pluralité des voix, et prononcés sur-le-champ. Néanmoins, les juges pourront se retirer dans la chambre du conseil pour y recueillir les avis; ils pourront aussi *continuer la cause* 2°. à une des prochaines audiences pour prononcer le jugement.

1°. *Jugement.* C'est la décision d'une contestation prononcée par les juges.

Vide art. 123 ; les définitions des jugemens contradictoires et des jugemens par défaut.

Art. 452 ; celles des jugemens préparatoires et interlocutoires.

Vide art. 59 ; note 1ere. ; la loi attributive de la compétence en dernier ressort aux Tribunaux de 1ere. instance ; en *matière personnelle* ; et ses diverses applications.

Id. note 5 ; *en matière réelle.*

Art. 31 , note 1ere. ; la loi attributive aux Tribunaux de 1ere. inst. de la connaissance en dernier ressort de l'appel des jugemens rendus par les juges-de-paix.

Complément des règles relatives à l'attribution en dernier ressort aux Tribunaux de 1ere. instance.

La loi sur l'organisation des Tribunaux , du 25 ventôse an 8 , porte , art. 6 :

Il y aura un Tribunal de 1ere. inst. par arrondissement communal.

Art. 7. Les Tribunaux de 1ere. inst. connaîtront en premier et dernier ressort , dans les cas déterminés par loi , des matières civiles ; ils connaîtront également des matières de police correctionnelle ; ils prononceront sur l'appel des jugemens rendus en premier ressort par les juges-de-paix.

L'art. 16 porte : Les jugemens de tous Tribunaux de 1ere. inst ne pourront être rendus par moins de trois juges.

Suivant l'art. 6 du tit. 4 de la loi du 24 août 1790 , si les parties déclarent qu'elles consentent à être jugées sans appel , les juges doivent prononcer en premier et dernier ressort.

Arrêt de la C. S. du 13 mesdor. an 9 , décidant que toutes les actions du domaine , autres que celles qui ont pour objet la perception d'un impôt indirect , sont soumises aux règles ordinaires pour le dernier ressort. [R. Sir. t. 1er. , 2e. ptie. , p. 514.]

Autre arrêt semblable de la même C. , sur la même question , du 13 prial. an 10. [R. Sir. t. 2 , 2e. ptie. , p. 359.]

Sont susceptibles d'être jugées en dernier ressort :

Deux demandes , chacune de 800 fr. , formées par deux parties différentes comprises dans le même exploit , en les divisant , et statuant sur chacune d'elles en premier et dernier ressort.

Arrêt de la C. S. , du 11 fdor. an 11. [R. Sir. , t. 4 , 2e. ptie. , p. 29.]

Autre arrêt , sur la même question , du 17 nivose an 4 , [Id. t. 5 , 2e. ptie. , p. 115.]

Une demande au-dessous de 1000 fr. , formée contre un débiteur non solidaire pour sa part personnelle d'une dette qui s'élève en totalité au-dessus de cette somme. [R. Sir. t. 6, 2e. ptie. , p. 955.]

Une demande en désaveu , formée incidemment à une demande au-dessous de 1000 fr. Arrêt de la C. S. , du 5 thdor., an 13. [R. Sir. t. 7, 2e. ptie. , p. 897.]

Arrêt de la C. S. , du 12 août 1806.

Ne peuvent être jugées en dernier ressort :

La demande en jugement d'arrérages d'une rente en grains qui n'est évaluée en argent , ni quant au capital, ni quant aux arrérages. Arrêt de la C. S. , du 6 mai 1807. [R. Sir. t. 7, 2e. ptie. p. 343.]

La demande en dommages et intérêts contre des communes pour les délits commis sur leur territoire. Arrêt de la C. S. du 2 pal. an 9. [R. Sir. t. 1er. , 2e. ptie. p. 499.] (Loi du 1er. mai 1790).

La demande au-dessous de 1000 fr. , lorsqu'elle est subordonnée à la décision absolue d'une question préjudicielle de valeur indéterminée , ou au-dessus de 1000 fr. Arrêt de la C. S. du 21 avril 1807. [R. Sir. , t. 7, 2e. ptie. p. 898.]

Toute demande excédant 1000 fr. , quoique la première demande et la décision rendue soit d'une somme moindre de 1000 fr. Arrêt de la C. S. , du 2 gnal. an 9. [R. Sir. t. 1er. , 2e. ptie. p. 303.]

La demande au-dessous de 1000 fr. pour arrérages d'une rente dont le titre est contesté. Arrêt de la C. S. du 8 ventôse an 8. [R. Sir. , t. 2 , 2e. ptie. , p. 531.]

La demande en dommages et intérêts , jointe à la demande en nullité d'un contrat comme radicalement vicieux. Arrêt de la C. S. , du 9 septbre. 1806. [R. Sir. t. 7, 2e. ptie. , p. 899.]

La demande tendante à écarter du partage un étranger cessionnaire de droits successifs , même par un prix au-dessous de 1000 fr. Arrêt de la C. S. du 27 jllet. 1808. [R. Sir. , t. 10, 1ere. ptie. p. 146.] *Vide* art. 453.

Continuer la cause.

Vide art. 1034 et 70 du T. , l'inutilité d'un nouvel avenir.

L'art. 86 du T. accorde un droit d'assistance aux avoués pour chaque journée de plaidoierie, et augmente ce droit s'ils plaident eux-mêmes.

Arrêt de la C. S. , du 2 mesdor. an 12, décidant que, si, à la seconde audience , il se trouve un juge qui n'ait pas assisté à la

(181)

première, le demandeur qui a plaidé sa cause doit être entendu de nouveau. [R. Sir., t. 4, 2e. ptie., p. 98.]

Arrêt de la même C., du 26 vendre. an 8, décidant qu'un jugement n'a son existence légale que du jour de sa prononciation, et non du jour où il a été arrêté; qu'en conséquence, il est nul lorsqu'il est prononcé à une audience composée de juges autres que ceux qui l'ont arrêté. [R. S., t. 1er., 2e. ptie. p. 433.]

ART. 117. S'il se forme plus de deux opinions, les juges les plus faibles en nombre seront tenus de se réunir à l'une des deux opinions qui auront été émises par le plus grand nombre; toutefois, ils ne seront tenus de s'y réunir qu'après que les voix auraient été recueillies une seconde fois.

ART. 118. En cas de partage 1°., on appellera pour le vider, un juge 2°.; à défaut du juge 3°., un suppléant; à son défaut, un avocat attaché au barreau, et à son défaut, un avoué: tous appelés suivant l'ordre du tableau; l'affaire sera de *nouveau plaidée* 4°.

1°. *Partage*, se dit lorsque dans une compagnie de juges il y a autant de voix d'un côté que de l'autre pour le jugement d'une affaire.

Vide art. 468, comment le partage est vidé dans une Cour d'Appel.

Arrêt de la C. S. du 12 avril 1810, qui décide, 1°. qu'encore que des juges aient émis leur opinion dans une délibération où il y a eu partage, ils peuvent en embrasser une autre après les nouvelles plaidoiries; 2°. que lorsqu'un juge qui a concouru au partage ne peut coopérer au jugement en définitif, on doit, pour vider le partage, appeller des juges en nombre pair, afin qu'il ne puisse y avoir lieu à nouveau partage. [R. Sir., t. 10, 1ere. ptie. p. 234.]

2°. *Un juge. Vide* art. 468, note 3, ce qui doit avoir lieu si un des juges, qui a coopéré au partage, décède avant que le partage soit vidé.

3°. *A défaut du juge.* L'art. 49 du règlement du 30 mars 1808, adopte le même mode de remplacement d'un juge pour empêchement, et prescrit néanmoins d'appeler d'abord un juge d'une autre chambre qui ne tiendrait pas audience dans le même-tems.

M 3

Jugé, le 4 août 1807, par la C. de Paris, que les avoués peuvent être, comme tous les autres hommes de loi, appellés pour remplacer le ministère public.[R. Sir. t. 7, 2e. ptie. p. 1219.]

Arrêt de la C. S. du 18 jer. 1808, décidant qu'un avoué appelé pour compléter un Tribunal, peut siéger avec un juge qui est son cousin-germain. [Id. t. 8, 1ere. ptie. p. 263.]

Arrêt de la C. S., du 30 octbre. 1811, décidant que les avoués ne peuvent, en remplacement des juges absens ou empêchés, être appelés en nombre supérieurs à celui des juges ; qu'alors ils constitueraient un Tribunal, et qu'ils ne peuvent jamais que le complétter, [R. Sir. t. 12, 1ere. ptie. p. 226.]

4°. *De nouveau plaidée.*

M. F. : » Elle doit l'être, quand même celui appelé au par-
» tage aurait assisté à toutes les précédentes audiences ; car
» n'étant pas là comme juge, il n'est pas présumé avoir donné
» aux plaidoieries toute l'attention nécessaire. «

ART. 119. Si le jugement ordonne la *comparution* des parties, il indiquera le jour de la comparution.

Comparution est l'acte que fait celui qui se présente en justice.

Art. 121, *id.* pour serment.

Voyez art. 333, comment elle a lieu pour interrogatoire.

ART. 120. Tout jugement qui ordonne *un serment*, *énoncera les faits* sur lesquels il sera reçu.

Un serment énoncera, etc.

M. F. : » Sans cette précaution, la partie qui doit prêter
» le serment pourrait dire ce qu'on ne lui demande pas, et ne
» pas dire tout ce qu'on lui demande. «

Vide, art. 55, note 1ere., ce qui est relatif au serment décisoire, qu'une partie peut déférer à l'autre.

C. N. ART. 1366. Le juge peut déférer à l'une des parties le serment, *ou pour en faire dépendre la décision de*
la cause (a), ou seulement pour determiner le montant
de la condamnation.

(a) *Pour en faire dépendre la décision, etc.*

Consultez un arrêt de la C. de Turin, du 15 jllet. 1806,
sur la question, si le serment décisoire peut être déféré sur la
sincérité de sa créance à celui qui l'établit par un jugement
passé en force de chose jugée. [R. Sir. t. 7, 2e. ptie.,
p. 1198.]

Consultez un autre arrêt de la même C. du 7 avril 1807, sur la question, si celui qui, en prêtant un serment décisoire, a omis un des points qu'il devait affirmer, peut être admis à prêter un nouveau serment pour réparer cette omission.

Art. 1367. Le juge ne peut déférer d'office le serment, soit sur la demande, soit sur l'exception qui y est opposée, que sous les deux conditions suivantes : Il faut,

1°. Que la demande ou l'exception ne soit pas pleinement justifiée.

2°. Qu'elle ne soit pas totalement dénuée de preuves; hors ces deux cas, le juge doit ou adjuger ou rejetter purement et simplement la demande (a).

(a) Par arrêt du 5 jllet. 1808, la C. S. a jugé qu'en matière civile, dont la valeur excède 150 fr., le juge peut déférer au demandeur le serment supplétoire, encore qu'il n'y ait pas un commencement de preuve par écrit.

Qu'il suffit, en ce cas, que les déclarations faites à l'audience par des parties rendent le fait vraisemblable. [R. Sir. t. 8, 1ere. ptie., p. 433.]

Art. 1368. Le serment déféré d'office par le juge à l'une des parties, ne peut être par elle référé à l'autre.

Art. 1369. Le serment *sur la valeur de la chose demandée* (a), ne peut être déféré par le juge au demandeur, que lorsqu'il est d'ailleurs impossible de constater autrement cette valeur.

Le juge doit même, en ce cas, déterminer la somme jusqu'à concurrence de laquelle le demandeur en sera cru sur son serment.

(a) *Sur la valeur de la chose demandée.*

Arrêt de la C. S. du 9 vendre. an 14, décidant que le serment *in littem* peut être déféré même à un mineur, encore qu'il s'agisse d'un dépôt fait à son père. [R. Sir. t. 7, 2e. ptie., p. 1199.]

Art. 121. *Le serment* 1°. sera fait par *la partie en personne* 2°., et à l'audience ; dans le cas d'un empêchement légitime et dûment constaté, le serment pourra être prêté devant le juge que le Tribunal aura commis, et qui se transportera chez la partie, assisté du greffier.

Si la partie à laquelle le serment est déféré, *est trop éloignée* 3°., le Tribunal pourra ordonner qu'elle prêtera serment devant le Tribunal du lieu de sa résidence.

Dans tous les cas, le serment sera fait en présence de l'autre partie, ou elle duement appelée, *par acte d'avoué à avoué* 4°., et, s'il n'y a pas d'avoué constitué *par exploit* 5°., contenant l'indication du jour de la prestation.

1°. *Le serment. Vide* sa définition, art. 35, n°. 3.

Arrêt de la C. S. du 28 mars 1810, décidant qu'en général les juges doivent entendre les lois civiles dans un sens concordant avec la liberté des cultes.

Que l'affirmation en ame et conscience, faite par un quaker, suffit au vœu de la loi, qui prescrit le serment judiciaire.

2°. *La partie en personne.*

Un arrêt de la C. de Poitiers, du 24 pal. an 11, l'avait ainsi jugé. L. R. Sir. t. 3, 2e. ptie., p. 478. L. 15 *de jure jurando.* L. 3 , *de rebus creditis.*

3°. *Trop éloignée. Vide* art. 1035. Il permet de commettre un juge-de-paix.

4°. *Par acte d'avoué à avoué.* L'art. 70 du T. fixe le droit dû à l'avoué pour cet acte.

5°. *Par exploit.* Le même art. fixe le droit de l'huissier.

ART. 122. Dans les cas où les Tribunaux *peuvent accorder des délais* 1°. pour l'exécution de leurs jugemens, ils le feront par le jugement même qui statuera sur la contestation, et qui *énoncera les motifs du délai* 2°.

1°. *Peuvent accorder des délais.*

M. T. : » Le juge ne peut accorder des délais pour l'exécution
» des condamnations qu'il prononce, que dans les cas où il y
» est autorisé par la loi, et par un seul et même jugement;
» ce serait ouvrir la porte à des procédures frustratoires,
» que d'autoriser les demandes tardives, afin d'obtenir un
» délai. «

2°. *Énoncera les motifs du délai.*

M. F. : » Que cet art. est le complément de l'art. 1244 du
» C. N. qui porte : «

Le débiteur ne peut point forcer le créancier à recevoir en partie le paiement d'une dette, même divisible.

Les juges peuvent néanmoins, en considération de la position du débiteur, et en usant de ce pouvoir avec une grande réserve, accorder des délais modérés pour le paiement, et surseoir l'exécution des poursuites, toutes choses demeurant en état.

Arrêt de la C. S. du 22 juin 1812, statuant que l'art. 1244, C. N., qui autorise les juges à accorder des délais aux débiteurs malheureux et de bonne foi, ne peut être étendu aux affaires commerciales : il existe des règles spéciales er contraires relativement aux commerçans débiteurs par lettres-de-change et billets à ordre, C. de Comm., art. 157 et 187. [R. Sir. t. 12, 1ere. ptie., p. 355.]

Vide art. 124, et au C. N. 1188, dans quels cas le débiteur ne peut profiter de cet avantage.

Vide, art. 127, la faculté de prononcer le sursis pour la contrainte par corps.

Consultez un arrêt de la C. de Pau, du 26 novbre. 1807, sur la question, si cet art. s'applique au cas où la créance résulte d'un acte public et authentique. [R. Sir. t. 12, 2e. ptie., p. 380.]

D'après l'art. 1184 du C. N., il peut être accordé un délai au défendeur, suivant les circonstances, lorsque la condition résolutoire est sous-entendue dans le contrat.

Suivant l'art. 1900 du même C., le juge peut accorder un délai à l'emprunteur, pour rendre la chose prêtée, s'il n'a pas été fixé de terme.

ART. 123. Le délai courra du jour du jugement, s'il est *contradictoire* 1°., et de celui de sa signification, s'il est *par défaut* 2°.

1°. *Contradictoire*. Un jugement l'est, quand il n'a été rendu qu'après que toutes les parties ont été ouïes, soit par elles-mêmes, soit par leurs fondés de pouvoirs.

Arrêt de la C. S. du 1er. avril 1812, décidant que celui à qui a été déféré une option par un jugement ou arrêt contradictoire, doit, à peine de déchéance, faire cette option dans le délai fixé par ce jugement ou arrêt, à compter du jour de ce même jugement ou arrêt, s'il l'a prescrit ainsi. [Den. 1812, 1ere. ptie., p. 371.]

Arrêt de la C. S. du 12 juin 1810, statuant que le délai accordé pour faire une option par un jugement non-exécutoire par provision, ne court, en cas d'appel de ce jugement, que du jour de l'arrêt confirmatif. [Den. 1810, *rre* ptie. p. 293.]

2°. *Par défaut*. C'est un jugement rendu sur la demande de l'une des parties, sans que l'autre ait été ouïe.

Vide, titre 8, art 149, quand il est donné faute de présentation ou de constitution d'avoué.

Art. 154, quand il peut être pris par le défendeur contre le demandeur qui le comparaît.

ART. 124. Le débiteur ne pourra *obtenir un délai* 1°, *ni jouir du délai qui lui aura été accordé* 2°., si ses biens sont vendus à la requête d'autres créanciers, s'il est en état de faillite, de contumace, ou s'il est constitué prisonnier, ni enfin lorsque par son fait il aura diminué les sûretés qu'il avait données par le contrat à son créancier.

1°. *Ne pourra obtenir délai.*

M. F. : » Cette disposition est le complément de l'art. 1188 » du C. N.

» Un débiteur ne doit obtenir de délai que lorsque sa » bonne foi n'est point suspecte, et qu'il est possible d'espé- » rer que cette faveur lui facilitera le moyen de remplir son » obligation. «

M. T. : » En permettant au juge d'accorder des délais, il a » fallu pourvoir à ce que cette faculté ne devînt pas funeste » à celui qui exerce une poursuite légitime. Sur ce point, » comme sur beaucoup d'autres, la loi doit compter sur la sa- » gacité et la prudence du juge.

2°. *Ni jouir*, etc.

» Mais enfin, quand le délai est accordé, on ne peut mécon- » naître qu'il doit cesser au moment où les sûretés du créan- » cier sont compromises, soit par le fait de son débiteur, soit » par les poursuites d'autres créanciers, soit enfin pour toute » autre cause. «

ART. 125. *Les actes conservatoires seront valables, nonobstant le délai accordé.*

Les actes conservatoires sont ceux que fait quelqu'un pour empêcher qu'il ne soit porté préjudice à ses droits, tels que

les oppositions , les saisies et arrêts , les appositions de scellés ,
et les oppositions aux levées de scellés.

Art. 126. *La contrainte par corps* 1o. ne sera prononcée que dans les cas prévus par la loi ; il est néanmoins laissé à la prudence des juges de la prononcer, 1°. *pour dommages et intérêts* 2°. en matière civile au-dessus de la somme de 3co fr. ; 2°. pour reliquats de compte de tutelle , curatelle , d'administration de corps et communauté , établissemens publics, ou de toute administration confiée par justice , et pour toutes restitutions à faire par suite desdits comptes.

1°. *La contrainte par corps.*

M. F, » remarque que par les dispositions de l'ordonnance
» de 1667, les juges tenaient de la loi le pouvoir de prononcer
» contrainte par corps.

» Que dans le cas de dommages et intérêts , la condamnation
» est une peine qui provient de quasi-délits. (§. 1er.)

» Que dans le cas de compte de tutelle , ce sera souvent un
» frein nécessaire pour empêcher qu'un tuteur ou autre administrateur ne trompe celui qu'il devait défendre , et dont la
» justice lui avait confié les intérêts. (§. 2.)

» Cela dépend., dit-il, des circonstances, et les lois se sont
» toujours reposé , à cet égard, sur la prudence des juges.

» Puis, il fait remarquer que le nouveau Code ne permet
» point la contrainte par corps en matière de dépens, dans la
» crainte que l'usage ne s'en établisse trop facilement d'après
» les demandes fréquentes qui en seraient faites. «

M. T. ; » La contrainte par corps doit être prononcée toutes
» les fois que la loi l'ordonne ; mais il est des cas où il a paru
» convenable et utile, non de l'ordonner, mais de la permettre ; ces cas ont dû être et ont été déterminés avec précision
» en l'art. ci-dessus.

» On a cru devoir prendre un sage milieu entre les anciennes
» lois qui prononçaient la contrainte par corps , et les dernières qui la refusaient.

» Il peut y avoir tant de variété dans les circonstances, que
» la contrainte par corps, nécessaire et juste dans une espèce,
» pourrait être trop rigoureuse dans l'autre.

» La faculté laissée aux juges maintiendra les tuteurs, curateurs et autres comptables dans une circonspection qui ne

» peut être que salutaire à des pupilles ou à des établissemens
» publics qu'on doit protéger. «

C. N. Art. 2059. La contrainte par corps a lieu en
matière civile pour *le stellionnat* (a).

Il y a stellionnat,

Lorsqu'on vend ou qu'on hypothèque un immeuble dont
on sait n'être plus propriétaire.

Lorsqu'on présente, comme libres, des biens hypothéqués, ou que l'on déclare des hypothèques moindres que
celles dont ces biens sont chargés.

(a) *Pour le stellionat.* L'art. 2066 rend cette cause de contrainte par corps applicable aux septuagénaires, aux femmes
mariées, lorsqu'elles sont séparées de biens, et aux filles,
L'art. 2136 du C. N. répute stellionnataires, et comme tels, contraignables par corps, les maris et tuteurs qui, ayant manqué
de requérir les inscriptions pour leurs femmes ou pour leurs
mineurs, consentent des privilèges ou des hypothèques sur les
immeubles affectés à l'hypothèque légale des femmes et des
mineurs, sans les déclarer expressément.

Art. 2060. La contrainte par corps a lieu pareillement, 1°. pour dépôt nécessaire.

2°. En cas de réintégrande pour le délaissement ordonné
par justice d'un fonds dont le propriétaire a été dépouillé
par voie de fait, pour la restitution des fruits qui ont été
perçus pendant l'indue-possession, et pour le paiement des
dommages et intérêts adjugés au propriétaire.

3°. Pour répétition de deniers consignés entre les mains
des personnes publiques établies à cet effet.

4°. Pour la représentation des choses déposées aux sé-
questres, commissaires, et *autres gardiens* (a).

5°. Contre les cautions judiciaires et contre les cautions
des contraignables par corps, lorsqu'elles se sont soumises à cette contrainte.

6°. Contre les officiers publics, pour la représentation
de leurs minutes, quand elle est ordonnée.

7°. Contre les notaires, les avoués et les huissiers, pour

la restitution de titres à eux confiés, et dès deniers par eux reçus pour leurs cliens, par suite de leurs fonctions.

(a) *Et autres gardiens*. Arrêt de la C. S. du 23 bmaire. an 10, qui déclare la contrainte par corps bien appliquée à un locataire qui, par suite d'un jugement rendu contre lui, s'est constitué gardien de ses meubles. [R. Sir., t. 2, 2e. ptie. p. 314.]

Consultez un arrêt de la même C., du 21 prial. an 13, sur la question si une femme non commune, constituée gardienne judiciaire sans l'autorisation de son mari, est contraignable par corps.

Suivant l'art. 2061, elle peut encore être prononcée contre ceux qui sont refusans de délaisser un fonds après y avoir été condamnés.

L'art. 2062, contre les fermiers qui l'ont stipulée, et contre les fermiers et les colons partiaires qui ne représentent pas à la fin du bail le cheptel de bétail, et autres objets qui leur ont été confiés.

L'art. 2063 défend aux juges de la prononcer, et à tout français de la stipuler ou consentir hors des cas ci-dessus déterminés.

L'art. 2064 en affranchit les mineurs.

L'art. 2065, ne permet de la prononcer qu'au-dessus de 300 fr.

L'art. 2067 défend de l'exercer sans jugement.

L'art. 2068 détermine le cas où l'appel ne suspend pas l'exercice de la contrainte par corps.

L'art. 2069 détermine qu'elle n'empêche les autres poursuites.

Enfin l'art. 2070 maintient les lois particulières qui l'établissent.

Vide, sous l'art. 166, la loi qui soumet les étrangers à la contrainte par corps.

Au titre de *la Contrainte par corps*, les règles relatives à son exécution, et les personnes contre lesquelles elle ne peut être prononcée.

Consultez un arrêt de la C. de Turin, sur la question de savoir, si lorsqu'un jugement passé en force de chose jugée à statuer sur la dette sans prononcer la contrainte par corps, on peut se pourvoir de nouveau pour le faire prononcer. [R. Sir. t. 9, 2e. ptie. p. 398.]

Un arrêt de la C. S. du 8 bmaire. an 14, décide que les septua-

génaires qui ont signé des lettres et billets-de-change avant le
C. de P. C., sont sujets à la contrainte par corps. [R. S. , t. 5,
2e. ptie. p. 293.]

Consultez un arrêt de la C. de Paris, du 10 juin 1807, sur la
question , si l'art. 800 du C. de P. C. a dérogé à cette jurisprudence. [R. Sir. t. 7 , 1ere ptie. p. 315.]

Un autre arrêt, sur la même question, de la C. de Bruxelles,
du 7 avril 1810. [R. Sir. t. 10 , 2e. ptie. , p. 187.]

Consultez un arrêt de la C. de Paris, du 27 juin 1811, sur la
question, si on peut contraindre par corps le mari qui s'est em-
paré des enfans confiés à la femme pendant l'instance en divorce. [R. Sir. , t. 11 , 2e. ptie. , p. 323.]

Un autre de la même C., du 20 mars 1812, sur la question, si
la contrainte par corps peut être prononcée par des arbitres
nécessaires en matière commerciale, lors même qu'ils jugent
sans appel.

2°. *Pour dommages et intérêts.*

Arrêt de la C. S., du 12 août 1807, maintenant l'application
de la contrainte par corps, prononcée pour dommages et intérêts, dans un procès intenté en 1806, et jugé en 1807. [R.
Sir., t. 7, 1ere. ptie. p. 433.]

Consultez un arrêt de la C. de Paris, du 23 jer. 1810, sur la
question , si l'on peut prononcer la contrainte par corps pour
dommages et intérêts contre celui qui, ayant vendu un immeuble, demande la nullité de la vente et dissipe provisoirement le
prix qu'il en a obtenu. [R. Sir. , t. 7 , 2e. ptie. , p. 517.]

ART. 127. *Pourront les juges , dans les cas énoncés
en l'art. précédent 1°.*, ordonner qu'il sera sursis à l'exécution de la contrainte par corps, pendant le tems qu'ils
fixeront, après lequel elle sera exercée sans nouveau jugement ; ce sursis ne pourra être accordé *que par le jugement qui statuera sur la contestation 2°., et qui énoncera* les motifs du délai.

1°. *Dans les cas énoncés , etc.*

Il ne faut pas les confondre avec ceux dans lesquels la contrainte par corps reposerait sur une disposition du C. Civil ;
dans les premiers , les juges ont la faculté de la prononcer, et
conséquemment de surseoir ; dans les seconds, ils ne peuvent
en refuser la prononciation, et dès-lors il faudrait une disposition spéciale pour les autoriser à prononcer ce sursis.

2°. *Par le jugement qui statuera.*

M. F. : » Le C. veut que dans tous les cas où la contrainte
» peut être prononcée, elle le soit par le même jugement qui
» statue sur la contestation ; il permet de prononcer le sursis,
» à la charge d'énoncer les motifs.

» Cette disposition, en même-tems qu'elle évite un nou-
» veau procès et un nouveau jugement, donne aux juges la
» facilité d'accorder des délais plus ou moins longs, selon la
» situation des débiteurs et la nature de l'affaire. «

ART. 128. Tous jugemens qui condamneront en *des
dommages et intérêts*, 1o. en contiendront la liquidation,
ou ordonneront qu'ils seront donnés par état 2°.

1°. *Les dommages et intérêts* sont la réparation du tort causé
en faisant ce qui est défendu, ou en ne faisant pas ce à quoi
l'on est obligé.

C. N. ART. 1146. Les dommages et intérêts ne sont
dus que lorsque le débiteur est en demeure de remplir
son obligation, excepté néanmoins lorsque la chose que
le débiteur s'était obligé de donner ou de faire, ne pouvait être donnée ou faite que dans un certain tems qu'il
a laissé passer.

ART. 1147. Le débiteur est condamné, s'il y a lieu,
au paiement des dommages et intérêts, soit à raison
de l'inexécution de l'obligation, soit à raison du retard
dans l'exécution, toutes les fois qu'il ne justifie pas que
l'inexécution provient d'une cause étrangère qui ne peut
lui être imputée, encore qu'il n'y ait aucune mauvaise
foi de sa part.

ART. 1148. Il n'y a lieu à aucuns dommages et intérêts lorsque, par suite d'une force majeure, ou d'un
cas fortuit, le débiteur a été empêché de donner ou de
faire ce à quoi il était obligé, ou a fait ce qui lui était
interdit.

ART. 1149. Les dommages et intérêts dus au creancier , sont en général de la perte qu'il a faite , et du gain dont il a été privé , sauf les exceptions et modifications ci-après.

Art. 1150. Le débiteur n'est tenu que des dommages et intérêts qui ont été prévus , ou qu'on a pu prévoir lors du contrat , lorsque ce n'est point par *son dol* (a) que l'obligation n'est point exécutée.

(a) On appelle *dol* , toute espèce d'artifice dont quelqu'un se sert pour tromper un autre.

Consultez un arrêt de la C. de Turin , du 23 avril 1808 , sur la question si celui qui a empêché, par dol , un mourant de tester au profit d'une personne, ainsi qu'il en avait manifesté la volonté, peut être tenu de payer à la personne privée du legs une somme égale à celle dont elle a été frustrée. [R. Sir. t. 9 , 2e. prie. , p. 77.]

Art. 1151. Dans le cas même où l'inexécution de la convention résulte du dol du débiteur , les dommages-intérêts ne doivent comprendre à l'égard de la perte éprouvée par le créancier, et du gain dont il a été privé , que ce qui est une suite immédiate et directe de l'inexécution de la convention.

Art. 1152. Lorsque la convention porte que celui qui manquera de l'exécuter paiera une certaine somme à titre de dommages et intérêts, il ne peut être alloué à l'autre partie une somme plus forte ni moindre.

Art. 1153. Dans les obligations qui se bornent au paiement d'une certaine somme, les dommages et intérêts résultant du retard dans l'exécution, ne consistent jamais que dans la condamnation aux intérêts fixés par la loi, sauf les règles particulières au commerce et au cautionnement.

Ces dommages et intérêts sont dus sans que le créancier soit tenu de justifier d'aucune perte.

Ils ne sont dus que du jour de la demande, excepté dans les cas où la loi les fait courir de plein-droit.

Art 1154.

ART. 1154. Les intérêts échus des capitaux peuvent produire des intérêts, ou par une demande judiciaire, ou par une convention spéciale, pourvu que, soit dans la demande, soit dans la convention, il s'agisse d'intérêts dus au moins pour une année entière.

ART. 1155. Néanmoins, les revenus échus, tels que fermages, loyers, arrérages de rentes perpétuelles ou viagères, produisent intérêts du jour de la demande ou de la convention.

La même règle s'applique aux restitutions de fruits et aux intérêts payés par un tiers au créancier en acquit du débiteur.

Par quelles personnes et pour quelles causes les dommages et intérêts sont dus en matière civile par la disposition de la loi.

Suivant l'art. 51 du C N., ils sont dus par le dépositaire de registres qui souffre des altérations sur ceux de l'état civil.

L'art. 52, pour tout faux et toute inscription de ces actes, ailleurs et autrement que sur les registres à ce destinés.

L'art. 68, s'il célèbre un mariage avant la main-levée des oppositions.

L'art. 179, par les opposans mal-fondés. *Vide* art. 131.

L'art. 424, par le subrogé-tuteur négligeant de provoquer la nomination d'un tuteur.

L'art. 450, par le tuteur convaincu de mauvaise gestion. *Vide* la note 3, sous l'art. 132.

L'art. 554, par le propriétaire du sol, qui construit avec des matériaux qui ne lui appartiennent pas.

L'art. 555, par le tiers qui a construit avec ses matériaux sur le fonds d'autrui, et par le propriétaire qui profite des améliorations faites par le tiers-détenteur de bonne foi.

L'art. 577, par ceux qui emploient des matières appartenant à d'autres à leur insu.

L'art. 772, par l'époux survivant, ou l'administration des domaines qui auraient négligé de remplir les formalités prescrites lorsque les successions leur sont dévolues.

L'art. 1142, pour inexécution de l'obligation de faire ou ne pas faire. *Vide* le titre ci-dessus.

L'art. 1182, pour détérioration de la chose, qui a été l'objet de la condition suspensive.

N

(194)

L'art. 1184, pour inexécution de l'engagement.

L'art. 1209, par les débiteurs qui ont laissé périr la chose.

L'art. 1229, par celui qui a consenti la clause pénale fixant elle-même les dommages et intérêts.

L'art. 1374, par celui qui, gérant les affaires d'autrui, n'y apporte pas les soins d'un bon père de famille, sauf modération, suivant les circonstances.

L'art. 1382, par ceux qui commettent ou laissent commettre par les personnes dont ils doivent répondre, des délits ou quasi-délits.

L'art. 1397, par les notaires qui ne se conforment pas à ce qui est prescrit pour les changemens aux contrats de mariage.

L'art. 1850, par l'associé pour les dommages causés par sa faute.

L'art. 1953, par les aubergistes ou hôteliers pour vol ou dommage des effets du voyageur.

L'art. 1991, par le mandataire qui n'exécute point le mandat.

L'art. 2028, par le débiteur envers la caution.

L'art. 2202, par le conservateur des hypothèques, pour inobservation de ce qui lui est prescrit par le chap. 10, tit. 18, liv. 3 du C. N., *suivant le C. de P. C.*

Art. 15, par le juge-de-paix qui laisse périmer l'instance.

Vide art. 132, contre quelles personnes il en peut être prononcé à raison des fonctions qu'elles exercent.

Art. 185, les règles relatives à la liquidation et au paiement des dommages et intérêts en matière de garantie.

Art. 191 et 192, de quels dommages et intérêts est passible l'avoué qui ne rétablit pas les pièces qu'il a prises en communication.

Art. 213, quand il en est dû par celui qui dénie mal-à-propos son écriture ou sa signature.

Art. 246, par le demandeur en faux qui succombe.

Art. 314, par celui dont la récusation a été rejettée.

Art. 360, par le désavoué.

Art. 367, par le demandeur en règlement de juges, qui succombe.

Art. 374, par celui qui succombe en demande en renvoi pour parenté.

Art. 380, par celui dont la récusation n'est admissible ou recevable.

Art. 464, par l'intimé, pour le préjudice causé par l'appel.

Art. 479, par celui dont la tierce-opposition est rejetée.

Art. 500, par celui dont la demande en requête civile n'est point admise.

Art. 690, par le saisi qui fait des coupes de bois ou commet des dégradations sur les immeubles saisis.

Art. 713, par l'avoué qui se rend adjudicataire pour des personnes prohibées.

Art. 799, par le créancier, pour nullité d'emprisonnement.

Art. 826, par les parties mal fondées en saisie-révendication.

Art. 1031, par ceux qui font des actes nuls ou frustratoires.

2°. *Ou ordonneront qu'ils seront donnés, etc. Vide* art. 523 et suivans, ce que doivent faire le demandeur et le défendeur pour les faire liquider s'ils ne le sont.

ART. 129. Les jugemens qui condamneront à *une res-titution de fruits* 1°., ordonneront qu'elle sera faite en nature pour la dernière année ; et pour les années précé-dentes, suivant les *mercuriales* 2°. du marché le plus voisin, eu égard aux saisons et prix communs de l'année ; sinon, à dire d'experts, à défaut de mercuriales. Si la restitution en nature pour la dernière année est impos-sible, elle se fera comme pour les années précédentes.

1°. *A une restitution de fruits.*

Les fruits sont le produit annuel de nos héritages, de nos propriétés et de nos droits.

Les naturels sont ceux que la nature seule produit, et qui ne demandent aucune culture, comme les foins, les bois, etc.

Les industriels sont ceux qui ne naissent que par suite de la culture et de l'industrie de l'homme, comme les moissons, les légumes, et les fruits des arbres.

Les civils sont les produits que nous avons droit de perce-voir à l'occasion de nos propriétés, comme les loyers de maisons, les arrérages de rentes, les intérêts des capitaux prêtés.

C. N., art. 547. Les fruits naturels ou industriels de la terre, les fruits civils, le croît des animaux appartiennent au pro-priétaire par droit d'accession.

Art. 548. Les fruits produits par la chose n'appartiennent au propriétaire qu'à la charge de rembourser les frais des labours, travaux et semences faits par des tiers.

Vide, au titre des *Actions possessoires*, quand le possesseur est tenu de rendre les fruits avec la chose. C. N. 549.

Id. Quand le possesseur est de bonne foi ; quand il ne l'est pas , 550.

Vide , art. 526 C. P. C. , le mode de procéder à leur liquidation.

Ibid. , les diverses modifications dont ce règlement est susceptible.

Art. 689 , comment sont immobilisés les fruits échus depuis la dénonciation de la saisie immobiliaire.

2°. *Mercuriales.* On appelle ainsi des registres tenus dans les lieux où il y a marché, et qui contiennent la valeur commune des bleds et autres fruits. Elles avaient été établies par les art. 6 et 7 du titre 30 de l'ordonnance de 1667.

ART. 130. *Toute partie* qui succombera, sera condamnée aux dépens.

Vide , art. 71 , dans quel cas l'huissier les supporte personnellement ; art. 295 , quand ils sont à la charge de l'huissier ou de l'avoué pour nullité d'enquête.

Art. 1031. Les actes frustratoires sont à la charge des officiers ministériels.

Art. 1032. Les autres peines qui peuvent être prononcées contre eux.

Arrêt de la C. S. du 24 vendre. an 7, statuant que le mari appelé dans un procès relatif aux biens paraphernaux de sa femme, aux seules fins de l'autoriser, ne peut être condamné personnellement aux dépens de l'instance. [R. Sir. t. 1er. , 1ere. ptie. p. 170.]

Arrêt de la C. S. du 21 mesdor. an 4, décidant que les dépens, en matière civile, sont ordinairement personnels, et qu'on ne peut les prononcer solidairement quand il n'existe pas de loi expresse. [R. Sir. t. 1er. , 1ere. ptie. p 87.]

Arrêt de la même C. du 7 juin 1810, statuant que des juges non pris à partie, ne peuvent être condamnés aux dépens. [R. Sir. t. 10, 1ere. ptie. , p. 270.]

Arrêt de la C. S. du 7 féver. 1809, décidant que le curateur à une succession vacante, qui conteste pour établir que sa nomination doit être maintenue, peut être condamné aux dépens de l'instance. [R. Sir. t. 9, 1ere. ptie. , p. 141.]

Arrêt de la même C. du 22 juin 1809, décidant que la partie publique ne peut être condamnée aux dépens. [R. Sir. t. 9 , 1ere. ptie. p. 430.]

Consultez un arrêt de la C. de Besançon, du 28 avril 1805, sur la question, si, lorsque le mari autorise sa femme à plaider pour ses biens dotaux, et même s'il a refusé de le faire, sans en déduire les motifs, il est responsable des dépens. [R. Sir., t. 7, 2e. ptie., p. 894.]

Un arrêt de la C. de Rouen, du 17 mars 1808, sur celle, si les héritiers peuvent être obligés à payer solidairement les dépens de l'instance, dans laquelle ils ont collectivement succombé, alors même que la solidarité ne serait point prononcée par la condamnation.

Un arrêt de la C. de Nancy, du 13 fructdor. an 13, sur la question, si le légataire qui succombe sur la demande en nullité d'un testament attaqué pour rédaction vicieuse, doit les supporter. [R. Sir. t. 7, 2e. ptie., p. 894.]

Un arrêt de la C. de Rouen, du 9 jer. 1806, sur la question, si l'intimé qui a fait défaut sur l'appel qu'il soutient non-recevable, peut être dans tous les cas condamné à réfonder les frais du jugement obtenu contre lui. [R. Sir. t. 6, 2e. ptie. p. 511.]

Vide art. 543, comment les dépens se liquident en matière sommaire; et art. 544, comment ils se liquident en matière ordinaire, et les principales règles relatives aux effets et à l'exécution des condamnations qui les prononcent.

ART. 131. *Pourront néanmoins les dépens être compensés*, en tout ou partie, entre conjoints, ascendans, descendans, frères et sœurs ou alliés, au même degré : les juges pourront aussi compenser les dépens, en tout ou en partie, si les parties succombent respectivement sur quelques chefs.

Pourront néanmoins les dépens, etc.

Arrêt de C. S. du 18 mai 1808, statuant que l'erreur du juge qui compense en totalité des dépens, lorsqu'il ne devait en compenser qu'une partie, ne fournit pas un moyen de cassation. [R. Sir. t. 8, 1ere. ptie., p. 313. Den. 1808, 2e. ptie. p. 76.]

Consultez un arrêt de la C. d'Amiens, du 13 féver, 1806, sur la question, si l'ascendant doit être condamné aux dépens pour opposition mal fondée à un mariage. [R. Sir., t. 6, 2e. ptie., p. 411.]

ART. 132. *Les avoués 1°. et huissiers 2°. qui auront*

excédé les bornes de leur ministère; *les tuteurs* 3°., curateurs, héritiers bénéficiaires, où autres administrateurs, qui
auront compromis les intérêts de leur administration, pourront être condamnés aux dépens, en leur nom et sans
répétition, même aux dommages et intérêts, s'il y a lieu,
sans préjudice de l'interdiction contre les avoués et huissiers, et de la destitution contre les tuteurs et autres, suivant la gravité des circonstances.

M. F. » remarque que ces dispositions avaient été oubliées
» dans l'ordonnance de 1667. «

1°. *Les avoués. Vide* art. 77 , quand le jugement de constitution doit être levé à leurs frais.

Art. 90. De quoi ils sont passibles pour le trouble qu'ils
occasionnent auprès du Tribunal.

Art. 104. *Id.* si leurs écritures ne contiennent pas le nombre
des rôles.

Art. 293. *Id.* pour nullité d'enquête par leur fait.

Art. 107, s'ils ne rendent les productions par eux prises en
communication. *Idem*, art. 191 et 192.

Art. 360, en cas de désaveu.

Art. 503, s'ils signent pour la même personne, en la même
affaire, une 2eme. demande en requête civile.

Art. 512. *Id.* s'ils emploient des termes injurieux aux juges.
Vide la note 1ere., art. 128.

2°. *Les huissiers. Vide* art. 49, de quoi ils sont passibles,
s'ils ne mettent le coût au pied de leurs exploits.

Art. 71. *Id.* pour l'exploit déclaré nul par leur fait.

Art. 90., pour trouble causé par eux auprès du Tribunal.

Art. 293, pour nullité d'enquête par leur fait.

Art. 625, pour sommes reçues au-dessus des enchères.

Art. 826, pour avoir exercé une saisie-revendication
ordonnance préalable.

3°. *Les tuteurs.*

C. N. Art. 424. Le subrogé-tuteur ne remplacera pas
de plein-droit le tuteur, lorsque la tutelle deviendra vacante, ou qu'elle sera abandonnée par absence; mais il
devra en ce cas, sous peine des dommages-intérêts qui

pourraient en résulter pour le mineur, provoquer la nomination d'un nouveau tuteur.

Vide au titre *des Redditions de comptes* et *des Avis de parens.*

Consultez un arrêt de la C. de Bruxelles, du 28 flal. an 13,
sur la question, si le juge peut prononcer sans délibération préalable du conseil de famille, la suspension du tuteur qui, condamné à rendre son compte, persévère dans le refus de le
rendre, sous prétexte qu'il ne doit que des états de gestion.
[R. Sir., t. 5, 2e. ptie. p. 376.]

Un arrêt de la C. de Riom, du 4 fdor. an 12, sur la question,
si la mère tutrice est destituable comme le tuteur ordinaire.
[R. Sir., t. 6, 2e. ptie., p. 183.]

Un autre arrêt de la C. de Besançon, du 4 août 1808, sur l'application de la même règle au père adoptif. [R. Sir. t. 9, 2e. ptie.
p. 264.]

C. N. Art. 450. Le tuteur prendra soin de la personne
du mineur, et le représentera dans tous les actes civils.

Il administrera ses biens en bon père de famille, et
répondra des dommages-intérêts qui pourraient résulter
d'une mauvaise gestion.

Il ne peut ni acheter (a) *les biens du mineur*, ni les
prendre à ferme, à moins que le conseil de famille n'ait
autorisé le subrogé-tuteur à lui passer bail, ni accepter la
cession d'aucun droit ou créance contre son pupille.

(a) *Il ne peut ni acheter*, etc. Consultez un arrêt de la C. de
Colmar, du 16 fer. 1808, sur la question, si cette règle générale
de l'incapacité du tuteur ne reçoit pas exception dans le cas où
la vente est faite en justice.

Art. 133. *Les avoués pourront demander la distraction* 1º. *des dépens* à leur profit, *en affirmant* 2º.,
lors de la prononciation du jugement, qu'ils ont fait la
plus grande partie des avances : la distraction des dépens
ne pourra être prononcée que par le jugement qui en portera la condamnation ; dans ce cas, la taxe sera poursuivie
et l'exécutoire délivré au nom de l'avoué, sans préjudice
de l'action contre sa partie.

1º. *Les avoués pourront*, etc.

Arrêt de la C. S. du 25 mai 1807, qui décide que la distraction

N 4

des dépens, ordonnée au profit d'un avoué, n'empêche pas la partie de continuer d'être débitrice de son avoué et créancière de la partie condamnée aux dépens; en conséquence, la partie condamnée ne peut exciper de la distraction pour se soustraire aux poursuites dirigées contre elle par son adversaire, à moins que l'avoué ne lui notifie la distraction ordonnée à son profit. ou n'arrête les dépens entre ses mains. [R. Sir. t. 7, 2e. ptie., p. 747.]

Décision de son Exc. le G.-J., du 16 fer. 1809, portant que les exéutoires de dépens ne sont point par leur nature une disposition judiciaire définitive différente des jugemens, c'est plutôt une partie ou le complément du jugement même; ils ne sont donc soumis qu'au droit fixe d'un franc. [R. Sir. t. 9, 2e. ptie., p. 190 ; Den. 1809, 2e. ptie., p. 35.]

Consultez un arrêt de la C. de Rome, du 22 jvier. 1811, sur la question, 1°. si l'avoué qui requiert la distraction de dépens, doit, non pas simplement affirmer, mais déclarer par serment qu'il a fait la plus grande partie des avances.

2°. Si on peut forcer l'avoué, dans ce cas, à représenter ses registres. [R. Sir. t. 11, 2e. ptie., p. 361; Den. 1811, 2e. ptie. p. 193.].

2°. *En affirmant*, etc.

Arrêt de la C. S., du 30 avril 1811, décidant que le jugement ou arrêt qui accorde la distraction des dépens, doit constater que, lors de la prononciation, l'avoué a affirmé avoir fait la plus grande partie des avances. [Den. 1811, 1ere. ptie., p. 255 ; R. Sir. t. 11, 1ere. ptie. p. 181.]

Art. 134. *S'il a été formé une demande provisoire, et que la cause soit en état sur le provisoire et sur le fond, les juges seront tenus de prononcer sur le tout par un seul jugement.*

S'il a été formé, etc.

M. F. dit : » L'ordonnance de 1667 voulait aussi que le pro-
» visoire et le fond fussent jugés ensemble, s'ils sont tous
» deux en état. «

Arrêt de la C. S., du 8 pal. an 12, décidant que la demande en provision au-dessous de 100 fr., qui a pour objet la nourriture d'un enfant dont la mère prétend attribuer la paternité au défendeur, n'est pas de la compétence du juge-de-paix ou de police.

Art. 135. *L'exécution provisoire 1°. sans caution, sera ordonnée, s'il y a titre authentique 2°., promesse re-*

connue 3°. , ou condamnation précédente par jugement dont il n'y ait point d'appel.

L'exécution provisoire *pourra être ordonnée avec ou sans caution* 4°. , lorsqu'il s'agira,

1°. *D'apposition et levée de scellés* 5°., ou confection *d'inventaire* 6°.

2°. *De réparations urgentes* 7°.

3°. *D'expulsion des lieux* 8°. , lorsqu'il n'y a pas de bail, ou que le bail est expiré.

4°. *De séquestre* 9°. , commissaires et gardiens.

5°. *De réception de caution* 10°. et certificateurs.

6°. *De nomination de tuteurs, curateurs et autres administrateurs* 11°. , et de reddition de compte.

7°. *De pensions* 12°. , ou de provisions alimentaires.

1°. *L'exécution provisoire.*

Vide art. 155, l'exécution provisoire peut être ordonnée des jugemens par défaut dans les cas ci-dessus exprimés.

M. F. » observe, relativement au cas où le juge peut or-
» donner l'exécution provisoire sans caution, que l'ordon-
» nance de 1667 voulait que cette exécution n'eût lieu qu'en
» donnant caution ; que ce changement a paru nécessaire ; la
» provision est due au titre et tant qu'il n'est pas argué de
» faux ; la confiance qu'il mérite ne permet pas de soumettre
» celui qui en est muni, aux difficultés de trouver une caution. «

2°. *Titre authentique.*

L'art. 1317 du C. N. porte : L'acte authentique est celui qui a été reçu par officiers publics ayant le droit d'instrumenter dans le lieu où l'acte a été rédigé, et avec les solemnités requises.

Art. 1319. L'acte authentique fait pleine foi de la convention qu'il renferme entre les parties contractantes et leurs héritiers ou ayans-cause.

Néanmoins, en cas de plainte en faux principal, l'exécution de l'acte argué de faux, *sera suspendue* (a) par la mise en accusation ; et, en cas d'inscription de faux faite incidemment, les Tribunaux pourront, suivant les circonstances, suspendre l'exécution de l'acte.

(a) *Sera suspendue.* Consultez un arrêt de la C. de Bordeaux, du 23 bmaire, an 13, sur la question, si les présomptions de fraude ou de dol , qui s'élèvent contre un acte public, suffisent pour autoriser un Tribunal à en suspendre l'exécution. [R. Sir. t. 5.° 2.e. p.tie. p. 58.]

Id. Un autre arrêt de la même C., du 13 fer. 1806, sur cette autre, si l'exécution peut en être suspendue lorsqu'il est argué de simulation prohibée.

3°. *Promesse reconnue.*

L'art. 1322 du C. N. porte: L'acte sous seing-privé reconnu par celui auquel on l'oppose, ou légalement tenu pour reconnu, a, entre ceux qui l'ont souscrit et entre leurs héritiers et ayans-cause , la même foi que l'acte authentique.

Vide art. 193 , C. de P. C. , le mode pour obtenir la reconnoissance d'un acte sous seing-privé.

4°. *Pourra être ordonnée.*

M. T. : » On a spécifié divers cas où l'exécution provisoire
» pourra être ordonnée avec ou sans caution ; on a dû, sur ce
» point, s'en rapporter à la conscience des juges, ainsi qu'à leur
» expérience ; ce sont des matières urgentes ; et , pour les
» indiquer , on a recueilli plusieurs anciens règlemens.

» Dans les cas où l'exécution provisoire n'est que faculta-
» tive , ils sont exprimés si nettement, qu'il ne restera aucun
» aliment à la subtilité si voisine de la mauvaise foi. Tous
» ces cas requièrent célerité; et, par ce motif, l'exécution
» provisoire d'un jugement peut être alors ordonnée avec ou
» sans caution, suivant les circonstances; il ne faut pas en
» effet que celui qui se trouverait hors d'état de fournir une
» caution, soit privé du bienfait d'une exécution provisoire
» quand elle est reconnue nécessaire. «

5°. *Apposition et levée, etc. Vide* art. 911 , le mode de faire décider les difficultés qui peuvent naître à cette occasion.

Art. 930 , ceux qui ont droit de faire lever les scellés.

6°. *D'inventaire. Vide* art. 941 , quelles personnes ont le droit de le requérir; et 942 , en présence de quelles personnes il doit être fait.

7°. *De réparations urgentes. Vide* art. 3 , note 4 , quelles sont les réparations locatives ; *ibid.* quand elles ne sont à la charge du locataire; sous l'art. 819 , quel est le privilège du propriétaire pour réparations locatives.

L'art. 605 du C. N. détermine quand l'usufruitier n'est tenu que des réparations d'entretien, et quand il est tenu des grosses réparations.

L'art. 606 détermine ce qu'on entend par grosses réparations ; ce sont celles des gros murs et voûtes , le rétablissement des poutres et des couvertures entières; celui des digues et des murs de soutenement et des clôtures aussi en entier.

L'art. 635 détermine le cas où l'usager est sujet à toutes les réparations d'entretien, et celui où il ne contribue qu'à une portion.

L'art. 655 règle le mode de réparation et de reconstruction d'un mur mitoyen.

L'art. 1409, §. 4, charge la communauté entre époux des réparations usufruitières des immeubles qui n'entrent point en communauté.

L'art. 1720 impose au bailleur l'obligation de livrer la chose en bon état, et de l'entretenir, pendant le bail, de toutes réparations autres que les locatives.

8°. *D'expulsion des lieux.* C'est l'action de mettre quelqu'un malgré lui hors du lieu où il se trouve.

L'art. 1743 du C. N. ne permet à l'acquéreur d'expulser le fermier ou locataire ayant bail authentique, que lorsque ce droit est réservé par le bail.

L'art. 1744 prescrit d'indemniser le fermier si le bail ne contient aucune stipulation sur les dommages et intérêts.

L'art. 1745 établit la base de l'indemnité, s'il s'agit d'une maison ou objets de même nature.

L'art. 1746 établit celle de l'indemnité, s'il s'agit de biens ruraux.

L'art. 1747 établit son mode de règlement pour usines.

L'art. 1752 autorise à expulser le locataire qui ne garnit pas la maison de meubles suffisans, ou s'il ne donne pas des sûretés.

L'art. 1760 dispose qu'en cas de résiliation par la faute du locataire, il est tenu de payer le prix pendant le tems nécessaire à la relocation, sans préjudice des dommages et intérêts.

L'art. 1766 porte : Si le preneur d'un héritage rural ne le garnit pas des bestiaux et des ustensiles nécessaires à son exploitation, ou s'il abandonne la culture ; s'il ne cultive en bon père de famille ; s'il emploie la chose louée à un autre usage que celui auquel elle a été destinée, ou, en général, s'il n'exécute pas les clauses du bail, et qu'il en résulte un dommage pour le bailleur, celui-ci peut, suivant les circonstances, faire résilier le bail.

En cas de résiliation provenant du fait du preneur, celui-ci est tenu des dommages et intérêts, ainsi qu'il est dit en l'art. 1764.

9°. *De séquestre.*

Art. 1955. Le séquestre est ou conventionnel ou judiciaire.

Art. 1956. Le séquestre conventionnel est le dépôt fait par une ou plusieurs personnes, d'une chose contentieuse, entre les mains d'un tiers qui s'oblige de la rendre, après la contestation terminée, à la personne qui sera jugée devoir l'obtenir.

Art. 1957. Le séquestre peut n'être pas gratuit.

Art. 1958. Lorsqu'il est gratuit, il est soumis aux règles du dépôt proprement dit, sauf les différences ci-après énoncées.

Art. 1959. Le séquestre peut avoir pour objet, non-seulement des effets mobiliers, mais même des immeubles.

Art. 1960. Le dépositaire chargé du séquestre ne peut être déchargé avant la contestation terminée, que du consentement de toutes les parties intéressées ou pour une cause jugée légitime.

Art. 1961. La justice peut ordonner le séquestre :

1°. Des meubles saisis sur un débiteur.

2°. D'un immeuble ou d'une chose mobiliaire dont la propriété ou la possesion est litigieuse entre deux ou plusieurs personnes.

3°. Des choses qu'un débiteur offre pour sa libération.

Art. 1962. L'établissement d'un gardien judiciaire produit, entre le saisissant et le gardien, des obligations réciproques. Le gardien doit apporter, pour la conservation des effets saisis, les soins d'un bon père de famille.

Il doit les représenter, soit à la décharge du saisissant pour la vente, soit à la partie contre laquelle les exécutions ont été faites en cas de main-levée de saisie.

L'obligation du saisissant consiste à payer au gardien le salaire fixé par la loi.

Art. 1963. Le séquestre judiciaire est donné, soit à une personne dont toutes les parties intéressées sont convenues entre elles, soit à une personne nommée d'office par le juge.

Dans l'un et dans l'autre cas, celui à qui la chose a été confiée est soumis à toutes les obligations qu'emporte le séquestre conventionnel.

10°. *De réception de caution, etc.*

Vide, art. 517 et suiv., quelles personnes sont sujettes à donner caution en matière civile, et le mode de la réception. *Id.* Les effets du cautionnement judiciaire.

Art. 439 et 440, celles relatives à la caution en matière de commerce.

11°. *De nomination de tuteurs, curateurs, et autres administrateurs.*

Vide au titre des *Avis de parens. Id.* dés *Redditions de compte.*

12º. *De pensions ou de provisions alimentaires.*

Vide au titre des *Séparations de corps et du divorce.*

Jugé par la C. d'appel de Paris, le 14septbre. 1808, qu'un Tri-
de 1ere. instance qui ordonne la mise en liberté d'un débiteur emprisonné pour dettes, ne peut pas ordonner que son
jugement sera exécuté nonobstant l'appel. [R. Sir. t. 8, 2e.
ptie., p. 283.]

Vide, art. 459, le mode d'obtenir des défenses si l'exécution
provisoire a été ordonnée hors des cas prévus.

ART. 136. Si les juges ont omis de prononcer l'exécution provisoire, *ils ne pourront l'ordonner par un second
jugement*, sauf aux parties à la demander sur l'appel.

Vide l'art. 458; il indique un mode simple pour la faire ordonner, si on a omis de le faire.

Arrêt de la C. S. du 27 avril 1807, décidant que les jugemens
définitifs ne peuvent être réformés ni régularisés sous forme
d'interprétation par les juges qui les ont rendus. [R. Sir., t. 7,
2e. ptie., p. 240].

Ils ne pourront l'ordonner par un second jugement.

Consultez un arrêt de la C. de Paris, du 13 féver. 1807, sur la
question, si, après que les jugemens ont été rendus, les
Tribunaux peuvent y rien ajouter par voie d'interprétation.
[R. Sir. t. 7, 2e. ptie., p. 690.]

Un autre de la C. de Bruxelles, du 13 décbre. 1810, sur celle, si
lorsque les juges ont omis de prononcer l'exécution provisoire, ils peuvent l'ordonner par le jugement qui déboute la
partie condamnée de son opposition. [R. Sir., t. 11, 2e. ptie.,
p. 331.]

ART. 137. L'exécution provisoire ne pourra être ordonnée pour les dépens, quand même ils seraient adjugés
pour tenir lieu de dommages et intérêts.

ART. 138. *Le président et le greffier* 1º. signeront *la
minute du jugement* 2º. aussi-tôt qu'il sera rendu; il
sera fait mention en marge de *la feuille d'audience* 3º. des
juges et du procureur-impérial qui y auront assisté; cette
mention sera également signée par le président et le greffier.

1°. *Le président et le greffier.*

Consultez un arrêt de la C. de Rome, du 11 juin 1811, sur la question, si le greffier ne peut délivrer seul et sans l'attache du juge exécutoire de dépens. [Den. 1811, 1ere. ptie., p. 159.]

2°. *La minute, etc.* Par une circulaire du 26 septbre. 1808, S. Exc. le G.-J. avertit MM. les procureurs-généraux et impériaux que du rapprochement de ces deux articles il résulte, » que la feuille d'audience doit contenir, non de » simples notes, mais bien le dispositif de chaque jugement, » avec les motifs qui lui servent de base. « [R. Sir .t. 8, 2e. ptie. p. 298.]

L'art. 7 de la loi du 22 frimre. an 7, sur l'enregistrement, porte : Les actes civils et extrajudiciaires sont enregistrés, soit sur les minutes, brevets ou originaux.

Les actes judiciaires reçoivent cette formalité, soit sur les minutes, soit sur les expéditions, suivant les distinctions ci-après :

Ceux qui doivent êere enregistrés sur les minutes, sont les procès-verbaux d'apposition, de reconnaissance et de levée de scellé, et ceux de nomination de tuteurs-curateurs, les avis de parens, les émancipations, les actes de notoriété, les déclarations en matière civile, les adoptions ; tous actes contenant autorisation, abstention, renonciation ou répudiation, les nominations d'experts et arbitres, les oppositions à levée de scellés, par comparution personnelle, les cautionnemens de personnes à représenter à justice, ceux de sommes déterminées ou non déterminées, les ordonnances et mandemens d'assigner, les opposans à scellés, tous procès-verbaux, généralement quelconques, des bureaux de paix portant conciliation ou non-conciliation, défaut ou congé, remise ou ajournement ; tous actes d'acquiescement de dépôt et consignation d'exclusion de Tribunaux, d'affirmation de voyage, d'enchères et surenchères, de reprises d'instances, de communication de pièces, avec ou sans déplacement ; d'affirmation ou vérification de créances, d'opposition à délivrance de titres ou jugemens, de procès-verbaux et rapports, de dépôt de bilan et de décharges, les certificats de toute nature et ordonnances sur requête, les jugemens portant transmission d'immeubles, et ceux par lesquels il est prononcé des condamnations sur des conventions sujettes à l'enregistrement, sans énonciation de titres enregistrés.

Tous autres actes et jugemens, soit préparatoires, soit défi-

aitifs, ne sont soumis à l'enregistrement que sur les expéditions.

Ceux des actes de l'état civil qui sont assujétis à l'enregistrement par la présente, ne sont soumis à l'enregistrement
que sur l'expédition.

Les jugemens de la police ordinaire, des Tribunaux de police correctionnelle et des Tribunaux criminels, ne sont
de même soumis à l'enregistrement que sur les expéditions,
lorsqu'il y a partie civile, et seulement pour les expéditions
requises par elles ou autres intéressés.

Art. 8. Il n'est dû aucun droit d'enregistrement pour les
extraits, copies ou expéditions des actes qui doivent être
enregistrés sur les minutes ou originaux.

Quant à ceux des actes judiciaires qui ne sont assujétis à
l'enregistrement que sur les expéditions, chaque expédition
doit être enregistrée; savoir : la première, pour le droit proportionnel, s'il y a lieu ; ou pour le droit fixe, si le jugement
n'est pas passible du droit proportionnel, et chacune des autres
pour le droit fixe.

3°. *Feuille d'audience, etc.*

L'art. 36 du règlement du 30 mars 1808, ordonne que le greffier portera sur la feuille d'audience du jour les minutes de
chaque jugement, aussi-tôt qu'il sera rendu ; il fera mention
en marge des noms des juges et du procureur-impérial, ou de
son substitut, qui y auront assisté.

Celui qui aura présidé vérifiera cette feuille à l'issue de l'audience, ou dans les 24 heures, et signera, ainsi que le greffier,
chaque minute du jugement et les mentions faites en marge.

Décision du G.-J., du 31 octbre. 1809, portant que les greffiers des Tribunaux de Commerce, comme ceux des Tribunaux
Civils, doivent porter sur la feuille d'audience tous les jugemens tels qu'ils sont rendus. [R. Sir. t. 10, 2e. ptie. p. 12.]

Consultez un arrêt de la C. de Paris, du 5 avril 1808, sur la
question, si un jugement peut être annullé par cela seul que
l'expédition porte le nom d'un juge qui n'y a pas concouru,
s'il est d'ailleurs prouvé que c'est là une erreur du copiste.
[*Id.* t. 8, 2e. ptie., p. 154.]

ART. 139. Les greffiers qui délivreront expédition du
jugement avant qu'il ait été signé, seront poursuivis comme
faussaires.

ART. 140. Les procureurs-impériaux et généraux se feront représenter tous les mois les minutes des jugemens, et vérifieront s'il a été satisfait aux dispositions ci-dessus ; en cas de contravention, ils en dresseront procès-verbal, pour être procédé ainsi qu'il appartiendra.

Et vérifieront, etc.

M. T. : » Des négligences bien coupables, et qui malheureuse-
» ment ne sont pas sans exemple, ont troublé le repos d'un
» grand nombre de familles. Comment a-t-il pu se faire que des
» jugemens rendus depuis plusieurs mois, n'aient pas été si-
» gnés ? Comment suppléer à la signature du président ou du
» greffier morts dans l'intervalle ?

» Comment s'assurer, après un laps de temps aussi considé-
» rable, et lorsque plusieurs membres du Tribunal n'existent
» plus peut-être, de la véritable teneur d'un jugement ?

» Cet abus, nous l'espérons, ne se reproduira plus. Les pro-
» cureurs-impériaux sont l'œil du gouvernement, qui veut
» tout voir et tout connaître ; et nous ne devons pas supposer
» qu'une surveillance placée dans leurs mains restera sans
» effet. «

ART. 141. *La rédaction des jugemens 1°. contiendra les noms des juges du procureur-impérial, s'il a été en-tendu, ainsi que des avoués ; les noms, profession et demeure des parties ; leurs conclusions 2°. ; l'exposition sommaire des points de fait et de droit 3°. ; les motifs et le dispositif du jugement.*

1°. *La rédaction des jugemens, etc..*

M. F. : « Rien n'est plus important qu'une rédaction claire et
» qui ne laisse aucune prise à la mauvaise foi ; car, DIT M. D'A-
» GUESSEAU, la chicane vaincue a encore ses ressources ; à peine
» se voit-elle accablée sous le poids de l'équité, qu'elle pense
» déjà à réparer ses pertes et à relever les débris de son injus-
» tice ; il n'est rien que sa subtilité ne tente pour dérober au
» vainqueur tout le fruit de sa victoire ; et qui sait si elle
» n'osera pas porter ses vues sacrilèges sur l'oracle même, pour
» y glisser, s'il était possible, des termes obscurs, des expres-
» sions équivoques dont elle puisse se servir un jour pour en
» combattre la foi et pour l'éluder !

» Efforts impuissans, artifices inutiles contre un magistrat
» attentif, il pèse toutes les paroles de son jugement avec autant

« tant de religion qu'il a pesé son jugement même ; et, par
« cette dernière attention, il imprime, pour ainsi dire, le
« sceau de l'éternité sur tous les ouvrages de sa justice. «

Loi du 20 avril 1810, statuant que les arrêts qui ne sont pas
rendus par le nombre de juges prescrits, ou qui ont été rendus
par des juges qui n'ont pas assisté à toutes les audiences de la
cause, ou qui n'ont pas été rendus publiquement, ou qui ne
contiennent pas les motifs, sont nuls. [R. Sir., t. 10, 2e. ptie.,
p. 169.]

Consultez l'arrêt de la C. de Paris, du 10 fmaire. an 11,
sur la question, si l'ordonnance de référé est un véritable jugement dans le sens de l'art. 15 du tit. 5 de la loi du 16 août
1790.

Et s'il est nécessaire, à peine de nullité, que cette ordon-
nonce contienne des motifs. [*Id.*, t. 3, 2e. ptie., p. 438.]

2°. *Leurs conclusions.* Par arrêt de la C. S., du 8 août 1808, il a
été jugé que la peine de nullité n'est point attachée à la viola-
tion des formalités ordonnées par cet article.

Attendu que les articles cités (141, 470 et 1030) ne prononcent point la peine de nullité pour le cas d'infraction à leurs
dispositions. [Den. 1808, 1ere. ptie., p. 418. R. Sir., t. 8, 1ere.
ptie., p. 505.]

Vide art. 15, titre 5, loi du 24 août 1790.

La loi du 20 avril 1810, art. 7, a changé la jurisprudence.

Consultez un arrêt de la C. de Paris, du 19 fmaire. an 14, sur
la question, si, sous l'empire du C. N., les jugemens rendus
en matière de divorce, doivent contenir les quatre parties
exigées par la loi du 24 août 1790. [R. Sir. t. 6, 2e. ptie. p. 518.]

3°. *L'exposition sommaire*, etc.

Arrêt de la C. S. décidant que la rédaction d'un jugement
doit présenter toutes les questions essentielles de fait et de
droit, notamment s'il y a eu exception fondée sur une qualité. [R. Sir., t. 1er., 1ere. ptie., p. 449.]

4°. *Les motifs.*

Arrêt de la C. S., du 11 juin 1811, décidant qu'un arrêt ou
jugement doit, à peine de nullité, être motivé [Den. 1811,
1ere. ptie., p. 311. R. Sir. t. 11, 1ere. ptie., p. 268.]

ART. 141. La rédaction sera faite sur *les qualités* 1°.
signifiées entre les parties ; en conséquence, celle qui
voudra lever un jugement *contradictoire* 2°, sera tenue de
signifier à l'avoué de son adversaire les qualités contenant

les noms , profession et demeure des parties , *les conclu-*
sions et les points de fait et de droit 4°.

1°. *Les qualités.* On appelle ainsi les noms et titres des parties , ainsi que leurs demandes et conclusions , qu'on énonce
avant les motifs et le dispositif du jugement.

L'art. 87 du T. fixe le droit des qualités d'un jugement par
défaut et d'un jugement contradictoire.

Arrêt de la C. S. du 21 bmaire. an 9 , décidant que la loi du
24 août 1790, tit. 5 , art. 15 , en exigeant que les qualités des
parties soient rappelées dans les jugemens , n'a entendu parler
que des qualités relatives à l'instance , telles que celles de demandeur et de défendeur, d'appelant et d'intimé, non des titres
qui appartiennent à un individu , à raison de son état , de son
emploi ou de sa profession.

2°. *Contradictoire.* L'art. 88 du T. n'accorde de droit de signification des qualités que dans le cas où le jugement serait contradictoire.

3°. *Les conclusions* sont les fins que prend un plaideur et les
demandes qu'il forme contre sa partie adverse , soit en demandant , soit en défendant.

4°. *Points de fait et de droit.*

L'art. 87 du T. défend d'insérer dans les qualités les motifs
des conclusions , et dans les *points de fait et de droit* les
moyens des parties.

ART. 143. L'original de cette signification restera pendant vingt-quatre heures entre les mains des huissiers-au-
dienciers.

M. F. » Le C. règle tout ce qui doit être observé pour la
» signification des jugemens , rien n'a été négligé pour éviter
» les surprises.

ART. 144. L'avoué *qui voudra s'opposer* , soit aux
qualités , soit à l'exposé des points de fait et de droit, le
déclarera à l'huissier , qui sera tenu d'en faire mention.

Qui voudra s'opposer. L'art. 90 du T. accorde un droit de vacation pour cette opposition.

ART. 145. *Sur un simple acte* d'avoué à avoué , les parties seront reglées sur cette opposition par le juge qui aura
présidé ; en cas d'empêchement, par le plus ancien , suivant l'ordre du tableau.

Sur un simple acte. L'art. 70 du T. fixe le droit pour ce simple acte, et l'art. 90 celui de la vacation au règlement.

ART. 146. *Les expéditions* des jugemens seront intitulées et terminées, ainsi qu'il a été prescrit par l'acte des constitutions de l'empire du 28 floréal an 12.

Les expéditions. Vide art. 545, en quoi consiste cette forme sans laquelle les jugemens ne peuvent être mis à exécution.

ART. 147. S'il y a avoué en cause, le jugement ne pourra être exécuté qu'après avoir été *signifié à avoué* 1°. *à peine de nullité* 2°.; les jugemens provisoires et définitifs qui prononceront des condamnations, seront, en outre, signifiés à la partie à personne ou domicile, et il sera fait mention de la signification à l'avoué.

1°. *Signifié à avoué.*

Consultez un arrêt de la C. de Bordeaux, du 23 jvier. 1811, sur la question, si la signification d'un jugement à avoué doit, pour faire courir le délai de l'appel dans les cas d'exception prévus par la loi, contenir la mention de l'avoué à la requête duquel elle est faite, de la personne à laquelle la copie a été remise, et la qualité du signataire. [Den. 1811, 2e. ptie. p. 122.]

Un autre de la C. de Bruxelles, du 14 août 1810, sur celle, si un arrêt par défaut peut être signifié à avoué par un huissier près le Tribunal civil, établi dans la ville où siège la C. d'Appel qui a rendu cet arrêt. [Den. 1811 1ere. ptie., p. 152.]

2°. *A peine de nullité,* non du jugement, mais des poursuites en exécution, et des procédures faites pour y parvenir.

Consultez un arrêt de la C. de Bourges, du 27 décbre. 1808, sur la question, si, lorsque dans la signification d'un jugement à domicile, on a omis de faire mention de la signification faite précédemment à avoué, cette omission est une nullité. [R. Sir., t. 9, 2e. ptie., p. 303.]

Jugé, le 29 jller. 1809, par la C. de Bruxelles, que cet article n'empêche que la signification du jugement ne soit valablement faite à la partie avant signification à avoué, et qu'une telle signification ne fasse courir le délai pour l'appel. [Id., t. 7, 2e. ptie., p. 977.]

Jugé, le 20 mai 1809, par la C. de Turin, qu'on ne peut induire de la signification faite sans réserve d'avoué à avoué que la partie acquiesce à ce jugement. [Den. 1811, 2e. ptie. p. 64.]

O 2

ART. 148. Si l'avoué est décédé ou a cessé de postuler, la signification à partie suffira ; mais il y sera fait mention du décès ou de la cessation des fonctions de l'avoué.

SOMMAIRES, LIV. 2, TIT. 8.

DES JUGEMENS PAR DÉFAUT ET OPPOSITIONS.

M. F.... » Lorsque le défendeur ne constitue pas d'avoué, ou
» que son avoué ne se présente pas, les juges ne peuvent pro-
» noncer qu'un jugement par défaut; ils ne doivent adjuger
» les conclusions de la partie qui se présente que lorsqu'il les
» trouvent justes.

» Avant l'ordonnance de 1539, tout défendeur qui ne se pré-
» sentait pas sur l'assignation qu'on lui avait donnée, était censé
» reconnaître la légitimité de la demande, et il était toujours
» condamné sans vérification.

» On reconnut alors que cet usage était une source d'injus-
» tices; il est possible que le défendeur n'ait pas reçu l'assigna-
» tion; on ne doit pas non plus lui interdire la faculté de s'en
» rapporter à la prudence des juges, et les magistrats ne doi-
» vent rendre aucun jugement qui ne soit fondé sur la convic-
» tion qu'ils n'ont rien prononcé que de juste à l'égard de
» chacune des parties; aussi, depuis 1539, toutes les lois rela-
» tives à la procédure ont-elles consacré les mêmes disposi-
» tions sur ce point. «

ART. 149. Si le défendeur ne constitue pas avoué
ou si l'avoué constitué ne se présente pas *au jour indique pour l'audience* 1°., il sera donné défaut 2°.

1°. *Au jour indiqué.*

Vide art. 79, le mode de poursuivre l'audience contre le défendeur qui n'a point fourni ses défenses dans le délai prescrit.

Et, art. 154, comment le défendeur peut la poursuivre sans
fournir de défense.

L'art. 66 du règlement du 30 mars 1808, porte : Les causes in-
troduites par assignation à bref délai, celles pour déclinatoires, exceptions et réglemens de procédure qui ne tiennent
point au fond; celles renvoyées à l'audience en état de référé;
celles à fin de mise en liberté ou provision alimentaire, ou
toutes autres de pareille urgence, seront appelées sur simples
mémoires, pour être *plaidées et jugées sans remise et sans tour
de rôle.*

Si, par considération extraordinaire, le Tribunal croit devoir
accorder remise, elle sera ordonnée contradictoirement à jour
fixe; et au jour indiqué, il n'en pourra être accordé une nouvelle.

Aux appels des causes, celles ci-dessus énoncées sont retenues pour être jugées avant celles des affiches.

Art. 67. Il sera fait dans l'ordre des causes du rôle particulier de la chambre, et par les soins de celui qui la présidera, des affiches d'un certain nombre de causes.

Chacune de ces affiches sera exposée dans la salle d'audience et au greffe, huit jours avant que les causes soient appelées.

Art. 68. Un certain nombre de causes affichées sera appelé le premier jour d'audience de chaque semaine qui suit celle de l'exposition de l'affiche.

Art. 69. En cas de non-comparution des deux avoués à cet appel, la cause sera retirée du rôle, et l'avoué du demandeur sera responsable envers sa partie de tous dommages et intérêts s'il y a lieu.

Si un seul des avoués se présente, il sera tenu de requérir jugement.

Si les deux avoués sont présens, ils seront tenus de poser les qualités et de prendre des conclusions; il leur sera indiqué un jour pour plaider.

S'il y a des obstacles à ce que les avoués ou défenseurs, ou l'un d'eux, se trouvent au jour indiqué, ils devront en faire sur-le-champ l'observation; si le Tribunal la trouve fondée, il sera indiqué un autre jour.

Arrêt de la C. S. du 22 nivose an 11, décidant qu'un jugement est contradictoire quoique rendu à une audience où la partie n'a pas comparu, si cette audience est la continuation d'une audience précédente où il y avait eu comparution. [R. Sir., t. 4, 2e. ptie. p. 62.]

2°. Il sera donné défaut.

Vide art. 342 et 343, les effets des jugemens par défaut lorsque l'affaire est en état.

L'art. 82 du T. accorde un droit fixe à l'avoué pour assister aux jugemens par défaut.

Un honoraire à l'avocat qui le prend, et il a, dans ce cas le droit d'assistance de l'avoué.

Réglement du 20 juillet 1812, établissant les prérogatives des avocats, et déterminant en quels cas les avoués peuvent plaider les causes dans lesquelles ils sont constitués. [R. Sir., t. 12, 2e. ptie. p. 173.]

Vide art. 157, le droit de l'opposition à un jugement par défaut, rendu contre une partie ayant avoué.

Art. 160, la forme de cette opposition.

Art. 162, le mode et la forme de l'opposition de la partie qui n'a pas d'avoué.

Arrêt de la C. S. du 4 mars 1807, décidant qu'on peut former opposition à des jugemens rendus par défaut en dernier tessort, quoiqu'ils aient été rendus à tout de rôle. [R. Sir., t. 7, 2e. ptie., p. 227.]

ART. 150. *Le défaut sera prononcé à l'audience 1º.,* sur l'appel de la cause ; et les conclusions de la partie qui le requiert, seront adjugées si elles se trouvent justes et *bien vérifiées*. Pourront néanmoins les juges faire mettre les pièces sur le bureau, pour prononcer le jugement à l'audience suivante.

1º. *Le défaut sera prononcé à l'audience.*

Arrêt de la C. S. du 7 fer. 1811, décidant que si le demandeur ne se présente pas, le défendeur doit être déchargé de l'action. [Den. 1811, 1ere. ptie. p. 187. R. Sir., t. 11, 1ere. ptie.; p. 213.]

2º. *Bien vérifiées.*

M. T. : » L'absence du défendeur peut être excusable et » forcée ; elle ne peut d'ailleurs donner un droit à l'adversaire » qui n'en aurait pas. Les juges doivent donc regarder comme » une de leurs premières obligations, celle de vérifier avant » d'adopter la demande de la partie qui se présente. «

M. F. : » L'extrême confiance dans la justice et la sagacité » du juge a peut être seule empêché que le défendeur ne com» parut, devrait-il être puni d'un sentiment aussi honorable » pour le Tribunal. «

Vide art. 56, la décision de son Exc. le G. J., qui prescrit de prononcer l'amende contre celle des parties qui n'a pas comparu en conciliation.

Arrêt de la C. S., du 23 mdor. an 9, décidant qu'il ne suffit pas que la partie fasse défaut pour qu'il soit permis au juge de prononcer une nullité sans vérification. [R. Sir. t. 3 , 2e. ptie., p. 163.]

ART. 151. Lorsque plusieurs parties auront été citées pour le même objet à différens délais, il ne sera pris défaut contre aucunes d'elles qu'après l'échéance *du plus long délai*.

Du plus long délai. Vide les art. 72 et 73, et art. 1033, le mode de compter les délais.

ART. 152. Toutes les parties appelées et défaillantes seront comprises dans le même défaut; et s'il en est pris contre chacune d'elles séparément, les frais desdits défauts n'entreront point en taxe, et resteront à la charge de l'avoué, sans qu'il puisse les répéter contre la partie.

ART. 153. Si de deux ou de plusieurs parties assignées, l'une fait défaut et l'autre comparaît, le profit du défaut sera joint, et le jugement de jonction sera signifié à la partie défaillante par un huissier-commis : la signification contiendra *assignation au jour 1°, auquel la cause sera appelée ; il sera statué par un seul jugement, qui ne sera pas susceptible d'opposition 2°.*

1°. *Assignation au jour.* Vide art. 1034, c. à d. l'indication de la première audience, sans qu'il soit besoin de la réitérer, quoique l'audience ait été continuée à un autre jour.

Vide l'art. 29 du Tarif.

2°. *Par un seul jugement, qui ne sera, etc.*

Consultez un arrêt de la C. de Nismes, du 16 décbre. 1806, sur la question, si, sous l'empire de l'ordonnance de 1667 et du règlement de 1738, la voie de l'opposition n'était pas ouverte contre les arrêts ou jugemens qui, en statuant sur une contestation entre parties présentes, adjugeaient le profit d'un défaut joint à la cause. [R. Sir. t. 6, 2e. ptie. p. 203.]

Arrêt de la C. S. ; du 2 juin 1806, décidant que lorsqu'une cause a été jugée contradictoirement avec quelques-unes des parties, et par défaut contre d'autres, la faculté de revenir par opposition ne peut être exercée que par les parties défaillantes. [R. Sir. t. 7, 2e. ptie. p. 1074.]

ART. 154. *Le défendeur* 1°. qui aura constitué avoué, pourra, sans avoir fourni de défenses, suivre l'audience par un seul acte, *et prendre défaut contre le demandeur qui ne comparaîtrait pas* 2°.

1°. *Le défendeur.*

M. F. » Il est possible que le défendeur regarde la signifi- » cation des défenses comme superflue, et qu'il lui paraisse » suffisant d'attendre la vérification que fera le Tribunal ; il est » d'autant plus juste de donner cette faculté au défendeur (de » suivre l'audience sans défenses), qu'il ne doit jamais dépendre

» de celui qui a fait donner l'assignation d'éloigner, suivant
» son intérêt ou son caprice, le jugement de l'affaire. «

L'art. 70 du règlement du 30 mars 1808, porte : Les avoués
seront tenus, dans les affaires portées aux affiches, de signifier
leurs conclusions trois jours au moins avant de se présenter à
l'audience, soit pour plaider, soit pour poser les qualités.

12°. Défaut contre le demandeur, etc.

Consultez un arrêt de la C. de Turin, du 23 août 1809, sur la
question, si l'appel d'un jugement portant défaut congé contre
le demandeur, saisit les juges d'appel de la connaissance du
fond de la contestation. [R. Sir. t. 10, 2e. ptie. p. 64.]

Un autre de la même C., du 9 jer. 1811, sur celle, si le défendeur ou l'intimé peut, lorsque le délai de l'assignation excède
celui de la loi, suivre l'audience et faire juger avant l'échéance.

Et si, dans ce cas, ce jugement est réputé par le délai de
l'opposition être pris contre la partie ayant avoué. [Den. 1811,
2e. ptie. p. 102.]

Art. 155. *Les jugemens par défaut* 1°. *ne seront pas
exécutés avant l'échéance de la huitaine de la signification à avoué* 2°., *s'il y a eu constitution d'avoué*;
et de la signification à personne ou domicile, s'il n'y a
pas eu constitution d'avoué, à moins qu'en cas d'urgence,
l'exécution n'en ait été ordonnée avant l'expiration de ce
délai dans les cas prévus par l'art. 135.

Pourront aussi les juges, dans le cas seulement où il
y aurait *péril en la demeure* 3°., ordonner l'exécution,
nonobstant l'opposition avec ou sans caution ; ce qui ne
pourra se faire que par le même jugement.

1°. Les jugemens par défaut.

Consultez un arrêt de la C. de Riom, du 6 mai 1809, sur la
question, si, sous l'empire du C. de P. C., on peut valablement prendre inscription hypothécaire en vertu d'un jugement
par défaut, encore qu'il ne soit ni signifié, ni expédié, ni enregistré. [R. Sir. t. 10, 2e. ptie., p. 39.]

2°. Avant l'échéance de la huitaine, etc.

M. T. »observe qu'au moyen du délai de huitaine après
» cette signification, la partie aura le tems de s'assurer si elle
» doit en interjeter appel. Elle pourra aussi se mettre en état
» de satisfaire au jugement, sans subir la rigueur d'une saisie. «

(220)

3°. *Péril en la demeure.*

Vide art. 135, les cas où le juge peut ordonner l'exécution, nonobstant l'appel.

ART. 156. Tous jugemens par défaut contre une partie *qui n'a pas constitué d'avoué* 1°., seront signifiés *par un huissier-commis* 2°., soit par le Tribunal, soit par le juge du domicile du défaillant que le Tribunal aura désigné; *ils seront exécutés dans les six mois de leur obtention* 3°., sinon seront réputés non-avenus.

1°. *Qui n'a pas constitué d'avoué. Vide* art. 157 et 158.

2°. *Par un huissier commis.*

M. T. : » Ici je dois découvrir une grande plaie de l'ordre
» judiciaire; il n'est que trop souvent arrivé qu'un huissier
» prévaricateur a manqué de donner une copie de son exploit
» à la personne qu'il assigne; c'est, en langue vulgaire, *souffler*
» *une copie.* L'infortuné qu'on a dû citer ne peut se montrer
» sur une interpellation qu'il ignore; on prend contre lui un
» jugement par défaut; si la prévarication se prolonge, on
» lui soustrait encore la copie de la signification du jugement,
» il vit dans une sécurité profonde; et, lorsque les délais
» pour se pourvoir sont écoulés, le malheureux peut être
» écrasé par une procédure dont il n'a pas même soupçonné
» l'existence.

» On a dû s'occuper sérieusement du remède à un mal qu'on
» n'a pu se dissimuler; je crois pouvoir annoncer que l'abus, ou
» plutôt le délit, est écarté sans retour. «

3°. *Ils seront exécutés, etc.*

Arrêt de la C. S. du 13 septbre. 1809, décidant que cette règle ne s'applique point aux jugemens rendus par défaut par les juges-de-paix. [R. Sir., t. 9, 1re. ptie., p. 419. Den. 1809, 2e. ptie. p. 375.]

Vide l'opinion de M. F., art. 158, sur le motif de la loi dans cette seconde mesure, à l'égard du défendeur.

L'art. 642 du C de Commerce déclare cet article applicable aux jugemens que les Tribunaux de Commerce rendent par défaut; *id.* pour les art. 158 et 159.

Consultez un arrêt de la C. de Bordeaux, du 26 jvier. 1811, sur l'époque à partir de laquelle cette règle a été applicable. [R. Sir., t. 11, 2e. ptie., p. 263.]

Un arrêt de la C. de Lyon, du 4 sepbre. 1810, sur la question, si l'opposition formée à un jugement par défaut, faute de comparaître, par acte extrajudiciaire, non réitéré dans la huitaine par requête, n'interrompt pas la péremption contre le jugement non exécuté dans le s six mois. [Den. 1811 ; 2e. ptie., p. 74.]

Un arrêt de la C. de Turin, du 1er. fer. 1811, sur la question, si cette règle s'applique aux jugemens contre une partie ayant avoué. [R. Sir. t. 9, 1ere. ptie. p. 419. Den. 1809, 2e. ptie. p. 375.]

ART. 157. Si le jugement est rendu *contre une partie ayant un avoué* 1o., *l'opposition* 2°. ne sera recevable *que pendant huitaine* 3°., à compter du jour de la signification à avoué.

1°. *Contre une partie ayant un avoué.*

Consultez un arrêt de la C. de Limoges, du 9 novbre. 1808, sur la question, si lorsqu'il y a eu constitution d'un avoué, qui, ensuite et à l'audience, a déclaré ne pas accepter le jugement qui intervient par défaut, est de ceux contre lesquels *il n'y a que huitaine pour l'opposition.* [R. Sir., t. 9, 2e. ptie., p. 1032.]

Consultez un arrêt de la C. de Bruxelles, du 21 mai 1809, sur la question, si le défaut pris contre le demandeur est réputé pris contre partie ayant avoué pour le délai de l'opposition. *Vide* art. 456. [Den. 1811, 2e. ptie., p. 88.]

2°. *L'opposition. Vide* art. 160, la forme de cette opposition ; *id.* 163, sa mention sur un registre.

M. Jourde, avocat-général près la C. de Cassation : » Est-il » de l'essence du jugement qui déboute de l'opposition, d'or- » donner que le jugement par défaut sera exécuté ; pour qu'il » en fût ainsi, il faudrait que l'opposition eût l'effet de le neu- » traliser ; mais cela n'est point. L'opposition n'est qu'un obs- » tacle à l'exécution du jugement par défaut ; si l'obstacle est » levé, le jugement reprend tout son effet par sa propre » vertu, sans qu'il soit besoin que le juge supérieur l'ordonne » ainsi « [R. Sir. t. 11, 1ere. ptie., p. 242.]

3°. *Pendant huitaine.*

Vide art. 723, une exception à l'admission de l'opposition en matière de demande de subrogation à une saisie immobilière.

Arrêt de la C. S. du 5 fer. 1811, décidant que l'art. 1033 du C. de P. n'est pas applicable au délai de l'opposition, fixé par l'art. 157 du même Code.

En d'autres termes que le jour de la signification et celui de l'échéance, doivent être comptés dans la huitaine, pendant laquelle un jugement par défaut, rendu contre partie ayant avoué, peut être attaqué par la voie d'opposition. [Den. 1811, 1ere. ptie. p. 136.]

Arrêt de la C. S., du 6 jllet. 1812, décidant que les jours de fête légale sont compris dans le délai de huitaine, et que ce délai ne peut être prorogé. [R. Sir., t. 12, 1ere. ptie., p. 366. Den. 1812, 1ere. ptie., p. 471.]

Consultez un arrêt de la C. de Turin, du 9 jer. 1811, sur la question, si le demandeur qui a constitué un avoué laisse prendre un jugement contre lui, n'a que huitaine pour former opposition, encore que son avoué ne se soit pas présenté, et n'ait fait aucun acte de son ministère. [R. Sir., t. 11, 2e. ptie., p. 230.]

Un autre de la C. de Bruxelles, du 1er. août 1810, sur la question, si la signification d'un arrêt par défaut est valable et fait courir le délai de l'opposition, encore qu'elle soit faite par un huissier du Tribunal de 1ere. instance à un avoué de C. d'Appel. (Arrêté, 22 thdor. an 8., art. 7, nº. 2.). [R. Sir., t. 11, 2e. ptie., p. 86.]

ART. 158. *S'il est rendu contre une partie qui n'a pas d'avoué,* l'opposition sera recevable jusqu'à l'exécution du jugement.

S'il est rendu contre une partie, etc.

Consultez un arrêt de la C. de Trèves, du 10 août 1810, sur la question, si la radiation d'une inscription hypothécaire, faite en vertu d'un jugement par défaut ne fait point réputer le jugement exécuté, et si cette exécution exclut l'opposition. [Den. 1811, 2e. ptie. p. 145 ; R. Sir. t. 11, 2e. ptie. p. 224.]

Vide art. 162, le mode de cette opposition, et comment on s'en trouve déchu sans jugement.

Ibid., si l'opposition irrégulière peut être renouvelée.

M. F. : » Il est dit, art. 156, que tout jugement rendu par dé» faut contre une partie qui n'a pas constitué d'avoué, sera » exécuté dans les six mois de son obtention, sinon réputé » non-avenu ; elle n'aura donc plus, comme on l'a vu jusqu'à » présent, à la faveur du silence des lois, trente ans pour » former opposition ; ce qui engageait le défendeur de mau» vaise foi à ne pas constituer d'avoué. «

ART. 159. Le jugement est *réputé exécuté* 1º., *lorsque les meubles saisis ont été vendus* 2º., ou que le condamné a été emprisonné ou recommandé, ou que la saisie d'un ou de plusieurs de ses immeubles lui a été notifiée, ou que les frais ont été payés, *ou enfin lorsqu'il y a quelque acte duquel il résulte nécessairement que l'exécution du jugement a été connue de la partie défaillante* 3°.; l'opposition formée dans les délais ci-dessus, et dans les formes ci-après *prescrites*, *suspend l'exécution* 4°., si elle n'a pas été ordonnée, nonobstant opposition.

1°. *Réputé exécuté.*

M. T. : » Pour couper court à toute difficulté, on a dû définir ce qu'on entend par exécuter un jugement. L'exécution n'est réputée faite qu'après un acte nécessairement connu de la partie défaillante. «

Vide art. 362, dans quel délai on doit se pourvoir en désaveu dans le cas de l'application de cet article.

2°. *Lorsque les meubles saisis, etc.*

Jugé le 13 fer. 1811, par la C. de Trèves, qu'un jugement par défaut n'est pas réputé exécuté, par cela seul que les meubles de la partie condamnée ont été saisis; il faut que les meubles aient été vendus.

En ce cas, c'est par la voie de l'opposition qu'un tel jugement doit être attaqué; l'appel ne serait pas recevable. [R. Sir.; t. 11, 2e. ptie., p. 452.]

3°. *Lorsqu'il y a quelque acte, etc.*

Arrêt de la C. S.; du 30 juin 1812, décidant que des saisies-arrêts contenant l'énonciation expresse d'un jugement par défaut qui leur a servi de base, signifié au débiteur saisi, avec assignation en validité, et suivi de constitution d'avoué de sa part sur cette assignation, font preuve d'exécution du jugement par défaut, et de connaissance d'exécution dans le sens de cet article.

2°. Qu'en ce cas, le délai pour l'opposition a couru du jour de la constitution d'avoué.

3°. Que la décision contraire n'est pas un simple mal-jugé, mais un moyen de cassation. [R. Sir., t. 12, 1ere. ptie. p. 361; Den, 1812, 1ere. ptie., p. 479.]

Consultez un arrêt de la C. de Paris, du 31 décbre. 1811, sur la question, si lorsqu'un jugement par défaut a été signifié avec commandement d'y obéir, et que la partie condamnée a fait des protestations, il y a exécution connue dans le sens de cet article, et si dès-lors court le délai de huitaine pour l'opposition. [R. Sir., t. 12, 2e. ptie., p. 65.]

4°. *Suspend l'exécution.*

Vide art. 1010 , un exemple d'application , et la note 1 , sous l'art. 163.

ART. 160. Lorsque le jugement aura été rendu contre une partie ayant avoué, *l'opposition* ne sera récevable qu'autant qu'elle aura été formée par requête d'avoué à avoué.

L'opposition. Vide art. 157, dans quel délai elle doit être formée.

Consultez un arrêt de la C. de Bruxelles, du 30 avril 1807, sur la question, si l'exploit d'opposition est nul lorsque la copie signifiée au défendeur ne porte aucune date, encore que l'original soit régulier. [R. Sir. t. 7, 2e. ptie., p. 284.]

Un autre arrêt de la C. de Toulouse, du 2 novbre. 1808, sur la question, si la requête en opposition doit être signée par l'avoué, à peine de nullité. [Den. 1809, 2e. ptie., p. 20.]

Arrêt de la C. S. du 23 octbre. 1810, décidant que l'opposition à un jugement par défaut ne forme point une nouvelle instance ; qu'ainsi, la péremption d'instance acquise par la discontinuation des poursuites , pendant trois ans, embrasse non-seulement la procédure sur l'opposition, mais encore celle qui l'a précédée. [R. Sir. t. 11, 1ere. ptie. p. 35.]

ART. 161. La requête *contiendra les moyens d'op- p sition* , à moins que des moyens de défense n'aient été signifiés avant le jugement, auquel cas il suffira de déclarer qu'on les emploie comme moyens d'opposition. L'opposition qui ne sera pas signifiée dans cette forme, n'arrêtera pas l'exécution ; elle sera rejettée sur un simple acte, et sans qu'il soit besoin d'aucune autre instruction.

1°. *Contiendra les moyens d'opposition , etc.*

Consultez un arrêt de la C. de Bruxelles, du 7 jer. 1808, sur la question, si l'opposition à un arrêt par defaut est suffisamment motivée, lorsqu'elle se réfère à l'acte d'appel dans lequel les griefs sont énoncés. [R. Sir., t. 10, 2e. ptie., p. 502.]

Un autre de la même C., du 5 fer. 1811, sur celle, si la requête d'opposition à un jugement par défaut est nulle, n'étant motivée que sur l'indication d'un article de loi sans aucun développement. [R. Sir., t. 11, 2e. ptie., p. 427.]

Vide art. 162, en la dernière partie , sous quelle peine la requête doit comprendre tous les moyens d'opposition.

L'ad.

L'art. 7; du T. accorde un droit à raison du nombre des rôles pour la copie et l'original, et n'accorde qu'un droit fixe pour la requête, sans les moyens.

ART. 162. Lorsque le jugement aura été rendu contre une partie n'ayant pas d'avoué, l'opposition pourra être formée, *soit par acte extrajudiciaire* 1°. , soit par déclaration sur les commandemens, procès-verbaux de saisie ou d'emprisonnement, où tout autre acte d'exécution, *à la charge par l'opposant de la réitérer, avec constitution d'avoué par requête dans la huitaine* 2°. , passé *lequel tems elle ne sera plus recevable* 3°. , et l'exécution sera continuée sans qu'il soit besoin de le faire ordonner.

Si l'avoué de la partie qui a obtenu le jugement est décédé, ou ne peut plus postuler, elle fera notifier une nouvelle constitution d'avoué au défaillant, lequel sera tenu, dans les délais ci-dessus, à compter de la signification, de réitérer son opposition par requête, avec constitution d'avoué.

Dans aucun cas, les moyens d'opposition fournis postérieurement à la requête, n'entreront en taxe.

1°. *Soit par acte extrajudiciaire.*

Consultez un arrêt de la C. de Nismes, du 13 juin 1810, sur la question, si l'opposition au jugement par défaut, formée par exploit, contenant ajournement, peut n'être pas réitérée par requête dans la huitaine. [Den. 1811, 2e. ptie., p. 16.]

Vide art. 158, jusqu'à quel moment cette opposition est recevable.

En la note, sous l'art. 160, la nécessité que la copie contienne la date.

L'art. 29 du T. fixe le droit pour la copie et l'original de cette opposition.

2°. *A la charge par l'opposant, etc.*

Arrêt de la C. S. du 18 avril 1811, décidant que l'art. 1033,

portant que le jour de la signification, ni celui de l'échéance, ne
sont jamais comptés pour le délai général fixé pour les ajournemens et autres actes faits à personne ou à domicile, n'est
pas applicable aux oppositions qui doivent être renouvellées
par requête d'avoué à avoué, dans la huitaine de l'opposition
extrajudiciaire ; 2°. que le défendeur qui a formé une opposition irrégulière à un jugement par défaut, n'est pas irrévocablement déchu ; il peut la renouveller jusqu'à l'exécution du
jugement. [R. Sir. t. 11 , 2e. ptie., p. 232. Den. 1811. 1ere. ptie.
p. 267.]

Consultez un arrêt de la C. de Trèves, du 10 août 1810 , sur
la question , si la requête formée par la partie condamnée qui
n'avait point constitué avoué, contenant opposition à un jugement par défaut, peut être signifiée à personne ou domicile.
[Den. 1811 , 2e. ptie. , p. 145.]

3°. Passé lequel tems, etc.

Jugé par la C. de Turin, le 27 fer. 1809, que de ce que
l'art. 162 exige que l'opposant qui a formé une opposition par
acte extrajudiciaire, etc., on n'en peut induire qu'il ne puisse
le faire tant que son adversaire n'aura pas fait rejeter son
opposition ou exécuter le jugement. [R. Sir. t. 7, 2e. ptie.
p. 1081. Den. 1809, 2e. ptie. , p. 72.]

ART. 163. Il sera tenu au greffe *un registre* 1°. , sur
lequel l'avoué de l'opposant *fera mention* 2°. sommaire
de l'opposition , en énonçant le nom des parties et de
leurs avoués, les dates du jugement et de l'opposition ;
il ne sera dû de droit d'enregistrement que dans le cas
où il en serait délivré expédition.

1°. Un registre.

M. F. » développe l'utilité évidente de ce registre par l'exem-
» ple ci-après, parfaitement d'accord avec l'article suivant :

» Un créancier a fait faire une saisie-arrêt entre les mains
» d'un tiers qui doit une somme à son débiteur ; il obtient
» contre ce dernier un jugement par défaut, qui porte : Que
» le tiers remettra entre les mains de la partie qui a obtenu le
» jugement, la somme qu'il doit à la partie condamnée ; ce
» tiers ignore si la partie condamnée n'a pas formé opposition

» au jugement par défaut ; il lui importe de le savoir, car
» l'opposition suspendrait l'exécution ; il est indifférent pour
» lui de payer ou à son créancier ou à un autre, pourvu que
» le paiement opère sa libération, et il ne l'opérerait pas s'il
» n'était pas valable ; ce tiers sera sans inquiétude, lorsqu'on
» lui représentera un certificat du greffier, constatant qu'au-
» cune opposition n'est portée sur le registre. «

Vide, art. 548 et 549, la nécessité de faire inscrire sur ce registre les appels des jugemens susceptibles d'exécution envers
des tiers.

2°. *Fera mention.*

L'art. 90 du T. accorde un droit de vacation pour cette mention.

ART. 164. Aucun jugement par défaut ne sera exécuté, à l'égard d'un tiers, que sur un *certificat du greffier*, constatant qu'il n'y a aucune opposition portée sur
le registre.

Certificat du greffier.

Vide l'art. 548 ; il détermine les cas où les jugemens ne peuvent être exécutés contre les tiers sans le certificat préalable de
l'avoué de la partie poursuivante ; constatant la date de la signification à domicile et celui du greffier, qu'il n'existe ni
appel, ni opposition.

Le T., art. 90, accorde un droit de vacation pour requérir
ce certificat.

ART. 165. L'opposition *ne pourra jamais être reçue*
contre un jugement qui aurait débouté d'une première
opposition.

Ne pourra jamais, etc.

M. F. : »S'il en était autrement, le débiteur de mauvaise foi
» se laisserait sans cesse condamner par défaut ; et, au moyen
» des oppositions successives qu'il formerait, il retarderait sa
» condamnation le plus qu'il lui serait possible, et se jouerait
» de la justice et de ses créanciers. «

Consultez un arrêt de la C. de Gênes, du 12 décbre. 1811, sur
la question, si le jugement par défaut, obtenu par le défendeur sur son opposition à un précédent jugement aussi par défaut, que le demandeur avait obtenu contre lui, doit être

P 2

considéré comme rendu sur qualités posées, et par conséquent réputé contradictoire et non attaquable par la voie d'opposition. [Den. 1812, 2e. ptie., p. 110.]

SOMMAIRES, Liv. 2, Tit. 9.

DES EXCEPTIONS.

DE LA JOUISSANCE ET DE LA PRIVATION DES DROITS CIVILS.

P 3

§. 5. DE LA COMMUNICATION DES PIÈCES.

M. F. : » Après avoir réglé ce qui concerne les instructions
» et le jugement, le Code avait à s'occuper des incidens
» connus sous le nom d'*exceptions*.

» Il ne peut être question ici des exceptions appellées pé-
» remptoires ; ces dernières appartiennent au C. Civ. : ce sont
» celles qui tendent à détruire ou éteindre l'action du deman-
» deur, comme la prescription, la compensation ou le paie-
» ment. «

Cette observation de M. F. ne peut évidemment s'appliquer
qu'aux moyens de défenses contre le fond de la demande,
qui tendent à faire proscrire l'action ; mais on connaît d'autres
exceptions péremptoires, dont l'objet est de faire proscrire
la demande, sans éteindre l'action.

Vide, sous l'art. 173, ce qui est dit des nullités absolues.

M. T. : » Les exceptions de caution à fournir de la part de
» l'étranger, ou de renvoi devant un juge compétent, doivent
» être présentées préalablement à toutes les autres. «

Vide art. 170, une exception à cette 1ere. règle, si le Tribunal est incompétent à raison de la *matière*.

Id. art. 181, une 2me. exception en faveur du garanti mal-
à-propos traduit hors de son Tribunal.

Le même : » Les exceptions tirées des nullités d'un exploit
» sont couvertes, si elles ne sont pas proposées avant toute
» autre défense.

» Les exceptions *dilatoires* doivent être annoncées cumula-
» tivement. «

Vide art. 186 (avant toutes défenses au fond.)

» Toutefois ceux à qui la loi accorde un délai pour délibé-
» rer sur la qualité qu'ils doivent prendre, comme l'héritier
» (par exemple) peuvent ne proposer leurs exceptions qu'a-
» près l'expiration de ce délai. «

Exceptions. On donne ce nom aux moyens, aux fins de non-
recevoir, et autres défenses qu'on oppose à une demande.

Les exceptions *péremptoires* sont celles qui tendent à éteindre
l'action.

Les *dilatoires* sont celles qui, sans exclure l'action, tendent
à en différer la poursuite.

Exceptions déclinatoires. Elles consistent dans la déclaration
que fait une partie de ne vouloir pas procéder devant le Tribunal où elle est traduite, sur le fondement qu'il n'est pas en
droit de connaître de l'affaire qui fait le sujet de la contestation élevée entre les parties litigantes.

§. Ier. DE LA CAUTION A FOURNIR PAR LES ÉTRANGERS.

ART. 166. *Tous étrangers, demandeurs principaux
ou intervenans, seront tenus* 1o., si le défendeur le requiert, *avant toute exception* 2o., de fournir caution,
de payer les frais et dommages-intérêts auxquels ils pourraient être condamnés.

1o. *Tous étrangers, etc.*

M. F. » remarque que ces deux articles contiennent la même
» disposition que le C. N., art. 16 ; et que le C. ajoute seule-
» ment : Que le jugement qui ordonnera la caution, fixera la
» somme jusqu'à concurrence de laquelle elle doit être four-
» nie ; à ce moyen, la caution sera proportionnée à la valeur
» de l'objet en litige.

» La nouvelle loi ajoute encore que si l'étranger consigne la
» somme, il sera dispensé de fournir caution, sans avoir besoin
» de justifier qu'il possède en France des immeubles d'une
» valeur équivalente ; en effet, la consignation rend inutile
» cette justification.

» Le C. N. explique aussi ce qu'on doit entendre par étran-
« ger. «

C. N. Art. 11. *L'étranger jouira, en France, des mêmes droits civils* (a) que ceux qui sont ou seront accordés aux Français par les traités de la Nation à laquelle cet étranger appartiendra.

(a) *L'étranger jouira, etc.* Sénatus-Consulte, du 19 f^{er}. 1808, décidant que les étrangers qui ont rendu de grands services, peuvent être citoyens français après un an de domicile. [R. Sir. t. 8., 2e. ptie., p. 101.]

Art. 12. L'étrangère qui aura épousé un Français, suivra la condition de son mari.

Art. 13. *L'étranger qui aura été admis par l'autorisation de l'Empereur* (a), à établir son domicile en France, y jouira de tous les droits civils, tant qu'il continuera d'y résider.

(a) *L'étranger qui aura été, etc.* Arrêt de la C. S. du 8 thdor. an 10, décidant que les étrangers peuvent, tout aussi-bien que les Français, avoir en France un domicile élu où ils doivent être assignés en matière personnelle et mobiliaire.

Consultez un arrêt de la C. de Paris, du 30 mai 1808, sur les questions, 1°. si l'étranger qui a une maison de commerce établie et patentée en France, peut, aussi-bien qu'un Français, assigner un autre étranger devant les Tribunaux français.

2°. Si l'étranger détenu en France, au su de son créancier, doit plutôt être assigné devant le Tribunal du lieu où l'obligation a été contractée, qu'au lieu de sa détention. [R. Sir. t. 8, 2e. ptie., p. 211.]

Art. 14. L'étranger même, non-résidant en France, *pourra être cité devant les Tribunaux français* (a) pour l'exécution des obligations par lui contractées en France avec un Français : il pourra être traduit devant les Tribunaux de France *pour les obligations par lui contractées en pays étranger* (b) envers des Français.

(a) *Pourra être cité devant les Tribunaux français.*

Par arrêt de la C. S., du 7 septbre. 1808, il a été jugé, 1°. que l'exception de litispendance en pays étranger n'est pas proposable contre un Français, par un étranger, devant les Tribunaux Français.

2°. Qu'un étranger peut, à l'occasion d'une obligation souscrite en pays étranger envers un Français, être cité devant les

Tribunaux français, alors même qu'il n'est pas trouvé en France. [R. Sir. t. 8 , 1ere. ptie. p. 453.]

(b) *Pour les obligations par lui contractées en pays étranger.*

Consultez un arrêt de la C. de Trèves, du 18 mai 1807, décidant que la règle établie par cet article s'applique au cas d'obligations contractées antérieurement au C. envers un créancier qui n'est devenu Français que depuis le contrat. [R. Sir. t. 7 , 2e. ptie., p. 280.]

Arrêt de la C. S. , du 22 jer. 1806, décidant que des étrangers non-domiciliés en France, qui y ont fait un contrat non-commercial, ne sont pas par cela seul justiciables, quant à l'exécution de ce contrat, des Tribunaux français, encore que les deux étrangers soient Citoyens ou sujets d'un Etat où les Français, qui n'y sont pas domiciliés, sont admis par les lois, pour raison des contrats qu'ils y ont passés à plaider l'un contre l'autre dans les Tribunaux du pays, sans pouvoir les décliner. [R. Sir. t. 6 , 1ere. ptie. p. 257.]

Arrêt de la même C. , du 7 septbre. 1808, décidant qu'un étranger peut, à l'occasion d'une obligation souscrite en pays étranger envers un Français, être cité devant les Tribunaux français, alors même qu'il n'est pas trouvé en France. [R. Sir. , t. 8 , 1ere. ptie., p. 453.]

ART. 15. Un Français pourra être traduit *devant un Tribunal de France* (a) , pour des obligations par lui contractées en pays étranger, même avec un étranger.

(a) *Devant un Tribunal de France.* Arrêt de la C. S. , du 11 décbre. 1809, décidant que l'édit de 1778, qui défend à tout Français de traduire un Français devant des juges étrangers, ne défend pas de réclamer des juges étrangers l'emploi de la force publique pour l'exécution d'un titre paré. [. R. Sir. t. 10, 1ere. ptie. p. 241.]

ART. 16. En toutes matières, autres que celles de commerce, *l'étranger qui sera demandeur sera tenu de donner caution* (a) pour le paiement des frais et dommages-intérêts résultant du procès, à moins qu'il ne possède en France des immeubles d'une valeur suffisante pour assurer ce paiement.

(a) *L'étranger qui sera demandeur,* etc. Arrêt de la C. S. , du 9 avril 1807, décidant que l'étranger n'est pas tenu de donner caution pour poursuivre contre un Français l'exécution d'un titre paré. [R. Sir. t. 7 , 1ere. ptie. p. 308.]

Arrêt de la C. S., du 9 avril 1807, qui décide que l'art. 16 du C. N., qui oblige les étrangers à fournir la caution *judicatum solvi*, n'est pas applicable à l'étranger qui poursuit contre un Français l'exécution d'un titre paré et exécutoire. [R. Sir. t. 7, 1ere. ptie. , p. 308.]

Arrêt de la C. S., du 12 nivose an 12, décidant que l'étranger qui est condamné à donner caution de payer le jugé, peut fournir cette caution, soit par fidéjesseurs, soit par la consignation d'une somme d'argent. [*Id.* t. 4, 2e. ptie. p. 49.]

Jugé par la C. de Colmar, le 28 mars 1810, que des Suisses poursuivans des actions devant les tribunaux de France, ne sont point tenus de fournir la caution *judicatum solvi*. (Art. 14, Traité du 4 vendre. an 12). [*Id.* t. 10, 2e. ptie. , p. 288.]

Loi du 10 7bre. 1807, *relative à la contrainte par corps contre les étrangers non-domiciliés en France.*

Art. 1er. Tout jugement de condamnation qui interviendra contre un étranger non-domicilié en France, emportera la contrainte par corps.

Art. 2. Avant le jugement de condamnation, mais après l'échéance ou l'exigibilité de la dette, le président du Tribunal de première instance dans l'arrondissement duquel se trouvera l'étranger non-domicilié, pourra, s'il y a de suffisans motifs, ordonner son arrestation provisoire sur la requête du créancier français.

Art. 3. L'arrestation provisoire n'aura pas lieu, ou cessera, si l'étranger justifie qu'il possède sur le territoire français un établissement de commerce, ou des immeubles ; le tout d'une valeur suffisante pour assurer le paiement de la dette ; ou s'il fournit pour caution une personne domiciliée en France, et connue. [Den. 1807, 2e. ptie. p. 170.]

Arrêt de la C. S., du 22 mars 1809, décidant que cette loi a son effet relativement aux créances antérieures. [R. Sir., t. 9, 1ere. ptie., p. 202.]

L'art. 71 fixe le droit pour la grosse de la requête, tendant à ce que l'étranger demandeur soit tenu de fournir caution.

2°. *Avant toute exception* ; sauf celle du renvoi qui, aux termes de l'art. 169, doit être proposé avant toute autre.

Art. 167. *Le jugement* qui ordonnera la caution,

fixera la somme, jusqu'à concurrence de laquelle elle sera fournie ; le demandeur qui consignera somme, ou qui justifiera que ses immeubles, situés en France, sont suffisans pour en répondre, sera dispensé de fournir caution.

Le jugement. Vide l'art, 2123 du C. N., qui confère l'hypothèque judiciaire à tout jugement.

Vide art. 517 du C. P. C. Il prescrit, en outre, de fixer le délai pour la présenter.

§. II. DES RENVOIS.

ART. 168. *La partie qui aura été appellée devant un Tribunal*, autre que celui qui doit connaître de la contestation, pourra demander son renvoi devant les juges compétens.

La partie, etc.

M. F. : » Celui qui est assigné devant un Tribunal, autre » que celui de son domicile, ou de la situation de lieux, » peut demander son renvoi devant le Tribunal compétent, » ce n'est point une obligation que la loi lui impose, ce n'est » qu'une faculté dont il peut ne pas faire usage ; s'il veut en » user, il doit le faire avant toutes exceptions et défenses. «

Vide art. suivant.

Vide, art. 170, si le juge est incompétent à raison de la matière, il doit renvoyer d'office.

Vide, art. 83, not. 9, la nécessité de communiquer ces causes au procureur-impérial.

L'art. 75 du T. accorde un droit fixe de chaque rôle de la requête pour proposer un déclinatoire ; elle ne peut excéder six rôles : il fixe les mêmes bases pour la réponse.

ART. 169. *Elle sera tenue de former cette demande préalablement* à toutes autres exceptions et défenses.

Elle sera tenue, etc. Arrêt de la C. S., du 4 Fer. 1806, décidant que l'incompétence *ratione personœ*, ne peut être proposée pour la 1ere. fois en C. d'Appel. [R. Sir., t. 6, 2e. pme. p. 956.]

Consultez un arrêt de la C. de Florence, du 9 mai 1810, sur la question, si, lorsqu'une demande en partage a été portée devant un Tribunal, autre que celui de l'ouverture de la succession, l'incompétence n'est pas absolue; et en raison de la matière, le renvoi doit être demandé, sous peine de déchéance, avant toute exception ou défense au fond. [R. Sir., t. 12, 2e. ptie., p. 415.]

Arrêt de la C. S , du 5 fre. an 14, décidant que les étrangers qui ont défendu au fond devant les Tribunaux français, et qui ont même exécuté des jugemens contradictoires rendus sur leur défense, ne sont plus admis en cause d'appel à proposer leur déclinatoire. [R. Sir., t. 6, 1ere. ptie., p. 783.]

ART. 170. Si néanmoins le Tribunal était *incompétent*, à *raison de la matière* 1°., le renvoi pourra être demandé *en tout état de cause* 2°. ; et si le renvoi n'était pas demandé, *le Tribunal sera tenu de renvoyer d'office* 3°. devant qui de droit.

1°. *Incompétent, à raison de la matière.*

M. F. donne pour exemple d'application de cet art.: » Si l'on portait au Tribunal de Commerce une demande en partage de succession, les juges sont tenus de se dessaisir; car la matière n'est point du nombre de celles qu'un Tribunal de Commerce peut juger. «

Vide art. 454, par quel moyen on peut faire réformer un jugement pour incompétence.

Arrêt de la C. S., du 26 novbre. 1810, fixant l'incompétence des Tribunaux civils, en matière d'octroi, comme absolue. [R. Sir. t. 11, 1ere. ptie., p. 85.]

2°. *En tout état de cause.* Arrêt de la C. S., du 23 jllet. 1807, décidant que lorsqu'un Tribunal est incompétent, *ratione materiæ*, son jugement peut être attaqué pour cause d'incompétence, même par la partie, sur les poursuites de laquelle il a été rendu. [R. Sir. t. 7, 2e. ptie. p. 257.]

3°. *Le Tribunal sera tenu, etc.* Arrêté du 13 bre. an 11, portant, que lorsque les Tribunaux reconnaissent leur incompétence sur le fond d'une affaire qui leur est soumise, ils ne peuvent prononcer sur les frais auxquels cette même affaire a donné lieu. [R. Sir. t. 3, 2e. ptie., p. 38.]

Jugé par la Cour de Bruxelles, le 28 mai 1828, que les prêts sur gage ne sont pas des matières commerciales de la compétence des Tribunaux de commerce, et que la juridiction de ces Tribunaux n'est pas dans ce cas susceptible de prorogation. [R. Sir. t. 9, 2e. ptie., p. 23.]

Vide art. 181, quand la demande en garantie doit subir deux dégrés de juridiction.

ART. 171. S'il a été formé précédemment, en un autre Tribunal, une demande pour le même objet, *ou si la contestation est connexe* à une cause déjà pendante à un autre Tribunal, le renvoi pourra être demandé et ordonné.

Si la contestation est connexe. Arrêt de la C. S., du 8 avril 1807, décidant qu'une demande purement personnelle, peut être formée devant un Tribunal autre que celui du domicile du défendeur, lorsqu'elle est connexe à une autre demande déja formée au premier Tribunal. [R. Sir. ; t. 7, 2e. ptie. p. 312.]

Arrêt de la même C., du 23 décbre. 1807, décidant que lorsque l'exception de litispendance est admise, son effet est de faire renvoyer la cause devant le Tribunal qui a été saisi le premier ; quoique d'ailleurs, celui devant lequel une des parties la portée , soit compétent pour en connaître. [R. Sir. t. 9, 1ere. ptie., p. 67.]

Arrêt de la même C., du 27 août 1807, décidant qu'un Tribunal ne peut être dépouillé de la connaissance d'une contestation dont il a été légalement saisi, dans le cas où à raison d'événemens ultérieurs, un autre Tribunal pourrait seul connaître de cette contestation.

Arrêt de la même C., du 6 avril 1808, décidant, que s'il y a connexité entre des demandes formées devant deux Tribunaux, la connaissance en appartient au Tribunal saisi le premier. [R. Sir. , t. 8, 1ere. ptie. ; p. 241. Den. 1808, 2e. ptie. p. 63.]

Arrêt de la même C., du 20 mars 1810, décidant que le renvoi, pour connexité, ne peut être demandé, encore que l'issue des deux contestations dépendent d'un même point de fait ou de droit, si la demande en renvoi a pour objet de faire juger la validité de l'emprisonnement par des juges autres que les juges du lieu où l'emprisonnement a été fait. [R. Sir. , t. 10, 1ere. ptie. ; p. 191.]

Arrêt de la même C., du 7 juin 1810, décidant que c'est au Tribunal saisi de la 2e. assignation, et non au Tribunal saisi de la 1ere. , que doit être proposée l'exception prise de la connexité. [R. Sir. t. 10, 2e. ptie. p. 270.]

Arrêt de la même C., du 3 jllet. 1810, décidant que lorsque deux Tribunaux

Tribunaux sont appellés à décider, l'un s'il y a lieu à diminution de loyer ; l'autre, si le bail doit être annullé, il n'y a lieu à réglement de juges. [Den. 1810, 1ere. ptie. p. 455.]

Vide, art. 363, le complément de la jurisprudence sur les demandes en renvoi pour connexité.

ART. 172. Toute demande en renvoi sera *jugée sommairement* 1°., sans qu'elle puisse être *réservée, ni jointe au principal* 2°.

1°. *Jugée sommairement.* Consultez un arrêt de la C. de Paris, du 25 mai 1808, sur la question, si les dépens obtenus, sur demande en renvoi, (incidemment formée dans une matière ordinaire) doivent être taxés comme dépens de matière sommaire. [R. Sir. t. 8, 2e. ptie. , p. 262.]

2°. *Réservée, ni jointe au principal.* Par arrêt de la C. S., du 20 avril 1808, il a été jugé que des juges d'appel, saisis de l'appel d'un jugement de renvoi, peuvent accorder une provision avant de statuer sur l'appel de renvoi, lorsqu'il y a urgence pour la provision. [R. S., t. 8, 1ere. ptie. , p. 321.]

Arrêt de la C. S., du 5 juillet 1809, statuant que sous l'empire du C. de P. G., lorsqu'une partie propose un déclinatoire, il n'est pas nécessaire, à peine de nullité, que les Tribunaux y statuent par un jugement distinct et séparé de celui sur le fond. [R. Sir. t. 9, 1ere. ptie. p. 409.]

§. III. DES NULLITÉS.

ART. 173. *Toute nullité* 1°. d'exploit, ou d'acte de procédure, est couverte, si elle n'est *proposée avant toute défense* 2°., ou exception, *autre que les exceptions d'incompétence* 3°.

1°. *Toute nullité.*

M. F. : « Il ne sera point à craindre que la nullité d'un exploit entraîne celle de toute la procédure. »

Vide, aux art. 61, 68 et 69, quelles sortes de nullités on peut oter contre les exploits.

On distingue les nullités en absolues et relatives : *absolues*, c. à d. qu'elles sont fondées sur l'intérêt public ; *relatives*, parce qu'elles ne sont établies que relativement à l'intérêt de l'assigné. C'est à ces dernières nullités qu'il est possible de renoncer par la défense au fond.

Q

L'art. 75 du T. accorde le droit à raison du nombre de rôles.

Pour la requête contenant les moyens de nullité, le même article veut qu'elle n'excède pas six rôles.

Nullités absolues. Vide, art. 1032, les formalités prescrites aux communes et établissemens publics pour intenter une action.

Arrêté du 5 fructidor an 9, décidant que la nullité résultante de l'incompétence du pouvoir judiciaire, ne peut aucunément se couvrir. [R. Sir., t. 1er., 2e. ptie., p. 591.]

Vide art. 48, la prohibition de recevoir l'action principale qui n'a pas été précédée de la tentative de conciliation.

Id. quels sont les incapables d'ester en jugement et de transiger.

Arrêt de la C. S. du 29 mars 1808, décidant que la nullité résultante du défaut d'autorisation d'une femme mariée, est absolue, et qu'elle peut être invoquée pour la première fois en cassation. [R. Sir. t. 7., 2e. ptie., p. 213.]

Arrêt de la C. S., du 4 avril 1810, décidant que l'exception prise du défaut d'intérêt peut être proposée en tout état de cause. [R. Sir. t. 10, 1ere. ptie., p. 218. [Den. 1810, 1ere. ptie. p. 144.]

Arrêt de la même C., du 5 juin 1810, décidant que celui qui est poursuivi pour le paiement d'une dette, peut après avoir défendu au fond, et reconnu même par des offres une partie de cette dette, opposer la prescription. C. N. 2224. [Den. 1810, 1ere. ptie., p. 162.]

2º. *Proposée avant toute défense.*

Arrêt de la C. S., du 30 jer. 1810, décidant que les nullités d'exploit sont couvertes par une simple demande en communication. [R. Sir., t. 10, 1ere. ptie., p. 130. Den. 1810, 1ere. ptie., p. 64.]

Arrêt de la même C., du 17 mars 1810, décidant que lorsqu'une exception péremptoire en la forme est soumise aux juges, elle doit être l'objet d'une question préjudicielle et absolument indépendante du fond de l'affaire ; qu'elle ne peut donc être écartée par des motifs pris de ce que l'auteur de l'exception n'a pas droit au fond. [R. Sir. t. 10, 1ere. ptie., p. 222.]

Arrêt de la même C., du 30 mai 1810, décidant que la partie qui, dans des conclusions écrites et signifiées, a proposé une exception péremptoire, ne peut être réputée y avoir renoncé, par cela seul que lors des plaidoiries elle ne l'aurait pas expressément reproduite. [Den. 1810, 1ere. ptie., p. 264.]

Arrêt de la même C., du 28 octbre. 1811, décidant que la

(243)

constitution d'avoué ne couvre point la nullité d'un exploit ou
acte de procédure. [R. Sir. t. 12 , 1ere. ptie. p. 16.]

Arrêt de la même C., du 6 novbre. 1811 , décidant que les Tribunaux ne peuvent déclarer couverte, sous prétexte qu'elle
n'a point été proposée formellement par un acte d'avoué à
avoué, une nullité proposée avant toute défense ou exception.
[R. Sir. , t. 12, 1ere. ptie. , p. 226.]

Vide , art. 186 , la jurisprudence relative aux exceptions dilatoires.

Art. 470 , le complément de la jurisprudence , relatif aux exceptions qui doivent être proposées avant toute défense au
fond.

3º. *Autre que les exceptions d'incompétence.*

Arrêt de la C. S. , du 7 pal. an 13 , décidant que lorsqu'une
partie assignée devant un Tribunal de 1ere. instance constitue
avoué à demander la mise en cause d'un tiers, elle n'est plus
fondée à proposer ultérieurement l'incompétence à raison de
la personne.

§. IV. DES EXCEPTIONS DILATOIRES.

Vide leur définition, au titre

Art. 186 et 187 , quand elles doivent être proposées.

ART. 174. *L'héritier* 1º. *, la venve* 2º. *, la femme
divorcée* 3º. *ou séparée de biens* 4º. , assignée comme
commune, auront trois mois du jour de l'ouverture de
la succession ou dissolution de la communauté , et quarante jours pour délibérer ; si l'inventaire a été fait avant
les trois mois , le délai de quarante jours commencera
du jour qu'il aura été parachevé.

S'ils justifient que l'inventaire n'a pu être fait dans les
trois mois , il leur sera accordé un délai convenable pour le
faire , et quarante jours pour délibérer ; ce qui sera réglé
sommairement. L'héritier conserve néanmoins , après l'expiration des délais ci-dessus accordés, la faculté de faire
encore inventaire , et de se porter héritier bénéficiaire ,
s'il n'a pas fait d'ailleurs acte d'héritier , ou s'il n'existe
pas contre lui de jugement passé en force de chose jugée , qui le condamne en qualité d'héritier pur et simple.

1º. *L'héritier. Vide* au titre *de la Renonciation à communauté*

Q 2

ou à succession, à quels signes on reconnaît qu'il y a acceptation expresse ou tacite d'hérédité. (C. N. , art. 778.)

Id. quels sont les actes que la loi permet sans attribution de qualité. (Art. 779.)

Id. au titre *du Bénéfice d'inventaire*, l'établissement des mêmes délais que ceux art. 795.

Id. prohibition de contraindre l'héritier à prendre qualité pendant ces délais. (Art. 797.)

Id. quand il peut demander prorogation de ce délai. (Art. 798.)

Id. quand les frais de poursuite sont à la charge de l'héritier ou de la succession. (Art. 799.)

Id. la faculté à l'héritier de se porter héritier par bénéfice d'inventaire, tant qu'il n'a pas fait acte d'héritier, ou été condamné définitivement en cette qualité.

2°. *La veuve assignée comme commune. Vide* au titre de la *Renonciation à communauté*, quel délai lui est accordé pour faire inventaire. (C. N. , art. 1456.)

Id. quel autre pour délibérer. (Art. 1457.)

Id. quel délai à l'héritier de la veuve décédée pendant les délais. (Art. 1461.)

Ces règles sont applicables à la femme du condamné mort civilement. (Art. 1462.)

3°. *La femme divorcée, assignée comme commune. Vide* au titre de la *Séparation de corps et du divorce*, les effets de la séparation de corps, quant aux biens. (C. N. , art. 311.)

Id. au titre *de la Renonciation à communauté*, quel délai est accordé à la femme divorcée, ou séparée de corps, pour renoncer à la communauté. (Art. 1463.)

4°. *Ou séparée de biens, etc. Id.* au titre de la *Séparation de biens.*

Quand et pour quelles causes la femme peut la demander. (Art. 1443.)

Et au titre *de la Renonciation à communauté*, la faculté à la femme de l'accepter ou d'y renoncer après la dissolution. (Art. 1453.)

Enfin, l'art. 1441 range la séparation de biens au nombre des causes de la dissolution de la communauté. (T. art. 75.)

ART. 175. Celui qui prétendra avoir droit *d'appeller*

en *garantie* 1°. , sera tenu de le faire *dans la huitaine du jour de la demande originaire* 2°. , outre un jour pour trois myriamètres, s'il y a plusieurs garans intéressés en la même garantie , il n'y aura qu'un seul délai pour tous , qui sera réglé *selon la distance du lieu* 3°. de la demeure du garant le plus éloigné.

2°. *Garantie.*

Vide, art. 32, note 1ere., la définition du garant ; art. 59, note 11, les définitions des garanties de fait et de droit.

Il y a deux sortes de *garantie* : la *garantie simple* et la *garantie formelle*.

La *garantie simple* est celle qui a lieu contre ceux qui sont tenus d'acquitter un autre de quelque dette ou action personnelle.

La *garantie formelle* est celle qui a lieu en faveur d'un acquéreur, pour obliger celui qui a aliéné , ou à le faire maintenir dans la propriété et possession de la chose qu'il lui a transportée, ou à l'indemniser de l'*éviction* de cette chose.

Quels sont les garans suivant le Code Civil ?

Vide, au titre des *Partages et Licitations*, le rapprochement de l'art. 882 du C. N. , qui détermine le Tribunal devant lequel se portent les demandes relatives à la garantie des lots entre co-partageans.

Ibid. celui de l'art. 884, qui fixe de quels troubles et évictions les co-partageans demeurent garans respectivement.

Suivant l'art. 1440, toute personne qui a constitué la dot en doit la garantie.

L'art. 1625 détermine comme objets de la garantie du vendeur envers l'acquéreur, la possession paisible de la chose vendue, et les défauts cachés de cette chose, ou les vices rédhibitoires.

L'art. 1626 assujettit le vendeur à la garantie de droit de l'éviction que l'acquéreur éprouve de la totalité ou partie de l'objet vendu, ou des charges non-déclarées lors de la vente.

Les articles suivans, jusque et compris l'art. 1640, déterminent les effets de la garantie d'éviction stipulée ou non-stipulée.

Arrêt de la C. S., du 7 faire. an 12 , décidant que lorsque la garantie de l'éviction a été stipulée indéfiniment , le vendeur est tenu de toutes les obligations qui en résultent, encore que l'acquéreur connût, lors de la vente, la cause de l'éviction. [R. Sir. t. 4, 1ere. ptie. , p. 286.]

Autre arrêt semblable, sur la même question, du 19 pal. an 12. [R. Sir. , t. 4, 1ere. ptie. , p. 376.]

Consultez un arrêt de la C. de Paris, du 12 mars 1808 , sur la question , si l'obligation de purger, imposée à l'acquéreur par son contrat de vente , l'empêche de recourir en garantie contre le vendeur, s'il vient à être ultérieurement évincé par des créanciers hypothécaires. [R. Sir. t. 7, 2e. ptie. , p. 989.]

Arrêt de la C. S. , du 11 mai 1808, décidant que la sur-enchère donne ouverture à la garantie de droit. [R. Sir. , t. 8, 1ere. ptie., p. 358.]

L'art. 1641 déclare le vendeur tenu de la garantie à raison des défauts cachés de la chose vendue, qui la rendent impropre à l'usage auquel on la destine, ou qui diminuent tellement cet usage, que l'acheteur ne l'aurait pas acquise, ou n'en au-fait donné qu'un moindre prix s'il les avait connus.

Arrêt de la C. S. , du 28 mars 1808, décidant que le vendeur ne peut être assigné en garantie et diminution du prix de vente pour raison d'une servitude , lorsque cette servitude étant dénoncée par voie d'opposition, l'acquéreur a négligé de se pourvoir en main-levée d'opposition. [R. Sir. t. 8, 1ere. ptie. , p. 339.]

Les artes. suivans, jusques et compris l'art. 1649, fixent les effets de cette garantie.

L'art. 1595 détermine quand le cédant d'une créance est garant de la solvabilité du débiteur.

L'art. 1696 fixe la garantie relative à la vente d'une hérédité.

L'art. 1721 impose au bailleur, envers le preneur, la garantie pour tous les vices ou défauts de la chose louée qui en empêchent l'usage.

Les art. 1783 et 1784 rendent les voituriers par terre et par eau garans des effets qui leur sont confiés, pour être placés dans leurs bâtimens ou voitures.

L'art. 1792 déclare les architectes et entrepreneurs garans pendant dix ans , si l'édifice construit à prix fait, périt en tout ou partie par le vice de la construction, même par le vice du sol.

Vide, art. 128, note 1ere., les autres circonstances où il y a lieu à garantie.

2°. *Dans la huitaine , etc.*

Vide, art. 49 , §. 3, la dispense formelle de citation en conciliation.

(247)

Art. 177, une exception à ce délai pour celui à qui la loi accorde un délai pour délibérer.

Art. 179, ce que le défendeur, demandeur en garantie, doit faire pour empêcher le jugement avant l'échéance de son action récursoire.

Consultez un arrêt de la C. de Bruxelles, du 31 mai 1809, sur les questions, 1°. si ce délai de huitaine court lorsque la demande originaire ne contient pas le détail des faits donnant lieu à la demande en garantie; 2°. si le garant qui n'a pu être mis en cause en 1ère. instance, peut y être mis pour la première fois en C. d'Appel [R. Sir. , t. 10, 4e. ptie. , p. 53.]

Un autre de la même C., du 10 jllet. 1809, sur celle, si le garant qui n'a pas été appelé en cause, dans le délai de huitaine de la demande originaire, peut en exciper pour demander son renvoi, et si c'est dans son intérêt que le délai est fixé. Id. ibid.

3°. *Délai selon la distance.*

Vide, art. 72, le délai ordinaire; art. 73 et 74, les délais extraordinaires; et art. 1033, la manière de les compter.

Art. 176. Si le garant prétend avoir droit d'en appeler un autre en sous-garantie, il sera tenu de le faire dans *le délai ci-dessus*, à compter du jour de la demande formée contre lui; ce qui sera successivement observé à l'égard du sous-garant ultérieur.

Le délai ci-dessus. Vide les notes 2 et 3, art. 175.

Art. 177. Si néanmoins le défendeur originaire est assigné dans *les délais pour faire inventaire* et délibérer, le délai pour appeler garant ne commencera que du jour où ceux pour faire inventaire et délibérer seront expirés.

Les délais pour faire inventaire. Vide art. 174, ils sont indiqués pour chaque défendeur qui a le droit de les réclamer.

Il est sensible que le sous-garant a le droit d'en jouir comme le garant principal, parce que la loi ne subvient qu'à cause de la substitution présumée à la personne de l'obligé, et que cette substitution cesse, si, après le délai, le sous-garant a recours à la renonciation.

Art. 178. *Il n'y aura pas d'autre délai pour appeler garant* 1°., en quelque matière que ce soit, sous prétexte de minorité, ou autre cause privilégiée, *sauf à poursuivre les garans 2°.*, mais sans que le jugement de la demande principale en soit retardé.

1°. Il n'y aura pas, etc.

M.F. : » Le nouveau Code règle les délais sur la demande » en garantie; on s'est peu écarté des dispositions de l'ordon- » nance de 1667, dont une longue expérience a justifié la » sagesse.

» Les changemens qu'on a faits sont des ameliorations aussi » indiquées par l'expérience ; l'ordonnance de 1667, après avoir » fixé les délais pour appeler garant, dit qu'il n'y aura point » d'autres délais en quelque matière que ce soit, sous prétexte » de minorité ou autre cause privilégiée, *sauf, après le juge-* » *ment de la demande principale, à poursuivre le garant.*

2°. Sauf à poursuivre, etc.

» La nouvelle disposition n'oblige pas d'attendre que la de- » mande principale soit jugée ; elle porte : Sauf à poursuivre le » garant, *mais sans que le jugement de la demande principale soit* » *retardé.* En effet, pourvu qu'on n'apporte aucun retard à la » décision de la cause qui est en état d'être jugée, chacun » doit avoir le droit de poursuivre le garant quand il le veut ; » souvent une poursuite trop tardive deviendrait inutile. «

Aʀᴛ. 179. Si les délais des assignations en garantie sont échus en même-tems que celui de la demande originaire, il ne sera pris aucun défaut contre le défendeur originaire, lorsqu'avant l'expiration du délai il aura déclaré par acte d'avoué à avoué, qu'il a formé sa demande en garantie, sauf si le défendeur, après l'échéance du délai pour appeler le garant, ne justifie pas de la demande en garantie à faire droit sur la demande originaire, même à le condamner à des dommages et intérêts, si la demande en garantie par lui alléguée se trouve n'avoir pas été formée.

Aʀᴛ. 180. *Si le demandeur originaire soutient qu'il n'y a lieu au délai pour appeler garant, l'incident sera jugé sommairement.*

» *Si le demandeur, etc.*

» *Vide, art. 175, dans quel délai le garant doit être appellé.*

C. N., art. 1627 et art. 1640, quand le vendeur ne reste soumis à aucune garantie.

Art. 186, l'obligation de proposer les exceptions dilatoires avant toutes défenses au fond.

L'art. 75 du T. fixe à six le nombre de rôles de cette requête.

Art. 181. Ceux qui seront assignés en garantie, seront tenus de procéder *devant le Tribunal où la demande originaire sera pendante* 1°., encore qu'ils *dénient être garans* 2°. ; mais s'il paraît par écrit, ou par l'évidence du fait, que la demande originaire n'a été formée que pour les traduire hors de leur Tribunal, ils y seront renvoyés.

1°. *Devant le Tribunal, etc.* ; à cause de la connexité, et pour éviter la contrariété des jugemens qui pourraient intervenir devant deux Tribunaux différens.

Arrêt de la C. S., du 4 octbre. 1808, décidant que le garant peut décliner le Tribunal dont le garanti a négligé de décliner la jurisdiction. [R. Sir., t. 9, 1ere. ptie., p. 28.]

Arrêt de la C. S., du 20 mars 1811, décidant qu'une demande en garantie ne peut être portée *de plano* devant des juges d'appel, alors qu'ils ont statué définitivement sur la demande originaire, il y a lieu aux deux dégrés de jurisdiction. [R. Sir. t. 11, 1ere. ptie., p. 199. Den. 1811, 1ere. ptie., p. 203.]

2°. *Dénient, etc.* V^bi. G^a., si on n'est ni vendeur, ni acheteur ; si on est donateur gratuit.

Légataire d'une chose déterminée, revendiquée par le propriétaire.

C. N., art. 1021. Lorsque le testateur aura légué la chose d'autrui, le legs sera nul, soit que le testateur ait connu ou non qu'elle ne lui appartenait pas.

Vide, art. 175, quand le vendeur n'est soumis à aucune garantie. C. N., art. 1627.

Art. 182. *En garantie formelle* 1°. pour les matières réelles ou hypothécaires, le garant *pourra toujours prendre le fait et cause du garanti* 2°., qui sera mis hors de cause, s'il le requiert avant le premier jugement.

Cependant le garanti , quoique mis, hors de cause , *pourra y assister* 3°. pour la conservation de ses droits, et *le demandeur originaire pourra* 4°. demander qu'il y reste pour la conservation des siens.

1°. *Garantie formelle. Vide* sa définition , art. 175 , not. 1ere.

M. F. : » On lit dans le Code, comme dans l'ordonnance » de 1667, que lorsqu'il s'agira d'une garantie formelle, le » garant pourra toujours prendre le fait et cause du garanti; » mais que le garanti ne sera mis hors de cause que s'il le » demande. L'ordonnance de 1667 voulait qu'il le demandât » avant la contestation : suivant le Code , il doit le faire avant » le premier jugement; ce qui est beaucoup plus clair.

» Long-tems on agita la question de savoir quel était l'acte » d'après lequel la contestation en cause avait commencé » d'exister, diverses jurisprudences étaient établies à cet » égard; la nouvelle rédaction maintiendra l'uniformité dans » tous les Tribunaux ; dès qu'un premier jugément aura été » rendu sans que le garanti ait demandé sa mise hors de cause, » il ne pourra plus l'obtenir.

» Au surplus, le Code indique, comme le fait l'ordonnance » de 1667, en quoi diffère la garantie formelle de la garantie » simple. «

2°. *Pourra toujours prendre le fait et cause , etc.*

Vide , art. 183, la prohibition de le prendre en garantie simple ; mais lorsqu'il le peut en *matière réelle*, c'est lorsqu'il a un moyen de prescription à opposer à l'action principale; *en matière hypothécaire*, s'il s'agit de procurer la radiation d'inscriptions pour créances compensées ou éteintes par le paiement.

3°. *Pourra y assister* ; soit pour suppléer à la négligence du garant dans la proposition de ses moyens, soit pour faire fixer ses répétitions contre le garant, si le demandeur origi- naire réussit.

4°. *Le demandeur originaire pourra ,* etc. 1°. s'il a intérêt d'ob- ténir la restitution des fruits contre le garanti quand il y est tenu.

Vide au titre des *Actions possessoires*, quand le possesseur est tenu de rendre la chose avec les fruits au propriétaire qui la revendique. C. N. , art. 549.

Et, art. 129, à quelles conditions et charges le propriétaire peut revendiquer les fruits.

2°. S'il a droit de réclamer la valeur de dégradation dont le possesseur a profité.

3°. Enfin, pour se régler avec lui sur les plantations et augmentations qu'il a pu faire.

Vide art. 128, les règles établies par les art. 555 et 577 du C. N.

ART. 183. *En garantie simple.* Le garant pourra seulement intervenir sans prendre le fait et cause du garanti.

En garantie simple. Vide sa définition, art. 175, note 1ere.

L'art. 2011, C. N., porte : Celui qui se rend caution d'une obligation, se soumet envers le créancier à satisfaire à cette obligation, si le débiteur n'y satisfait pas lui-même.

Vide art. 2012, quelles obligations peuvent être cautionnées.

Art. 2013, si le cautionnement peut excéder la dette ou être contracté avec des conditions plus onéreuses.

Art. 2014, si on peut cautionner le débiteur à son insu.

Art. 2015, si on peut présumer et étendre le cautionnement.

Art. 2016, le cautionnement indéfini d'une obligation principale s'étend à tous les accessoires de la dette, même aux frais de la première demande, et à tous ceux postérieurs à la dénonciation qui en est faite à la caution.

Art. 2017, les effets du cautionnement par rapport à l'héritier.

Art. 2018, le débiteur obligé à donner une caution doit en présenter une qui ait la capacité de contracter, qui ait un bien suffisant pour répondre de l'objet de l'obligation, et dont le domicile soit dans le ressort de la C. d'Appel où elle doit être donnée.

Art. 2019, quels sont les signes caractéristiques de la solvabilité d'une caution.

L'art. 2020 règle ce qui doit avoir lieu, si la caution reçue devient insolvable.

Vide, sous l'art. 186, les effets du cautionnement et le droit de discussion que la caution peut demander.

ART. 184. Si les demandes originaires et en garantie sont en état d'être jugées en même-tems, il y sera fait

(252)

droit conjointement ; sinon , le demandeur originaire
pourra faire juger sa demande séparément. Le même jugement prononcera sur la disjonction , si les deux instances ont été jointes , sauf après le jugement du principal à faire droit sur la garantie , s'il y échet.

Pourra faire juger , etc. Vide, en l'art. 1629 du C. , le vendeur peut être dispensé de rendre le prix quand l'acheteur,
connaissant lors de la vente le danger de l'éviction, a acheté
à ses périls et risques. Si, dans ce cas, le vendeur conteste
l'action en garantie, le demandeur originaire ne sera pas
obligé d'attendre l'évènement de cette discussion, qui lui est
étrangère.

Arrêt de la C. S. du 2 juin 1810, décidant que le porteur d'un
effet peut requérir la condamnation du tireur avant que la
procédure soit instruite contre l'endosseur. [R. Sir., t. 10,
1ere. ptie., p. 380.]

ART. 185. Les jugemens rendus contre les garans
formels seront exécutoires *contre les garantis* 1°.

Il suffira de signifier le jugement aux garantis, soit
qu'ils aient été mis hors de cause, ou qu'ils y aient assisté,
sans qu'il soit besoin d'autre demande , ni procédure,
à l'égard des dépens, dommages et intérêts; la liquidation et l'exécution ne pourront en être faites que contre
les garans.

Néanmoins, en cas d'insolvabilité du garant, le garanti sera passible des dépens, *à moins qu'il n'ait été
mis hors de cause* 2°.; il le sera aussi des dommages
et intérêts, si le Tribunal juge qu'il y a lieu.

1°. *Contre les garantis. Vide* les notes, art. 182.

M. F. : » Le garanti étant en possession de l'objet réclamé,
» c'est à lui de le rendre au réclamant, si la restitution en est
» ordonnée. «

2°. *A moins qu'il n'ait été , etc.*

» Le garanti qui n'a pas été mis hors de cause, est passible des
» dépens lorsque le garant est insolvable ; il peut même l'être
» des dommages et intérêts ; cela dépend des circonstances

« que la loi ne peut déterminer, et qu'elle l aisse à la prudence
« du juge. «

ART. 186. *Les exceptions dilatoires* 1°. seront proposées conjointement et avant toutes *défenses au fond* 2°.

1°. *Exceptions, etc. Voyez* leur définition , au titre.

2°. *Défenses au fond.* Le fond dans une contestation est le
mérite de l'action en elle-même , abstraction faite de toutes
exceptions.

Les moyens du fond se tirent du *droit civil* où du *droit naturel.*

Arrêt de la C. S., du 22 bmaire. an 12 , statuant que l'intimé ne
peut, après ses défenses au fond, demander la nullité de l'appel,
comme ayant été interjetté en contravention de la règle : *Nul
ne plaide par procureur.* [R. Sir. t. 4, 2e. ptie. , p. 282.]

Consultez un arrêt de la C. de Paris , du 21 avril 1806 , sur la
question , si l'exception de discussion est purement dilatoire ,
et doit être proposée dès l'entrée de la cause. [R. Sir. , t. 7,
2e. ptie. , p. 219.]

Vide l'art. 2021 du C. N. ; il n'accorde à la caution le droit de
demander la discussion préalable du débiteur , que lorsqu'elle
n'a pas renoncé au bénéfice de discussion, et lorsqu'elle ne s'est
pas obligée solidairement avec le débiteur.

L'art. 2022 n'assujettit le créancier à discuter le débiteur
principal , que lorsque la caution le requiert sur les premières
poursuites.

L'art. 2023 prescrit à la caution qui requiert la discussion ,
d'indiquer au créancier les biens du débiteur principal , et d'a-
vancer les deniers suffisans pour faire la discussion.

Les biens indiqués ne doivent être ni situés hors de l'arrondissement de la C. d'Appel du lieu où le paiement doit être
fait , ni être litigieux ; et , s'ils sont hypothéqués à la dette ,
ils doivent être encore en la possession du débiteur.

L'art. 2024 rend le créancier garant de l'insolvabilité du débiteur, survenue par le défaut de poursuites , lorsque la caution a satisfait aux obligations prescrites par l'article précédent.

L'art. 2025 détermine l'effet du cautionnement par plusieurs.

L'art. 2026 porte : Néanmoins, chacune d'elles (*des personnes
qui ont cautionné*) peut , à moins qu'elle n'ait renoncé au bénéfice de division , exiger que le créancier divise préalablement

son action, et la réduise à la part et portion de chaque caution.

Lorsque dans le tems où une des cautions a fait prononcer la division, il y en avait d'insolvables, cette caution est tenue proportionnellement de ces insolvabilités ; mais elle ne peut plus être recherchée à raison des insolvabilités survenues depuis la division.

L'art. 2027 règle comme effet de la division volontaire par le créancier, de ne pouvoir revenir contre cette division, même pour insolvabilité des cautions antérieures à la division.

Vide, au titre *des Réceptions de caution*, le complément de la jurisprudence.

ART. 187. *L'héritier, la veuve et la femme divorcée ou séparée*, pourront ne proposer leurs exceptions dilatoires qu'après l'échéance des délais, pour faire inventaire et délibérer.

L'héritier, la veuve, etc. Vide les notes, art. 174.

§. V. DE LA COMMUNICATION DES PIÈCES.

M. F. : » Ce titre fixe les délais pour la communication des
» pièces, et ceux pour leur rétablissement.

» La nouvelle loi accorde trois jours pour demander la com-
» munication des pièces, à partir du jour où ces pièces ont été
» signifiées ou employées ; elle indique la manière dont se fait
» cette communication ; elle veut que les pièces soient réta-
» blies dans le délai de trois jours, après qu'elles ont été com-
» muniquées, à moins qu'un autre délai n'ait été fixé par le
» récipissé de l'avoué, ou par le jugement qui aura ordonné la
» communication ; ainsi, la communication ne pourra servir
» de prétexte pour traîner les affaires en longueur.

» Le Code détermine les moyens de co-action qui pourront
» être employés contre l'avoué en retard de rétablir les pièces.
» Le mode pour provoquer l'application de la loi est aussi
» simple que facile ; il suffira de présenter requête ; il suffira
» même que la partie remette un mémoire au juge, et cette
» option est laissée dans la crainte que la partie n'éprouve
» quelquefois des difficultés à se procurer un autre avoué qui
» veuille bien se charger de la requête. «

ART. 188. Les parties pourront respectivement demander, par un simple acte, communication des pièces employées contre elle, *dans les trois jours où lesdites pièces auront été signifiées ou employées.*

{ 255 }

Vide, art. 77, ce que la loi prescrit à l'avoué du défendeur, en signifiant ses défenses.

Dans les trois jours.

La loi n'établit pas la peine de déchéance, si la communication est demandée après ce délai.

L'art. 70 du T. fixe le droit pour l'original et la copie de l'acte de demande en communication.

ART. 189. La communication sera faite entre avoués, sur récépissés, ou par dépôt au greffe. Les pièces ne pourront être déplacées, si ce n'est qu'il y en ait minute, ou que la partie y consente.

L'art. 91 du T. fixe le droit de vacation pour donner et prendre communication.

ART. 190. Le délai de la communication sera fixé, ou par le récépissé de l'avoué, ou par le jugement qui l'aura ordonnée ; s'il n'était pas fixé, il sera de trois jours.

ART. 191. Si, après l'expiration du délai, l'avoué n'a pas rétabli les pièces, il sera sur *simple requête* 1º., et même sur simple mémoire de la partie, rendu ordonnance, portant qu'il sera contraint à ladite remise, incontinent *et par corps* 2º., même à payer 3 fr. de dommages-intérêts à l'autre partie par chaque jour de retard, du jour de la signification de ladite ordonnance, outre les frais desdites requête et ordonnance, qu'il ne pourra répéter contre son constituant.

1º. *Simple requête.* L'art. 70 du T. accorde un droit pour la signification de cette requête et ordonnance.

La nature des condamnations qui peuvent être prononcées par cette ordonnance, ne permet pas de douter que cette requête doit être adressée au Tribunal.

2º. *Par corps. Voyez* art. 780, la nécessité de commettre un huissier pour l'exécution de cette ordonnance.

L'art. 71 du T. fixe le droit pour l'original de la signification de la requête et ordonnance, portant que l'avoué soit tenu de remettre les pièces.

Et l'art. 76, celui de l'avoué pour faire cette requête.

Art. 192. *En cas d'opposition*, l'incident sera réglé sommairement ; si l'avoué succombe, il sera *condamné personnellement aux dépens* de l'incident, même en tels autres dommages-intérêts et peines qu'il appartiendra, suivant la nature des circonstances.

En cas d'opposition.

L'art. 75 fixe à deux rôles l'étendue de cette requête d'opposition.

SOMMAIRES, Liv. 2, Tit. 10.

DE LA VÉRIFICATION DES ÉCRITURES.

	ARTICLES.	
	C. N.	C. P. C.
Nécessité d'y procéder par titres, par experts et par témoins, par M. T.		
Réflexions morales, et même démonstration, par M. P.		
Délai pour assigner en reconnaissance d'écriture.		
Elle sera à la charge du demandeur, si l'écriture est déniée.		193
Opinion de M. P. sur la nécessité et l'effet de cette reconnaissance.		
Renvoi à la définition de l'acte authentique.		
Id. à l'art. qui consacre la foi qui lui est due.		
Id. de celui qui, dans certains cas, accorde la même foi à l'acte sous seing-privé reconnu.		
Rapproch^t. du C. N.		
Il faut l'aveu ou le désaveu formel de celui auquel on l'oppose.	1323	
Exception pour les héritiers qui peuvent ne pas reconnaître.		

Quand

R

R 2

<table>
<tr><td></td><td colspan="2" style="text-align:center">ARTICLES.</td></tr>
<tr><td></td><td>C. N.</td><td>C. P. C.</td></tr>
</table>

Id. pour lesquels on indique la nature des faits à prouver.

Les pièces sont représentées aux témoins, et paraphées par eux.   212

Amende et peine de celui qui dénie mal-à-propos son écriture.   213

M. TREILHARD : » Quand il sera question de vérifier une
» écriture privée, un jugement ordonnera cette vérification;
» elle sera faite par titre, par expert, ou par témoins.

» Si la preuve de la vérité ou de la fausseté était acquise par
» titres, la cause serait bientôt terminée ; mais ce n'est pas ce
» qui arrive le plus communément ; il faut souvent recourir
» aux experts ou aux témoins ; l'instruction devient alors plus
» longue.

» Les experts ne peuvent procéder que sur des pièces de
» comparaison, ou sur un corps d'écriture qu'ils ont dicté,
» ou qu'ils ont vu se former ; nous ne nous sommes pas dissi-
» mulé tout ce qu'on a dit sur la science conjecturale des
» experts ; hé ! sans doute, on peut quelquefois ne pas acqué-
» rir, avec ces secours, une démonstration complète ; mais
» lorsqu'une partie dénie une écriture, lorsqu'il n'existe pas
» de titre pour en prouver la vérité ou la fausseté, il faut bien
» de toute nécessité avoir recours aux experts ou aux témoins,
» ou à tous les deux, s'il est possible.

» Les témoins aussi ne forment pas une preuve d'un dégré de
» force tel que la justice pourrait le désirer ; elle est cependant
» contrainte de les écouter.

» Au reste, la conviction du magistrat s'opère par la réunion
» de toutes ces preuves ; et ce qui pourrait manquer dans l'une
» pour une parfaite démonstration, peut être suppléé par ce
» qui résulte de l'autre ; encore une fois on admet, et l'on se
» contente du concours des trois preuves par titres, par ex-
» perts et par témoins, parce qu'il est impossible d'en imagi-
» ner une quatrième, et que dans la nécessité de prononcer sur
» le sort d'une pièce soutenue vraie d'une part, soutenue fausse
» de l'autre, on est bien forcé de se déterminer par les seules
» espèces de preuve que la matière peut comporter. «

M. PÉRIN : » C'est dans le temple de la justice que les passions
» s'agitent en tout sens pour en surprendre les oracles ; c'est
» là qu'elles développent tous leurs moyens avec plus de téna-
» cité et le moins de pudeur ; le ressentiment, la haine, l'in-

» térêt, l'ambition, tout ce qui enchaîne le cœur et l'esprit
» des hommes, s'y entre-heurtent avec violence; les conven-
» tions, les engagemens n'y ont rien de sacré pour le plaideur
» téméraire, et toujours il emprunte le masque de la vérité
» pour voiler les traits difformes du mensonge et de la perfidie.

» C'est au milieu de ce débordement de toutes les passions
» humaines que le magistrat est placé; c'est à travers ce chaos
» qu'il doit découvrir la vérité, et la loi doit lui en fournir les
» heureux moyens : le législateur qui peut y parvenir, et qui
» n'a pas la douleur de voir le vice même se faire une égide des
» armes préparées pour le combattre!

» Ces réflexions sont affligeantes sans doute; mais est-il
» possible de ne pas s'y livrer, lorsque j'ai à vous entretenir en
» premier ordre de la vérification d'écriture et du faux incident,
» deux genres de procédure qui rappellent sans cesse comment
» la mauvaise foi sait faire tourner, au grand préjudice de la
» société, les arts, dont l'invention devait contribuer à sa plus
» parfaite organisation, et à la félicité de ses membres.

» Celui d'exprimer la pensée par les différentes combinai-
» sons de caractères simples, qui représentent les sons arti-
» culés, a dû opérer de grands changemens dans l'ordre so-
» cial et la législation des peuples. Toutes les conventions
» dont jusques-là l'existence était confiée, ou à la bonne foi
» des contractans, à la véracité des témoins, ou à des signes
» extérieurs qu'il était facile de détruire, ont pris nécessaire-
» ment une consistance qu'elles n'avaient pas obtenue jusques-
» là; l'écriture a dû être bientôt le fondement sur lequel a
» reposé l'état et la propriété des citoyens, et les différentes
» nuances qui impriment sur les caractères tracés par chaque
» individu un sceau qui leur est propre, ont dû contribuer
» encore à la stabilité des conventions.

» Elles eussent été invariables, si la mauvaise foi ne se
» fût exercée à rendre problématiques ces signes extérieurs
» de leur existence; si l'art de l'imitation ne se fût perfec-
» tionné au point de tromper l'œil le plus clair-voyant; si des
» mains criminelles ne fussent parvenues à pénétrer dans les
» dépôts publics, et n'eussnt altéré les titres qui y reposent,
» et si ce désordre, appellant la sévérité de la justice contre
» les faussaires, n'eût forcé à s'occuper de la vérité des
» actes, avant d'en fixer le sens et la valeur.

» Les moyens que la loi emploie pour découvrir la vérité
» (*en matière de vérification d'écritures*) sont au nombre de
» trois : la preuve par titre, la vérification par comparaison,

R 3

» et l'audition des témoins : ils tendent tous au même but ;
» mais l'expérience n'a que trop appris combien, s'ils sont
» isolés, et plus encore s'ils sont divergens, ils laissent d'in-
» certitude, et combien ils peuvent allarmer la conscience
» du Magistrat.

» La loi ne peut déterminer jusqu'à quel point les titres qui
» seront produits, doivent avoir de rapport avec la conven-
» tion portée dans l'acte qu'il faut vérifier ; elle est forcée,
» sur ce point, de s'en remettre au discernement du juge.

» Quant à la vérification par comparaison et par experts,
» il faut d'abord fixer le choix des experts ; secondement,
» sur quelle écriture s'établira la comparaison ; troisième-
» ment, enfin, elle doit prescrire aux experts la forme dans
» laquelle ils offriront le résultat de leurs opérations.

» Je l'ai déjà dit, quel que soit la scrupuleuse attention des
» experts dans la comparaison d'écriture, l'art de l'imita-
» tion a été porté à un tel point de perfection, ou plutôt de
» perfidie, que presque toujours, loin de donner une opinion
» positive pour résultat de leurs opérations, ils inspirent
» encore des doutes, lors même qu'ils expriment leur sen-
» timent ; et doit-on s'en étonner ?

» Les hommes qui ont le plus parfait, et encore le plus
» constant usage de l'écriture, sont cependant sujets à des
» variations, que mille circonstances peuvent occasionner ;
» et si les caractères laissent appercevoir quelques incor-
» rections, qui peut assurer qu'elles ne sont pas l'effet des
» circonstances qui ont affecté celui à qui l'écriture est
» opposée.

» La nature, constante dans ses opérations, produit ce-
» pendant des phénomènes ; doit-on être surpris que l'homme
» présente des variétés dans les siennes, lorsqu'il est loin
» de pouvoir s'assujétir à des règles aussi invariables ? et si
» le peintre, dirigé par l'émulation, parvient à exprimer les
» sentimens qui animent les traits de son sujet, peut-on
» s'étonner que le faussaire, inspiré par son intérêt et par
» la crainte de l'infamie, puisse aussi parvenir à saisir l'appa-
» rence trompeuse de caractères inanimés ?

» Lorsque le Code admet ces trois gentes de preuves, il
» écarte ces subtilités de droit, par lesquelles on prétendait
» pouvoir mesurer l'influence de chacun sur la conviction du
» magistrat, et assujétir sa conscience à la précision du calcul
» géométrique ; sources éternelles de débats et de raisonne-
» mens métaphysiques, qui tous viennent échouer contre la

» variété infinie dés circonstances, les nuances imperceptibles
» du langage des experts et des témoins, et qui n'avaient d'au-
» tre utilité que de jeter de l'incertitude dans la jurispru-
» dence, et d'enfanter des sophismes en faveur de la mau-
» vaise foi. La loi environne le magistrat de tout ce qui peut
» le diriger ; elle en épure la source et laisse à sa conscience,
» éclairée par la réflexion et le recueillement, à prononcer sur
» les résultats. «

ART. 193. *Lorsqu'il s'agira de reconnaissance et
vérification d'écritures privées*, le demandeur pourra,
sans permission du juge, faire assigner à trois jours pour
avoir acte de la reconnaissance, ou pour faire tenir l'écrit
pour reconnu.

Si le défendeur ne dénie pas la signature, tous les frais
relatifs à la reconnaissance ou à la vérification, même
ceux de l'enregistrement de l'écrit, seront à la charge
du demandeur.

M. P. : » Le premier principe que la loi consacre est la
» nécessité de la reconnaissance de l'écriture, pour qu'un acte
» sous signature-privée obtienne quelque effet devant les Tri-
» bunaux.

» Si cette reconnaissance a lieu, l'acte prend alors le *carac-
» tère d'authenticité* qui lui manquait ; il obtient tout son effet. «

Vide, sous l'art. 135, note 2, là définition de l'acte authentique. C. N., art. 1317.

Id. quelle foi est due à cet acte. C. N., art. 1319.

Ibid. quand l'acte sous seing-privé obtient la même foi
que l'acte authentique.

C. N. ART. 1318. L'acte qui n'est point authentique
par l'incompétence ou l'incapacité de l'officier, ou par
un défaut de forme, vaut comme écriture privée, s'il
a été signé des parties.

ART. 1323. Celui auquel on oppose un acte sous seing-
privé, est obligé d'avouer ou de désavouer formellement
son écriture ou sa signature.

Ses héritiers ou ayans-cause peuvent se contenter de
déclarer qu'ils ne connaissent pas l'écriture de leur auteur.

Par arrêt de la C. S., du 17 mai 1808, il a été jugé que lorsqu'un billet est opposé aux héritiers du signataire, et que le juge leur a ordonné de déclarer s'ils en reconnaissent l'écriture et la signature, leur défaut de s'expliquer équivaut à une reconnoissance, et dispense de la vérification ordonnée par l'art. 1324. [R. Sir., t. 8, 1ere. ptie., p. 435.]

ART. 1324. Dans le cas où la partie désavoue son écriture ou sa signature, et dans le cas où ses héritiers ou ayans-cause *déclarent ne la pas connaître*, la vérification en est ordonnée en justice.

Vide l'arrêt sous l'art. 212, C. de P. C.

Arrêt de la C. S. du 19 frimaire an 14, décidant, 1°. qu'un titre privé dont la signature est deniée, ne peut servir, avant toute vérification préalable, de commencement de preuve écrite, à l'effet d'autoriser la preuve testimoniale sur les paiemens qu'il contient.

2°. Que les juges ne peuvent se dispenser d'ordonner la vérification d'écriture dans tous les cas où la signature d'un titre privé n'est pas reconnue, encore qu'il s'agisse, non d'un titre de créance produit par le demandeur, mais d'une quittance dont excipe le défendeur. [R. Sir. t. 6, 1ere. ptie., p. 188.]

L'art. 1325 exige que les actes sous seing-privé qui contiennent des conventions synallagmatiques, pour être valables, soient faits en autant de doubles qu'il y a de parties ayant *un intérêt distinct* (a);

Que chaque original contienne la mention du nombre des originaux qui en ont été faits, et refuse à celui qui a exécuté la convention, le droit d'opposer le défaut de mention.

(a) Un intérêt distinct.

Arrêt de la C. S., du 2 mars 1808, décidant que des enfans co-héritiers traitant avec leur mère, relativement à ses reprises sur la succession de son mari, ne sont pas censés avoir des intérêts distincts et séparés, lorsqu'aucun d'eux n'élève des prétentions qui lui soient personnelles. [R. Sir., t. 8, 1ere. ptie. p. 232.)

ART. 1326. Le billet ou la promesse sous seing-privé, par lequel une seule partie s'engage envers l'autre à lui payer une somme d'argent ou une chose appréciable, doit être écrit en entier de la main de celui qui le souscrit ; ou du moins il faut qu'outre sa signature il ait écrit de sa main un *bon ou un approuvé* (a), portant , en toutes lettres , la somme ou la quantité de la chose.

Excepté dans le cas où l'acte émané (b) de marchands , artisans , laboureurs , vignerons, *gens de journée* et de service.

(a) *Un bon ou approuvé.*

Arrêt de la C. S., du 7 juin 1793, décidant que la déclaration du 22 sepbre. 1733 s'applique à un arrêté de compte écrit de main étrangère, et qui ne contient approbation de la somme de la part de celle des parties que cet arrêté constitue reliquataire. [R. Sir., t. 1er., 1ere. ptie., p. 34.]

Arrêt de la C. S., du 17 thdor. an 10, décidant qu'elle est applicable aux constitutions de rentes viagères par écrit sous seing-privé, lorsque, d'après les circonstances, il y a lieu de former de justes soupçons de fraude. [R. Sir., t. 2, 1ere. ptie., p. 353.]

Arrêt de la C. S., du 12 bmaire. an 12, qui la déclare applicable aux actes de reconnaissance de dépôt. [R. Sir. t. 4, 2e. ptie., p. 25.]

Arrêt de la même C. , du 13 fdor. an 11, qui exclue son application lorsqu'il n'y a pas soupçon de fraude. *Id. ibid.*

Consultez un arrêt de la C. de Turin , du 20 avril 1808, sur la question , si le débiteur d'un billet nul, faute d'approbation , est tenu de payer lorsque l'obligation peut être prouvée de toute autre manière légale. [R. Sir. , t. 9, 2e. ptie. p. 309.]

Consultez un arrêt de la C. d'Appel de Paris, du 18 fer. 1808, sur la question, si, lorsqu'il résulte des faits et circonstances que la créance est sincère et véritable , le billet non écrit de la main du débiteur doit contenir un bon ou approuvé. [R. Sir. t. 7, 2e. ptie. p. 786.]

(b) *Excepté dans le cas.*

Arrêt de la C. S., du 17 août 1808 , décidant qu'un billet à ordre, signé par un femme qui n'est placée dans aucune des exceptions prévues par la déclaration de 1733, mais non écrit en entier de sa main , est nul, si la femme n'a pas approuvé en toutes lettres la somme contenue au billet, encore qu'elle ait approuvé l'écriture. [R. Sir., t. 8, 1ere. ptie., p. 492.]

Arrêt de la même C., du 27 jer. 1812 , décidant que l'art. 1326 s'applique même aux billets à ordre , encore qu'ils renferment une élection de domicile pour le paiement, et que le signataire ait approuvé l'écriture. [R. Sir., t. 12, 1ere. ptie., p. 244.]

Consultez un arrêt de la C. de Paris, du 18 fer. 1808, sur la question, si celui qui a été successivement maçon et porteur d'eau est dans l'exception portée par l'art. 1326, encore qu'à l'époque de l'obligation il eût quitté ces deux états pour vivre du produit de ses économies.

Un autre de la C. de Bruxelles, du 27 juin 1809, sur celle, si l'approbation de la somme en toutes lettres est nécessaire de la part de l'individu non marchand ou artisan, dans un billet qu'il souscrit conjointement avec un individu marchand. [R. Sir., t. 9, 2e. ptie., p. 407.]

Loi du 3 sepbre. 1807, relative aux inscriptions hypothécaires, en vertu de jugemens rendus sur des demandes en reconnaissance d'obligations sous seing-privé.

Art. 1er. Lorsqu'il aura été rendu un jugement sur une demande en reconnaissance d'obligations sous seing-privé, formée avant l'échéance ou l'exigibilité de ladite obligation, il ne pourra être pris aucune inscription hypothécaire en vertu de ce jugement, qu'à défaut du paiement de l'obligation après son échéance, ou son exigibilité, à moins qu'il n'y ait eu stipulation contraire.

Art. 2. Les frais relatifs à ce jugement ne pourront être répétés contre le débiteur, que dans le cas où il aura dénié sa signature.

Art. 3. Les frais d'enregistrement seront à la charge du débiteur, tant dans le cas dont il vient d'être parlé, que lorsqu'il aura refusé de se libérer après l'échéance ou l'exigibilité de la dette.

Vide, au titre du *Bénéfice d'inventaire*, sous l'art. 797 du C. N., un arrêt qui détermine l'effet de la demande *en avération de la signature du défunt* contre l'héritier.

Lorsqu'il s'agira, etc.

Jugé par la C. d'Appel de Caen, le 4 avril 1812, que lorsqu'un testament olographe a été présenté au président du Tal., ouvert et déposé chez un notaire ; lorsque par suite l'institué a été envoyé en possession des biens du testateur, ce testament olographe a un caractère plus imposant qu'un simple acte sous signature-privée. En conséquence, si l'héritier qui n'a pas de réserve légale méconnait l'écriture, c'est à lui, et non au légataire universel, à en faire faire la vérification. [R. Sir., t. 12, 2e. ptie., p. 336.]

ART. 194. Si le défendeur ne comparaît pas, il sera

donné défaut 1°. , et l'écrit *sera te nu pour reconnu* 2°. ; si le défendeur reconnaît l'écrit, le jugement en donnera acte au demandeur.

1°. *Donné défaut. Vide*, art. 135 , quand le juge peut ordonner l'exécution provisoire de son jugement sur promesse reconnue.

Art. 155 , le délai qui doit s'écouler entre la signification d'un jugement par défaut à domicile, et son exécution.

2°. *Sera tenu pour reconnu.*

Vide l'art. 2123 du C. N. , qui détermine les effets de ce jugement quant à l'hypothèque judiciaire.

Art. 147 , quelles significations la loi exige avant l'exécution.

ART. 195. Si le défendeur *dénie la signature à lui attribuée, ou déclare ne pas reconnaître celle attribuée à un tiers* 1°. , la vérification en pourra être ordonnée, tant p ar *titres* 2°. , que par *experts* 3°. , et par *témoins ,* 4°.

1°. *Dénie , etc.*

M. P. : » La vérification a lieu, lorsque celui contre lequel » on demande l'exécution d'un acte, comme l'ayant écrit, » ou parce qu'il l'a été par quelqu'un qui le représente, en » désavoue ou méconnaît l'écriture.

» C'est au moment de la dénégation seulement, que naît » la difficulté; c'est alors que le magistrat se trouve placé » entre deux parties qui s'accusent; l'une, de désavouer un » engagement légitimement contracté; l'autre, de se pré- » valoir d'un titre fabriqué; c'est alors aussi que la loi doit » établir les moyens propres à découvrir la vérité, et pres- » crire les formes qui leur conviennent. «

Vide les notes 2 et 3 , art. 14, et l'arrêt sous l'art. 1324, rapproché de l'art. 193.

2°. *Par titres. Vbi. Ga.* , des actes capables de démontrer que la sincérité de l'acte dénié ou méconnu a été reconnue directement ou indirectement.

Vide , art. 135 , quels actes sont désignés par la loi comme authentiques. C. N., art. 1317.

3°. *Par experts. Vide*, art. 196, quel doit être leur nombre.

Art. 200 , d'après quels titres ils doivent procéder à la vérification.

Art. 208 et suivans, jusques à 210, le mode de leur opération.

4°. *Par témoins.* Art. 211, sur quels faits la loi exige que ces témoins déposent.

Art. 212, la représentation et leur paraphe sur la pièce déniée ou méconnue.

Et art. 297 et suivans, comment on procède à une enquête. *Vide* l'arrêt du 19 bmaire. an 14, sous l'art. 1324.

ART. 196. Le jugement qui autorisera la vérification, ordonnera qu'elle sera faite par trois experts, et *les nommera d'office, à moins que les parties ne se soient accordées pour les nommer* 1°. Le même jugement commettra le juge devant qui la vérification se fera ; il portera aussi que la pièce à vérifier *sera déposée au greffe* 2°., après que son état aura été constaté, et qu'elle aura été signée et paraphée par le demandeur ou son avoué, et par le greffier, lequel dressera du tout un procès-verbal.

1°. *Les nommera, etc.*

» La nomination des experts a été l'objet de longs dé-
» bats, lors des conférences de l'ordonnance de 1667 ; et le
» système qui a prévalu n'a peut-être pas peu contribué à
» l'incertitude très-fréquente que ces opérations ont pré-
» sentées.

» La loi adopte un moyen qui tranche la difficulté, et qui
» écarte, autant qu'il est possible, l'influence dangereuse de
» la prévention des liaisons d'amitié ou de reconnaissance.

» L'expertise se fera ou par les experts que le juge aura
» nommés, ou par ceux que les parties auront désignés d'un
» commun consentement, et par le résultat d'un vœu una-
» nime. Ceux-ci ne seront pas exposés à la récusation, et
» dès-lors ils conserveront toute leur impartialité. Il n'en
» sera pas de même de ceux nommés par le juge, parce qu'il
» peut ignorer les justes motifs de suspicion qui réclament
» contre son choix. «

L'art. 92 du T. fixe le droit de vacation à ce procès-verbal.

2°. *Sera déposée. Vide* art. 198, quand le défendeur peut en prendre communication.

M. P. : » Après s'être assuré de l'impartialité des experts,

» il faut s'occuper des objets qui doivent fixer leur atten-
» tion. Ce sont l'acte à vérifier et les pièces de compa-
» raison.

» Dès que l'acte est suspecté, il devient le patrimoine de la
» justice, jusqu'à ce quelle ait prononcé sur son sort ; il
» sera donc déposé à l'instant même au greffe ; c'est l'in-
» térêt de toutes les parties.

ART. 197. *En cas de récusation* contre le juge-commissaire ou les experts, il sera procédé ainsi qu'il est
prescrit au titre des *Récusations de juge et de visite
d'experts.*

En cas de récusation.

Vide art. 378, les causes de récusation ; art 383, le délai
pour exercer cette récusation contre le juge, suivant la nature du jugement.

Et art. 384, le mode de la proposer.

Vide art. 308, contre quels experts la récusation peut
être proposée.

Art. 309, dans quel délai et suivant quel mode elle peut
l'être.

Art. 310, pour quels motifs.

Art. 311, comment la contestation est jugée.

Art. 314, les peines contre la partie, si la récusation est
rejettée.

ART. 198. Dans les trois jours du dépôt de la pièce,
le défendeur pourra en prendre communication ; la pièce
sera paraphée par lui, ou par son avoué, ou par son
fondé de pouvoir spécial, et le greffier en dressera procès-verbal.

L'art. 92 du T. fixe le droit de la vacation pour prendre
cette communication.

ART. 199. Au jour indiqué par l'ordonnance du juge-
commissaire, et sur la sommation de la partie la plus
diligente, signifiée à avoué s'il en a été constitué, sinon
à domicile, par un huissier commis par ladite ordonnance, les parties seront tenues de comparaître devant
ledit commissaire, pour convenir de pièces de compa-

raison ; si le demandeur en vérification ne comparaît pas , la pièce sera rejetée ; si c'est le défendeur, le juge pourra tenir la pièce pour reconnue. Dans les deux cas , le jugement sera rendu à la prochaine audience, sur le rapport du juge-commissaire , sans acte à venir plaider ; il sera susceptible d'opposition.

Pourra, *etc.* ; sauf si l'intérêt public, celui d'un tiers ou d'un incapable, se trouve compromis.

L'art. 92 du T. accorde un droit fixe pour la requête sur laquelle intervient l'ordonnance du juge-commissaire.

ART. 200. Si les parties ne s'accordent pas *sur les pièces de comparaison* , le juge ne pourra recevoir comme telles :

1°. Que les signatures apposées aux actes par-devant notaires , ou celles apposées aux actes judiciaires, en présence du juge et du greffier, ou enfin les pièces écrites et signées par celui dont il s'agit de comparer l'écriture, en qualité de juge , greffier, notaire, avoué, huissier, ou comme faisant , à tout autre titre , fonction de personne publique.

2°. Les écritures et signatures-privées reconnues par celui à qui est attribuée la pièce à vérifier , mais non celles déniées ou non reconnues par lui, encore qu'elles eussent été précédemment vérifiées et reconnues être de lui.

- Si la dénegation ou méconnaissance ne porte que sur partie de la pièce à vérifier, le juge pourra ordonner que le surplus de ladite pièce servira de pièce de comparaison.

Sur les pièces de comparaison.

M. P. : » Quant aux pièces de comparaison, elles doivent » avoir un caractère, comme il doit n'y avoir aucun doute » qu'elles ont été écrites et signées par celui dont l'écriture » est déniée.

» Ce doute n'existe point si l'une et l'autre des parties le re- » connaissent.

» Il n'existe pas si la présence d'un officier public, dans » l'exercice de ses fonctions, atteste la vérité de la pièce, ou

» si, présentée par le demandeur, elle est reconnue par le dé-
» fendeur.

» Mais ce doute existe si la pièce a été reconnue après vérifi-
» cation ; tel est l'hommage que la loi rend elle-même à l'in-
» certitude des moyens, qu'elle adopte pour découvrir la vé-
» rité. «

Consultez un arrêt de la C. de Paris, du 2 jer. 1808, sur la question, si l'on peut admettre comme pièce de comparaison les registres d'une communauté religieuse. [R. Sir. t. 8, 2e. ptie. p. 65.]

Un autre de la même C., du 2 juin 1808, sur celle, si une lettre de cachet est pièce de comparaison pour vérifier l'écriture et la signature d'un ancien ministre auteur d'un testament olographe.

Id. sur celle si des notes paraphées sur des actes ministériels et existantes dans un dépôt public, sont aussi des pièces de comparaison. [R. Sir. t. 8, 2e. ptie. p. 304.]

ART. 201. Si les pièces de comparaison sont entre les mains de *dépositaires publics* 1°., ou autre, le juge-commissaire ordonnera qu'*aux jours et heures par lui indiqués* 2°., les détenteurs desdites pièces les apporteront au lieu où se fera la vérification, à peine contre les dépositaires publics *d'être contraints par corps* 3°., et les autres par les voies ordinaires, sauf même à prononcer contre ces derniers la *contrainte par corps*, s'il y échet.

1°. *Dépositaires publics.* L'art. 166 du T., qui désigne comme tels les greffiers, notaires, avoués, huissiers et autres fonctionnaires publics, leur accorde, outre leurs frais de voyage, un droit par vacation de trois heures.

M. P. : » Les écritures authentiques reposent dans des dépôts
» publics, et ces dépôts sont la propriété de la société entière :
» cette propriété existe sous la garantie des officiers publics
» préposés à sa conservation.

» Ce seront donc ces mêmes dépositaires qui les apporteront
» au lieu où se fait la vérification, où, suivant les circons-
» tances, le Tribunal ordonnera que la vérification se fera
» dans le lieu de la demeure du dépositaire, ou bien enfin les
» pièces seront envoyées au greffe par les voies que le juge-
» ment indiquera ; mais alors une expédition collationnée
» par un magistrat, et remise dans le dépôt, garantira des
» évènemens que la prudence ne peut prévoir. «

2º. *Aux jours et heures, etc. Vide* art. 1034, quel délai la loi accorde à raison des distances.

3º. *Contraints par corps.*

C. N., art. 2067. La contrainte par corps, dans les cas même où elle est autorisée par la loi, ne peut être appliquée qu'en vertu d'un jugement.

ART. 202. Si les pièces de comparaison ne peuvent être déplacées, ou si les détenteurs sont trop éloignés, il est laissé à la prudence du Tribunal d'ordonner, sur le rapport du juge-commissaire, et après avoir entendu le procureur-impérial, que la vérification se fera dans le lieu de la demeure des dépositaires, ou dans le lieu le plus proche, ou que dans un délai déterminé les pièces seront envoyées au greffe par les voies que le Tribunal indiquera par son jugement.

ART. 203. Dans ce dernier cas, si le dépositaire est personne publique, il fera préalablement expédition ou copie collationnée des pièces, laquelle sera vérifiée sur la minute ou original par le président du Tribunal de son arrondissement, qui en dressera procès-verbal ; ladite expédition ou copie sera mise par le dépositaire au rang de ses minutes, pour en tenir lieu jusqu'au renvoi des pièces, et il pourra en délivrer des grosses ou expéditions, en faisant mention du procès-verbal qui aura été dressé.

Le dépositaire sera remboursé de ses frais par le demandeur en vérification, sur la taxe qui en sera faite par le juge qui aura dressé le procès-verbal, d'après lequel sera délivré exécutoire.

ART. 204. La partie la plus diligente fera sommer par exploit *les experts* 1º. et les dépositaires de se trouver aux lieu, jour et heure indiqués par l'ordonnance du juge-commissaire ; les experts à l'effet de prêter serment et de procéder à la vérification, et les dépositaires à l'effet de représenter les pièces de comparaison. Il sera *fait*

sommation 2º.

sommation 2°. à la partie d'être présente, par acte d'avoué à avoué ; il sera dressé du tout procès-verbal ; il en sera donné au dépositaire copie par extrait en ce qui le concerne, ainsi que du jugement.

1°. *Les experts. Vide* art. 302 et suivans, les règles relatives à leur nomination ou remplacement.

2°. *Fait sommation. Vide* art. 1034, l'inutilité de cette sommation, si la partie a été présente au procès-verbal qui a fixé le jour.

L'art. 70 du T. fixe le droit de cette sommation, original et copie.

L'art. 76, le droit de la requête pour obtenir l'ordonnance ; l'art. 92, le droit de vacation à la prestation de serment, etc. et l'art. 29, celui de la sommation aux experts et aux dépositaires.

ART. 205. Lorsque les pièces seront représentées par les dépositaires, il est laissé à la prudence du juge-commissaire d'ordonner qu'ils seront présens à la vérification pour la garde desdites pièces, et qu'ils les retireront à chaque vacation, ou d'ordonner qu'elles resteront déposées ès-mains du greffier, qui s'en chargera par procès-verbal ; dans ce dernier cas, le dépositaire, s'il est personne publique, pourra en faire expédition, ainsi qu'il est dit par l'art. 203, et ce encore que le lieu où se fait la vérification soit hors de l'arrondissement dans lequel le dépositaire a le droit d'instrumenter.

L'art. 166 du T. fixe le droit de vacation, suivant la qualité des dépositaires, outre les frais de voyage.

ART. 206. A défaut ou en cas d'insuffisance des pièces de comparaison, le juge-commissaire pourra ordonner qu'il sera fait un corps d'écritures, lequel sera dicté par les experts, le demandeur présent ou appelé.

M. P. « S'il n'y a pas de pièces de comparaison, on pourra prescrire au défendeur de faire un corps d'écriture en présence du demandeur, du juge-commissaire et des experts. »

S

L'art. 70 du T. fixe le droit pour l'original et la copie de la sommation, pour être présent à la confection du corps d'écriture.

ART. 207. Les experts ayant *prêté serment*, les pièces leur étant communiquées, ou le corps d'écriture fait, les parties se retireront après avoir fait sur le procès-verbal du juge-commissaire telles réquisitions et observations qu'elles aviseront.

Prêté serment. L'art. 164 du T. ne leur accorde aucun droit pour la prestation de serment dans ce cas, parce qu'ils opèrent en présence du juge.

L'art. 92 du T. accorde un droit de vacation pour rédiger ces observations.

ART. 208. Les experts procéderont, conjointement à la vérification, au greffe, devant le greffier ou devant le juge, s'il l'a ainsi ordonné ; et s'ils ne peuvent terminer le même jour, ils remettront à jour et heure certains indiqués par le juge, ou par le greffier.

Vide art. 210, le mode de leur rapport.

ART. 209. Leur rapport sera annexé à la minute du procès-verbal du juge-commissaire, sans qu'il soit besoin de l'affirmer ; les pièces seront remises aux dépositaires, qui en déchargeront le greffier sur le procès-verbal.

La taxe des journées et vacations des experts sera faite sur le procès-verbal, et il en sera délivré exécutoire contre le demandeur en vérification.

La taxe.

L'art. 163 leur accorde un droit par vacation de trois heures, indépendamment de leur frais de voyage, qui sont fixés par l'art. 165, à raison de la distance.

ART. 210. Les trois experts seront tenus de dresser un rapport commun et motivé, et de ne former qu'un seul avis à la pluralité des voix.

S'il y a des avis différens, le rapport en contiendra les

motifs, sans qu'il soit permis de faire connaître l'avis par=
ticulier des experts.

M. P. : » L'incertitude de l'art. des experts ne permet pas
» de leur demander une réponse positive à laquelle il faille
» conformer son opinion ; aussi la loi exige-t-elle plutôt
» l'exposé des motifs qui les déterminent ; ils ne feront qu'un
» procès-verbal ; ils énonceront l'avis de la majorité, mais
» leur rapport contiendra les motifs des opinions particu-
» lières, sans qu'il soit permis de faire connaître par qui
» ils ont été adoptés ou rejettés, et ce mode a encore l'avan=
» tage d'assurer leur impartialité, en éloignant d'eux toute
» crainte de ressentiment particulier «.

ART. 211. Pourront être entendus comme témoins ceux
qui auront vu écrire ou signer l'écrit en question, ou qui
auront connaissance de faits pouvant servir à découvrir la
vérité.

M. P. : » Le dernier moyen adopté pour la vérification d'é=
» criture, est la preuve testimoniale ; ce moyen peut pa=
» raître opposé aux dispositions du C. Civil, qui règlent les
» cas où ce genre de preuve peut être admis.
» Mais il faut faire attention, 1°. que la preuve testimo-
» niale n'est pas ici la seule qui tende à découvrir la vérité ;
» qu'elle se réunit à ce qui résulte et des titres produits,
» et de la comparaison d'écriture, que tous ces moyens
» doivent se prêter un secours mutuel, et concourir à for-
» mer un faisceau de probabilités morales, qui seul peut
» déterminer l'opinion du magistrat. C'est dans ce sens que
» s'exprime la loi 22, au C. *de Falsis*, lorsqu'elle dit : *In falsi cri=*
» *mine acerrime indigatio fieri debet argumentis, testibus scriptu=*
» *rarum collatione et vestigiis.*
» Secondement, le crime ne se présume pas ; et lorsque
» la loi exige la rédaction par écrit des conventions, c'est
» répondre à son vœu exprimé dans l'art. 1347 du C. N.,
» que de donner à l'acte produit l'effet de pouvoir trouver
» son complément dans la preuve testimoniale.
» Enfin, la déposition des témoins pour être concluante,
» pour fixer les doutes que laisseraient subsister les preuves
» par titre, ou par comparaison, doit singulièrement porter
» sur le fait qu'il s'agit, de vérifier sur la formation maté-
» rielle de l'acte. C'est le sens de la novelle 73, et c'est ce
» qu'exprime l'art. 211 du projet, lorsqu'il dit, etc. «

ART. 212. En procédant à l'audition des témoins, les pièces déniées, ou méconnues, leur seront représentées, et seront par eux paraphées ; il en sera fait mention, ainsi que de leur refus : seront au surplus observées les règles ci-après prescrites pour *les enquêtes*.

Jugé par la C. de Paris, le 10 féver. 1809, que lorsqu'un arrêt ordonne que la signature mise au bas d'une obligation sera vérifiée *en la forme de droit.*, il est censé admettre les trois sortes de vérifications par titres, par experts et par témoins, de telle sorte que les demandeurs en vérification peuvent en user simultanément ; mais s'ils se bornent à une seule, et que leur choix étant fait soit devenu irrévocable par la clôture du procès-verbal du juge-commissaire, ils ne peuvent varier ultérieurement et recourir aux témoins, après avoir inutilement fait usage des experts. [R. Sir., t. 12, 2e. prie., p. 337.]

ART. 213. S'il est prouvé que la pièce est écrite ou signée par celui qui l'a déniée, il sera condamné en 150 francs d'amende envers le domaine, outre les dépens, dommages et intérêts de la partie, et pourra être condamné par corps, même pour le principal.

<hr>

SOMMAIRES, LIV. 2, TIT. II.

DU FAUX INCIDENT CIVIL.

S 4

M. PERIN, *par suite de ses observations sur le titre précédent, qui ont encore de l'analogie avec celui-ci, dit:*

» Avant de vous offrir aucun détail, je dois dire que cette
» procédure, dont l'objet est de constater un délit grave, qui
» attaque tout-à-la-fois la vie, l'honneur et la fortune des
» citoyens; délit d'autant plus perfide que toute la prudence
» humaine ne peut en garantir; qu'il se soustrait, et à la sur-
» veillance des magistrats, et à la force dont la loi s'envi-
» ronne; que toujours il est consommé dans l'ombre et dans
» l'isolement, et que ses effets sont d'autant plus à craindre,
» qu'il est plus difficile de reconnaître la main qui les pré-
» pare, et que souvent il s'est écoulé bien des années avant
» qu'on puisse même en soupçonner l'existence.

» C'est de la nature de ce délit qu'est née cette forme de
» procédure qui lui est particulière, qui a pour objet d'en re-
» chercher l'existence, sans être astreint à en découvrir l'au-
» teur; d'enlever au coupable les fruits de son crime, sans lui
» en assurer l'impunité, et en laissant suspendu sur sa tête
» le glaive de la justice, toujours prêt à le frapper, si elle
» parvient à le découvrir.

» Depuis long-tems notre jurisprudence, perfectionnée sur
» ce point important par les lumières de l'immortel D'AGUES-
» SEAU, et par l'ordonnance de 1737, fruit de ses veilles et

» d'un long travail, en réunissant les dispositions éparses
» des différentes lois, avait amené une précieuse uniformité
» dans tous les Tribunaux de l'Empire.

» Les rédacteurs de la loi n'ont pas hésité de puiser dans
» une source aussi pure; et, soumettant toutes les disposi-
» tions de cette ordonnance au creuset de la raison et de
» l'expérience, ils se sont contenté de proposer les change-
» mens qu'elles leur ont paru approuver.

» L'assentiment que la France entière a donné, pendant près
» d'un siècle, aux dispositions de la loi de 1737, nous permet
» de ne vous entretenir que des changemens que l'on y ap-
» porte. «

L'inscription de faux incident civil est celle qu'on forme
au Tribunal, où l'acte, argué de faux ou de falsification, est
produit.

Vide, sous l'art. 250, la définition du faux principal et
l'indication de la procédure à laquelle sa poursuite donne
lieu.

Arrêt de la C. S., du 28 avril 1809, décidant que l'action publique pour faux au criminel est autorisée, encore
qu'il y ait au Tribunal civil jugement, qui, sur le même fait,
rejette l'inscription de faux incident. [R. Sir., t. 9, 1ere. ptie.,
p. 427.]

C. N. Art. 1318. L'acte qui n'est point authentique
par l'incompétence ou l'incapacité de l'officier, ou par
un défaut de forme, vaut comme écriture privée, s'il a
été signé des parties.

Vide les autres principes relatifs aux actes sous seing-privé,
sous l'art. 193; C. N., art. 1322, 1323, 1324, 1325 et 1326.

Vide art. 14, les juges-de-paix ne peuvent connaître du
faux incident.

Art. 427, même prohibition aux Tribunaux de commerce.

Vide, sous l'art. 135, l'art. 1319 du C. N.

En l'art. 480, quand la découverte du faux donne ouverture à la requête civile.

Art. 214. Celui qui prétend qu'une pièce signifiée,
communiquée ou produite dans le cours de la procédure,
est *fausse* 1°., ou *falsifiée* 2°., peut, *s'il y échet* 3°.,

être reçu à s'inscrire en faux, encore que ladite pièce *ait été vérifiée* 4°., soit avec le demandeur, soit avec le défendeur en faux, *à d'autres fins que celles d'une pour-suite de faux principal* 5°. ou incident, et qu'en conséquence il soit intervenu un jugement sur le fondement de ladite pièce comme véritable.

1°. *Fausse.* Une pièce est fausse, lorsqu'elle contient un corps d'écriture, ou des signatures faussement prétendues être émanées de telle ou telle personne.

2°. *Falsifiées.* Elle a ce caractère, lorsqu'étant originairement sincère et vraie dans son ensemble, elle se trouve altérée dans quelqu'une de ses parties.

3°. *S'il y échet.*

M. P. : » Cet art. détermine sur quoi peut tomber l'inscrip» tion de faux ; quand et par qui cette procédure peut être » adoptée.

» Sa disposition renferme deux parties, qui méritent d'être » considérées.

» La raison semblerait au premier coup-d'œil autoriser l'ins» cription de faux, par le seul motif de la production de la » pièce ; cependant, quoique le fait soit constant, la loi veut » encore que le juge prononce, *s'il échet*, de recourir à ce » moyen extrême, ensorte qu'elle semble lui donner le droit » de l'interdire et de couvrir le crime de son égide.

» Mais gardons-nous de croire qu'elle lui confie un pou» voir aussi arbitraire. Celui contre qui la pièce est produite » ne peut prévoir jusqu'à quel point elle peut influer sur le » sort du litige : il suffit qu'il apperçoive entre les mains » de son adversaire une arme, qu'il soupçonne de perfidie, » pour qu'il cherche le moyen de la lui enlever, sans qu'il » s'inquiète s'il peut ou non en être atteint.

» Si cependant la pièce est indifférente aux débats ; si, vraie » ou fausse, celui qui l'a produite s'est aveuglé sur les con» séquences qu'il pouvait en tirer ; si, sans elle, son droit » est certain, ou son erreur palpable, pourquoi la justice » déploierait-elle alors toute la rigueur de ses formes ? pour» quoi s'exposerait-elle à l'incertitude de ses moyens, et » pourquoi encore seconderait-elle la mauvaise foi de celui » qui, antérieurement, aurait librement reconnu la vérité » de l'acte, et qui, pour parler le langage du palais, aurait » préparé contre lui des fins de non-recevoir invincibles ? Sans

» douté, alors, il n'écheoit pas d'autoriser l'inscription de
» faux, qui ne ferait que prolonger les débats et favoriser
» la chicane. «

4°. *Ait été vérifiée.* » Mais pourquoi ne place-t-elle pas au
» au nombre de ces fins de non-recevoir la reconnaissance
» déjà faite en jugement ; et après vérification de la pièce
» arguée de faux, quelques observations feront disparaître
» l'espèce d'incohérence qui paraît résulter de cette dispo-
» sition.

» Lorsque nous nous sommes occupés de la vérification des
» écritures, vous avez déjà observé que le jugement qui in-
» tervenait, ne pouvait jamais être que le résultat de pré-
» somptions réunies et comparées ; c'est aussi pour cela que
» la loi rejette du nombre des pièces de comparaison celles
» qui ont été vérifiées. Pourquoi refuserait-elle un nouveau
» moyen de découvrir la vérité, si, en ajoutant à la rigueur
» des formes, elle impose une tâche plus pénible à remplir,
» et si celui qui s'y sera soumis, doit, par le résultat, re-
» cueillir des preuves plus victorieuses ?

» Lors de la vérification d'écritures, c'est à celui qui est
» porteur d'un titre à en justifier la vérité ; celui à qui il est
» opposé, ne doit que dénier ou ne pas reconnaître ; s'il est
» appelé à toutes les opérations, ce n'est que pour surveiller
» son adversaire ; pourquoi donc, lorsqu'il s'y soumet, lui
» refuserait-on le droit d'en prouver la fausseté ?

» Un intérêt plus grand se réunit aux motifs que je viens
» d'analyser : c'est l'intérêt public. L'inscription du faux in-
» cident civil n'exige pas que celui qui veut la former dé-
» signe le faussaire ou le falsificateur. Elle ne peut l'atteindre,
» mais elle peut élever contre lui de violens soupçons ; et
» alors la procédure, prenant un autre caractère, amènera
» tout-à-la-fois la réparation du délit et la punition du cou-
» pable ; et ne serait-ce pas encourager le crime, si une
» simple vérification, dirigée par le coupable lui-même, pou-
» vait lui assurer l'impunité ? «

Arrêt de la C. S., du 29 fdor. an 4, décidant que la demande
en permission de s'inscrire en faux incident peut être formée
en tout état de cause avant le jugement du procès, même après
le rapport.

Arrêt de la C. S., du 13 jllet. 1808, décidant que, si dans
l'expédition d'un jugement un juge se trouve mal-à-propos
porté au nombre de ceux qui y ont pris part, on peut prouver
qu'il n'y a pas concouru, et ce, par la représentation d'un

extrait du plumitif, ou de la feuille d'audience où son nom ne serait pas. [R. Sir. t. 9, 1ere. ptie., p. 122.]

Arrêt de la C. S., du 13 jllet. 1808, décidant que celui qui veut s'inscrire en faux incident, doit, pour y être reçu, en demander la permission au juge, qui est libre d'accorder ou de refuser cette permission. [R. Sir. t. 9, 1ere. ptie., p. 122. Deu. 1808, 2e. ptie. p. 178.]

Jugé par la C. de Grenoble, le 22 jer. 1810, que les juges peuvent, à l'inspection d'une pièce, déclarer qu'elle n'est pas altérée, et refuser ainsi d'admettre l'inscription de faux. [R. Sir., t. 11, 2e. ptie. p. 161.]

Vide art. 250, la définition du faux principal et l'indication de la procédure particulière à laquelle il donne lieu.

5°. *A d'autres fins, etc.* Exclusion nécessaire d'une deuxième demande en faux contre la même pièce. Si une première inscription n'a rien prouvé, la deuxième ne produirait pas plus d'effet, et elle serait vexatoire. *Vide* art. 216, note 2.

Consultez un arrêt de la C. de Rouen, du 11 fdor. an 12, sur les questions, 1°. si le condamné par corps au paiement d'un billet par un jugement passé en force de chose jugée, peut toujours faire annuler la contrainte en prenant la voie du faux incident contre sa prétendue obligation.

2°. Sur celle, quel est le juge qui a le droit de statuer sur le mérite de l'inscription de faux. [R. Sir. t. 7, 2e. ptie., p. 966.]

ART. 215. Celui qui voudra s'inscrire en faux sera tenu préalablement de sommer *l'autre partie* par acte d'avoué à avoué, de déclarer si elle veut ou non se servir de la pièce; avec déclaration que, dans le cas où elle s'en servirait, il s'inscrira en faux.

L'autre partie devient le défendeur en faux.

M. P. :» Suffit-il d'avoir produit une pièce insimulée de faux,
» pour être exposé à la rigueur de cette procédure? Non; la
» loi tend encore une main secourable à celui qui voudrait
» profiter d'un faux; elle veut qu'il soit averti du danger, et
» l'instruction ne commence qu'après sa réponse affirmative à
» une sommation de déclaration, s'il entend se servir de la
» pièce. «

On peut d'ailleurs ignorer les caractères d'un faux commis par son auteur.

L'art. 71 du T. fixe les droits de cette sommation.

Art. 216. *Dans les huit jours* 1°., la partie sommée doit faire signifier, par acte d'avoué, *sa déclaration* 2°. signée d'elle, ou du porteur de *sa procuration spéciale* 3°. et authentique, dont copie sera donnée ; si elle entend ou non se servir de la pièce arguée de faux.

1°. *Dans les huit jours.* La loi ne prononce pas de déchéance ; ainsi, le défendeur peut faire sa déclaration jusqu'à ce que la déchéance soit prononcée.

L'ordonnance de 1737 n'accordait que trois jours.

Consultez un arrêt de la C. d'Angers, du 21 jer. 1809, sur la question, si la partie sommée de déclarer si elle entend se servir ou non d'une pièce arguée de faux, n'est pas tenue de faire cette déclaration dans la huitaine ; si elle a à faire valoir des exceptions qui la dispenseraient de la déclaration. [R. Sir. t. 9, 2e. ptie., p. 304.]

2°. *Sa déclaration.* L'art. 71 du T. fixe les droits.

Arrêt de la C. S. du 21 jer. 1809, décidant qu'une procédure en inscription de faux, commencée depuis la mise en activité du C. de P., par suite d'un appel interjetté au civil antérieurement, doit être instruite et exercée conformément aux dispositions du nouveau Code. [R. Sir. t. 9, 2e. ptie., p. 304.]

3°. *Procuration spéciale.* Vide la note 2.

M. P. : » Cette déclaration devient pour lui un lien judiciaire ; elle excède les bornes d'un pouvoir général ; il faut
» qu'elle soit signée de la partie ou d'un fondé de pouvoir spé-
» cial ; cette forme est tellement rigoureuse, que l'on a vu sous
» le régime de l'ordonnance de 1737, une des C. S. du royaume
» annuller une inscription de faux, parce qu'on avait pensé
» pouvoir se contenter de la réponse affirmative de la partie
» faite à l'audience sur l'interpellation du juge. «

Art. 217. Si le défendeur à cette sommation *ne fait cette déclaration* 1°., ou s'il déclare qu'il ne veut pas se servir de la pièce, le demandeur pourra se pourvoir à l'audience pour faire ordonner que la pièce maintenue fausse sera rejetée par rapport au défendeur, sauf au demandeur à en tirer telles inductions ou conséquences qu'il jugera à propos, ou à former telles demandes qu'il avisera pour *ses dommages et intérêts* 2°.

1°. *Ne fait cette déclaration.* Le silence du défendeur est

pris

pris pour une déclaration qu'il n'entend faire usage de la pièce.

2°. *Dommages et intérêts. V*bi. *G*à., si la production de la pièce a nui à son crédit, à sa réputation, ou a retardé le jugement.

ART. 218. Si le défendeur déclare qu'il veut se servir de la pièce, le demandeur déclarera, par acte au greffe signé de lui, ou de son fondé de *pouvoir spécial et authentique* 1°., qu'il entend s'inscrire en faux; il poursuivra l'audience sur un simple acte, à l'effet de *faire admettre* 2o. l'inscription et faire nommer le commissaire devant lequel elle sera poursuivie.

1°. *Pouvoir spécial et authentique*, doit être annexé à la déclaration s'il est en brevet; il faut que celui contre lequel on poursuit l'inscription de faux ait un titre pour obtenir la réparation et les dommages et intérêts contre le demandeur, s'il succombe ou s'il abandonne ses poursuites.

2°. *Faire admettre. Vide* art. 229 jusqu'à 231, quelle procédure doit précéder le jugement d'admission des moyens de faux, et la latitude laissée aux juges de les admettre ou les rejeter en tout ou partie.

L'art. 92 du T. fixe le droit de la vacation pour faire cette déclaration.

ART. 219. Le défendeur sera tenu de remettre *la pièce arguée* 1°. de faux, au greffe, *dans trois jours de la signification du jugement qui aura admis l'inscription* 2o. et nommé le commissaire, et *de signifier l'acte* 3°. de mise au greffe dans les trois jours suivans.

1°. *La pièce arguée.*

M. P. : » La pièce suspectée de faux, doit, comme celle dont
» l'écriture est méconnue, être déposée au greffe; l'ordon-
» nance de 1737 n'accordait que vingt-quatre heures pour opé-
» rer ce dépôt, et presque toujours le Tribunal était obligé de
» le proroger; maintenant il sera de trois jours, et dès-lors il
» deviendra plus fixe. «

2°. *Du jugement qui aura admis. Voyez* la note 2, art. 218.

3°. *Et de signifier l'acte.*

Vide, art. 225, à quelle personne cette signification doit être faite.

T

L'art. 70 du T. fixe le droit de cette signification, et l'art. 92 accorde une vacation pour effectuer ce dépôt.

Jugé, le 18 jllet. 1811, par la C. de Besançon, que le délai fixé par cet article est fatal. [Den., 1811, 2e. ptie. p. 163.]

Art. 220. *Faute parle défendeur* 1°. de satisfaire, *dans ledit délai* 2°., à ce qui est prescrit par l'art. précédent, le demandeur pourra se pourvoir à l'audience pour faire statuer sur le rejet de ladite pièce, suivant ce qui est porté en l'art. 217 ci-dessus, *si mieux il n'aime demander* 3°. qu'il lui soit permis de faire remettre ladite pièce au greffe, à ses frais, dont il sera remboursé par le défendeur comme de frais préjudiciaux ; à l'effet de quoi il lui en sera délivré exécutoire.

1°. *Faute par le défendeur.*

M. P. : » Si le défendeur qui doit opérer ce dépôt s'y refuse, » se remettra-t-il par-là dans la position où il était avant sa » déclaration ? Pourra-t-il, par son refus, conserver à la » pièce sa dangereuse existence et se ménager les moyens de la » faire valoir, lorsque les preuves seront dépéries ?

» Non, ce sera alors le demandeur qui aura le droit d'agir » suivant son intérêt ; il pourra faire prononcer le rejet de la » pièce, ou être autorisé à en faire le dépôt aux frais du défen- » deur. «

2°. *Dans ledit délai. Vide* art. 225, 1ere. partie, comment le défendeur qui a remis la pièce doit faire connaître cette remise au demandeur, et dans quel délai le procès-verbal en doit être dressé.

3°. *Si mieux il n'aime demander.* Par exemple, si la pièce se trouve en autres mains que celles du défendeur connu d'un rapporteur ou d'un dépositaire, à quelque titre que ce soit.

Art. 221. *En cas qu'il y ait minute* 1°. de la pièce arguée de faux, il sera ordonné *s'il y a lieu* 2°. par le juge-commissaire, sur la requête du demandeur, que le défendeur sera tenu *dans le tems qui lui sera prescrit* 3°., de faire apporter ladite minute au greffe, et que les dépositaires d'icelle y seront contraints, *les fonctionnaires publics* 4°., par corps, et *ceux qui ne le sont pas* 5°., par voie de saisie, amende et même par corps, s'il échet.

1°. *En cas qu'il y ait minute.*

M. P. : » L'intérêt qu'il y a de rapprocher la minute de » l'expédition, lorsque celle-ci est soupçonnée de faux, a » dicté la disposition qui en autorise également le dépôt, » et celles qui organisent les moyens de contraindre les fonc- » tionnaires publics et autres à l'opérer. «

2°. *S'il y a lieu.* 1°. Si l'inscription est dirigée contre la minute ; 2°. si elle l'est contre l'expédition seulement, et si on prétend en prouver le faux, par sa comparaison avec la minute ; 3°. si on argue de faux la minute et l'expédition.

3°. *Dans le tems qui sera prescrit.* Voyez art. 1034, quels délais la loi accorde à raison des distances. *Vide* art. 223, de quel jour court ce délai.

4°. *Les fonctionnaires publics.* *Vide* art. 201, note 1ere. quels sont ceux que la loi désigne comme tels.

5°. *Ceux qui ne le sont pas.* Par exemple, les héritiers d'un notaire ou de tout autre fonctionnaire public, et tout dé- positaire qui n'exerce aucune fonction publique.

L'art 70 du T. accorde un droit de vacation pour être pré- sent à la réquisition de l'apport de la minute.

L'art. 76, un droit pour la présentation de la requête, un droit de rédaction de la requête au juge – commis- saire.

L'art. 91, un droit de vacation pour obtenir l'ordonnance qui statue sur l'apport.

ART. 222. Il est laissé à la prudence du Tribunal d'ordonner, sur le rapport du juge-commissaire, qu'il sera procédé à la continuation de la poursuite du faux, sans attendre l'apport de la minute ; comme aussi de statuer ce qu'il appartiendra, en cas que ladite minute ne pût être rapportée, ou qu'il fût suffisamment justifié qu'elle a été soustraite ou qu'elle est perdue.

ART. 223. Le délai pour l'apport de la minute court du jour de *la signification de l'ordonnance*, ou juge- ment au domicile de ceux qui l'ont en leur possession.

La signification de l'ordonnance. L'art. 29 du T. fixe le droit
pour cette signification.

ART. 224. Le délai qui aura été prescrit au défendeur
pour faire apporter la minute, courra du jour de *la signi-*
fication de l'ordonnance ou du jugement à son avoué ; et
faute par le défendeur d'avoir fait les diligences nécessaires pour l'apport de ladite minute dans ce délai, le
demandeur pourra se pourvoir à l'audience, ainsi qu'il
est dit art. 217.

Les diligences ci-dessus prescrites au défendeur seront
remplies, en signifiant par lui aux dépositaires, dans le
délai qui aura été prescrit, copie de la signification qui
lui aura été faite de l'ordonnance ou du jugement ordonnant l'apport de ladite minute, sans qu'il soit besoin par
lui de lever expédition de ladite ordonnance ou dudit jugement.

L'art. 70 du T., fixe le droit pour cette signification.

ART. 225. La remise de ladite pièce prétendue fausse
étant faite au greffe, l'acte en *sera signifié* à l'avoué du
demandeur, avec sommation d'être présent au procès-
verbal ; et trois jours après cette signification, il sera dressé
procès-verbal de l'état de la pièce.

Si c'est le demandeur qui a fait faire la remise, ledit
procès-verbal sera fait dans les trois jours de ladite remise,
sommation préalablement faite au défendeur d'y être
présent.

En sera signifié. Le délai est fixé à trois jours par l'art. 219.
L'art. 70 du T. en fixe le droit.

ART. 226. S'il a été ordonné que les minutes seraient
apportées, le procès-verbal sera dressé conjointement,
tant desdites minutes, que des expéditions arguées de faux,
dans les délais ci-dessus : pourra néanmoins le Tribunal
ordonner, suivant l'exigence des cas, qu'il sera d'abord
dressé procès-verbal de l'état desdites expéditions, sans

attendre l'apport desdites minutes, de l'état desquelles il sera, en ce cas, dressé procès-verbal séparément.

M. P. : » Après avoir recueilli tous les matériaux relatifs » au corps du délit, l'ordre naturel des idées nous conduit » aux moyens d'en constater l'état. Ces moyens sont, la » description de la pièce arguée de faux ; elle doit être » faite concurremment avec celle de la minute, et trois » jours après le dépôt ; mais si le dépôt de la minute ne con- » court pas avec l'échéance du délai fixé pour le procès- » verbal de description, le juge est alors le maître, suivant » les circonstances, de suspendre l'instruction, jusqu'à ce que » cette minute soit apportée, comme aussi de procéder ou » de surseoir à la description de l'expédition.

ART. 227. Le procès-verbal contiendra mention et des- cription des ratures, surcharges, interlignes et autres circonstances du même genre ; il sera dressé par le juge- commissaire, en présence du procureur-impérial, du de- mandeur et du défendeur, ou de leurs fondés de procu- rations authentiques et spéciales : lesdites pièces et minu- tes seront paraphées par le juge-commissaire, le procu- reur-impérial, par le défendeur et le demandeur, s'ils peuvent ou veulent les parapher ; sinon, il en sera fait mention. Dans le cas de non-comparution de l'une ou l'au- tre des parties, il sera donné défaut et passé outre au pro- cès verbal.

L'art. 93 du T. accorde un droit de vacation à ce procès- verbal.

ART. 228. Le demandeur en faux, ou son avoué, pourra prendre communication, en tout état de cause, des pièces arguées de faux, par les mains du greffier, sans déplacement et sans retard.

L'art. 92 du T. accorde un droit de vacation.

ART. 229. Dans les huit jours qui suivront ledit procès- verbal, le demandeur sera tenu de signifier au défendeur *ses moyens de faux* 1°., lesquels contiendront les faits, circonstances et preuves par lesquelles il prétend établir le faux ou la falsification ; sinon, *le défendeur pourra* 2°. se pourvoir à l'audience, pour faire ordonner, s'il y échet, que ledit demandeur demeurera déchu de son inscription en faux.

1°. *Ses moyens de faux.*

M. T. : » Nous avons écarté avec empressement la dispo-
» sition de l'ordonnance de 1737, portant qu'en aucun cas il
» ne serait donné copie ni communication des moyens de
» faux au défendeur; disposition adaptée à l'ancienne pro-
» cédure criminelle, qui paraissait toute dirigée contre l'ac-
» cusé qu'on traitait d'avance comme un coupable. «

M. P. : » Nous voici parvenus à l'instant où la procédure
» prenant le caractère qui lui est propre, se revêt de toute la
» rigueur d'une procédure criminelle, où le demandeur, forcé
» d'articuler les circonstances qui caractérisent le délit, con-
» tracte l'engagement de le justifier, et où le défendeur doit
» plus que jamais concevoir le grand intérêt qu'il a d'en dis-
» cuter, d'en surveiller les preuves.

» Huit jours après le procès-verbal de description, le
» demandeur sera tenu de faire connaître ses moyens de
» faux.

» L'art. 27 de l'édit de 1737 prononçait, en termes formels,
» qu'en cas de deux procès-verbaux séparés, l'un de la descrip-
» tion de l'expédition, l'autre qui comprendrait celle de la
» minute, le délai ne courrait qu'à compter de ce dernier.

» Le projet que nous examinons ne contient pas cette dis-
» position, mais il en présente une équivalente; lorsqu'il
» autorise le juge à suspendre la procédure, c'est à lui de
» prononcer. Si la minute est tellement nécessaire à l'ins-
» cription, que, sans elle, les moyens ne puissent être tous
» connus et développés, dans ce cas, sans doute, le deman-
» deur ne peut être tenu de les présenter; et par rapport
» à lui, les deux procès-verbaux se confondent, pour n'of-
» frir l'idée que d'un seul et même acte.

» Le projet étend les délais pour fournir les moyens de
» faux, parce que l'expérience a convaincu que l'extrême
» brièveté de ces délais calculés *de momento ad momentum,*
» avaient fait naître beaucoup d'abus, et que les praticiens
» s'en étaient emparés pour multiplier les formalités. Je
» pourrais vous en présenter un exemple bien frappant, en
» vous faisant connaître ce qui se pratiquait au Châtelet;
» relativement au tems accordé pour fournir les moyens de

» faux ; et si les instants me le permettaient, ce seul exemple
» vous ferait connaître combien il importe dans toutes les
» circonstances que les délais soient suffisans, si l'on veut
» acquérir le droit d'exiger une rigoureuse observance du
» texte qui les prescrit.

» Ce sera donc dans la huitaine que les moyens de faux
» seront présentés.

» Mais comment seront-ils fournis ? comment seront-ils
» admis ou rejettés, c'est-à-dire, quelles preuves seront adop-
» tées, et comment pourra-t-on les recueillir ?

» C'est bien ici que la loi est absolument divergente de
» l'édit de 1737. Ce sont ses dispositions qui sont destinées
» à introduire dans notre jurisprudence les changemens les
» plus notables, et c'est de la comparaison des deux sys-
» têmes qu'ont dû sortir les motifs qui ont déterminé en
» faveur de l'un ou de l'autre.

» La première de ces lois, à partir de la présentation du faux,
» s'enveloppait de ce mystère impénétrable qui formait alors
» un des traits caractéristiques de notre procédure cri-
» minelle.

» L'art. 27 voulait que les moyens de faux fussent déposés
» au greffe ; l'art. 28 défendait expressément d'en donner
» communication au défendeur, et on a vu un greffier d'une
» cour supérieure flétri pour en avoir remis un extrait.

» Suivant l'art. 29, le jugement d'admission ou de rejet de
» ces moyens devait être rendu sur les seules conclusions du
» ministère public. Enfin, c'était encore par la voie seule de
» l'information secrète que l'on en recherchait la preuve.

» La loi veut au contraire que les moyens de faux soient
» signifiés au défendeur dans la huitaine ; il accorde à celui-
» ci un pareil délai pour y répondre. Le jugement sur l'ad-
» mission doit être rendu contradictoirement et à l'audience ;
» enfin, si ce jugement ordonne la preuve testimoniale, il
» réserve à l'instant au défendeur une preuve contraire.

» Si ces changemens sont importans, s'ils doivent essen-
» tiellement influer sur la procédure et sur ses résultats, il
» est aisé d'appercevoir leur rapport au système général de
» notre procédure criminelle, à ces lois sages que l'huma-
» nité et la philosophie ont dictées, qui ont déchiré le voile
» perfide dont la justice couvrait sa marche dans la pour-
» suite des délits, et qui ont rétabli dans toute leur étendue
» le droit d'une légitime défense.

» Eh ! quand la publicité fût-elle plus impérieusement com-
» mandée que dans ces circonstances ! «

Ses moyens de faux ; par exemple, que l'acte contient des
additions ou des surcharges non écrites de la main qui a
racé le corps de l'acte ;

Ou que celui qui se prétend créancier, a agi depuis l'existence de l'acte, comme s'il eût été débiteur ;

Ou l'invocation d'actes, qui prouveraient le contraire de
l'acte attaqué ; enfin, tous les moyens que les circonstances
présentent, et qui ne peuvent être ici autrement analysés.

L'art. 75 du T. fixe le droit à raison du nombre de rôles.

Art. 230. Sera tenu le défendeur, dans les huit jours de
la signification des moyens de faux, d'y répondre par écrit ;
sinon, le demandeur pourra se pourvoir à l'audience, pour
faire statuer sur le rejet de la pièce, suivant ce qui est prescrit art. 217 ci-dessus.

L'art. 75 du T. fixe le droit de cette réponse à raison du
nombre de rôles.

Art. 231. Trois jours après lesdites réponses, la partie
la plus diligente pourra poursuivre l'audience ; et les moyens
de faux *seront admis* ou *rejetés* 1°., en tout ou en partie :
il sera ordonné, s'il y échet, que lesdits moyens, ou aucuns d'eux, *demeureront joints* 2°., soit à l'incident en faux,
si quelques-uns desdits moyens ont été admis, *soit à la
cause ou au procès principal* 3°. ; le tout suivant la qualité
desdits moyens et l'exigence des cas.

1°. Seront admis ou rejettés.

M. P. : » La prudence exige que les moyens de faux ne
» soient pas légèrement admis ; deux principaux motifs,
» dit M. d'AGUESSEAU, dans son 45e. plaidoyer, doivent
» les faire rejetter : l'inutilité et l'impossibilité. Mais com-
» ment parvenir plus sûrement à connaître si ces motifs exis-
» tent, qu'en établissant la contradiction entre le demandeur
» et le défendeur ? Combien de circonstances articulées peu-
» vent frapper l'esprit du magistrat, et dont la plus légère
» explication ferait disparaître toute la gravité ? De com-
» bien d'anachronismes, et d'autres erreurs, le demandeur ne
» peut-il pas se rendre coupable, et que le défendeur, guidé

» par son intérêt personnel, aurait bientôt découvert, mais
» qui échapperont à l'œil du magistrat, quelque pénétrant
» qu'il puisse être, lorsque personne ne lui indiquera les
» sources dans lesquelles il peut puiser la lumière, et quels
» dégrés de certitude auront les dépositions des témoins ?
» Comment même les opposer au défendeur, s'ils n'ont pu
» être contredits, s'il n'a pas eu la liberté de montrer l'er-
» reur, ou peut - être encore de confondre l'imposture ?

» Il faut donc en convenir, dans cette espèce de procédure,
» qui tient tout-à-la-fois et du civil et du criminel, la pu-
» blicité est autant demandée par l'intérêt de la justice que
» par celui du défendeur, et les articles qui l'établissent sont
» un bienfait du législateur. «

2°. *Demeureront joints à l'incident.* La loi fixe elle-même le
cas où cette jonction peut avoir lieu, c'est-à-dire, si quelques-uns de ces moyens ont été admis.

3°. *A la cause ou au procès principal.* 1°. Par exemple, si on
a besoin d'instruire le faux sur des moyens admis pour reconnaître si les moyens joints sont pertinens et admissibles.

2°. Si les juges n'ont pas la certitude que la preuve des faits,
reconnus pertinens et admissibles, soit nécessaire.

M. PIGEAU donne à cet égard l'exemple suivant :

» Le demandeur articule deux moyens, l'*alibi* et la falsifi-
» cation. Si le premier moyen est prouvé, la preuve du se-
» cond devient inutile, puisqu'on est en état de décider que
» l'acte est faux. « [T. 1er., p. 340.]

Vide ce que dit le même auteur, p. 341, sur les divers motifs qui peuvent déterminer à rejetter les moyens de faux ;
et *supra*, sous l'art. 135, l'art. 1319 du C. N., qui autorise
les Tribunaux à suspendre l'exécution de l'acte argué incidemment de faux.

ART. 232. Le jugement ordonnera que les moyens admis
seront prouvés, *tant par titres que par témoins* 1°., devant
le juge-commis , sauf au défendeur la preuve contraire, et
qu'il sera procédé à la vérification des pièces arguées de
faux, par *trois experts* 2°. écrivains, qui *seront nommés
d'office* 3°. par le même jugement.

1°. *Tant par titres que par,* etc. *Vide* les notes sous l'art. 195.

2°. *Trois experts. Vide* ; sous l'art. 197, les notes relatives à
leur récusation et à celle du juge-commissaire.

L'art. 164 du T. ne leur accorde aucun droit de vacation pour prestation de serment.

L'art. 163 leur accorde un droit fixe par chaque vacation de trois heures, indépendamment de leurs frais de voyage, dont les bases sont réglées par l'art. 165.

3°. *Seront nommés d'office*, parce que l'affaire peut devenir criminelle, qu'elle intéresse l'ordre public, et que les experts pourraient être influencés par les parties qui les auraient nommés.

ART. 233. Les moyens de faux qui seront déclarés pertinens et admissibles, seront *énoncés expressément* 1°. dans le dispositif du jugement qui permettra d'en faire preuve, *et ne sera fait preuve d'aucun autre moyen* 2°. Pourront néanmoins les experts faire telles observations dépendantes de leur art qu'ils jugeront à propos, sur les pièces prétendues fausses, sauf aux juges à y avoir tel égard que de raison.

1°. *Enoncés expressément.*

M. P. : » Vous venez de voir avec quel soin le magistrat » doit prononcer sur les moyens de faux ; mais la loi man- » querait son but, si les témoins, maîtres de divaguer, n'é- » taient contraints de se renfermer dans les termes mêmes du » jugement d'admission : la loi leur en impose l'obligation, » mais elle laisse aux experts le droit de présenter telles ob- » servations dépendantes de leur art qu'ils jugeront à-propos.

2°. *Ne sera fait preuve, etc. ;* pour éviter les surprises du demandeur en faux.

Le même : » Cette liberté qu'elle leur accorde dans l'intérêt de » la vérité, en rapprochant davantage leur caractère de celui du » magistrat, exige aussi une garantie de plus de leur impartia- » lité : aussi les parties ne concourrent-elles pas à leur nomi- » nation ; le choix en est confié au Tribunal, et il est à croire » qu'il écartera avec soin toute influence d'affection particu- » lière, soit avec les parties, soit avec leurs défenseurs. «

ART. 234. En procédant à l'audition des témoins, seront observées les formalités ci-après prescrites pour *les enquê- tes* : les pièces prétendues fausses leur seront représentées et paraphées d'eux, s'ils peuvent ou veulent les parapher ; sinon, il en sera fait mention.

A l'égard des pièces de comparaison et autres qui doivent être représentées aux experts, elles pourront l'être aussi aux témoins, en tout ou en partie, si le juge-commissaire l'estime convenable, auquel cas elles seront par eux paraphées, ainsi qu'il est ci-dessus prescrit.

Pour les enquêtes. Vide art. 260 et suivans.

ART. 235. Si les témoins représentent quelques pièces lors de leur déposition, elles y demeureront jointes, après avoir été paraphées, tant par le juge-commissaire que par lesdits témoins, s'ils peuvent ou veulent le faire; sinon, il en sera fait mention : et si lesdites pièces *font preuve du faux* ou de la vérité des pièces arguées, elles seront représentées aux autres témoins qui en auraient connaissance, et elles seront par eux paraphées, suivant ce qui est ci-dessus prescrit.

Font preuve du faux; par exemple, une lettre contenant l'aveu du faux, ou la reconnaissance de l'acte argué.

ART. 236. La preuve par experts se fera en la forme suivante :

1°. Les *pièces de comparaison* 1°. seront convenues entre les parties ou indiquées *par le juge* 2°., ainsi qu'il est dit art. 200, titre *de la Vérification des écritures*.

2°. Seront remis aux experts le jugement qui aura admis l'inscription de faux ; les pièces prétendues fausses ; le procès-verbal de l'état d'icelles ; le jugement qui aura admis les moyens de faux et ordonné le rapport d'experts ; les pièces de comparaison, lorsqu'il en aura été fourni ; le procès-verbal de présentation d'icelles, et le jugement par lequel elles auront été reçues : les experts mentionneront dans leur rapport la remise de toutes les pièces susdites et l'examen auquel ils auront procédé, sans pouvoir en dresser aucun procès-verbal ; *ils parapheront les pièces prétendues fausses* 3°.

Dans le cas où les témoins auraient joint des pièces à leur déposition, la partie pourra requérir et le juge-commissaire ordonner qu'elles seront représentées aux experts.

3°. Seront, au surplus, observées audit rapport les règles prescrites au titre *de la Vérification des écritures.*

1°. *Pièces de comparaison.*

Vide art. 210, quelles pièces le juge peut indiquer, faute par les parties d'en être convenues.

2°. *Par le juge;* on entend évidemment le Tribunal, puisque le jugement qui les admet doit être remis aux experts.

Vide art. 206, quand on peut ordonner qu'il sera fait un corps d'écriture.

3°. *Ils parapheront, etc.;* pour constater que ce sont celles sur lesquelles porte leur avis.

ART. 237. En cas de récusation, soit contre le juge-commissaire, soit contre les experts, il y sera procédé, ainsi qu'il est dit au titre *des Récusations de juges et des visites d'experts.*

Vide art. 197, le rapprochement des art^{es}. qui fixent les causes et le mode de l'une ou l'autre récusation.

ART. 238. Lorsque l'instruction sera achevée, le jugement sera poursuivi sur un simple acte.

ART. 239. S'il résulte de la procédure des indices de faux ou de falsification, et que les auteurs ou complices soient vivans, et *la poursuite du crime non éteinte* 1°. par la prescription, *d'après les dispositions du Code* pénal, le président délivrera *mandat d'amener* 2°. contre les prévenus, et remplira, à cet égard, les fonctions d'officier de police judiciaire.

M. P. : » Lorsque les preuves sont recueillies, soit par la » déposition des témoins, soit par l'expertise, il arrive ou » qu'il n'y a aucun indice de faux, ou que s'il y en a de » suffisans, l'auteur n'en est pas connu, ou que s'il est connu, » la poursuite du crime est éteinte par la prescription ; ou » qu'enfin, le coupable dévoilé peut encore être mis sous la » main de la justice.

» Dans ce dernier cas seulement, le président du Tribunal » se trouve revêtu des fonctions d'officier de police judi-» ciaire ; il délivre contre le prévenu un mandat d'amener, » et il est sursis à statuer sur le civil jusqu'au réglement du

» faux. Dans tous les autres cas, les parties reviennent à
» l'audience, où il est prononcé sur le sort de la pièce; mais
» si elle doit être lacérée ou supprimée en partie, comme
» alors l'exécution du jugement ne pourrait plus être réparée,
» il y est sursis pour cet objet seulement, tant que celui qui
» a succombé conserve le droit de se plaindre par la voie
» de l'appel de la requête civile ou de la cassation. «

1°. *La poursuite du crime non éteinte.* C. Pén. 3 brumre. an 4,
art. 7.

L'action publique s'éteint par la mort du coupable. L'action
civile peut être exercée contre ses héritiers.

Art. 9. Il ne peut être intenté aucune action publique ni
civile pour raison d'un délit, après trois années révolues
à compter du jour où l'existence en a été connue et légalement constatée, lorsque dans cet intervalle il n'a été fait
aucune poursuite.

Art. 10. Si dans les trois ans il a été commencé des poursuites, soit criminelles, soit civiles, à raison d'un délit,
l'une et l'autre action durent six ans, même contre ceux qui
ne seraient pas impliqués dans ces poursuites.

Les six ans se comptent pareillement du jour où l'existence du délit a été connue et légalement constatée.

Après ce terme, nul ne peut être recherché soit au criminel soit au civil, si dans l'intervalle il n'a pas été condamné par défaut ou contumace.

L'art. 637 du C. d'instruction criminélle proroge à dix
années, à partir du dernier acte d'instruction, la prescription de toute action résultante de tout crime emportant
peine afflictive ou infamante.

2°. *Mandat d'amener. Vide* au chap. 7 du liv. 1er. du C. d'instruction criminelle, les formes particulières de chacun des
mandats de comparution d'amener et d'arrêt, et de dépôt.

ART. 240. Dans le cas de l'art. précédent, il sera sursis
à statuer sur le civil jusqu'après le jugement sur le faux.

Vide art. 250, dans quel cas il peut toujours être statué sur
le civil, nonobstant la plainte en faux.

ART. 241. Lorsqu'en statuant sur l'inscription de faux,
le Tribunal aura ordonné *la suppression* 1°., la lacération
ou *la radiation* en tout ou *en partie* 2°., même *la ré-*
formation 3°. ou *le rétablissement* 4°. des pièces déclarées fausses, il sera sursis à l'exécution de ce chef de

jugement, tant que le condamné sera dans le délai de se pourvoir *par appel* 5°., *requête civile* 6°. *ou cassation* 7°., où qu'il n'aura pas formellement et valablement acquiescé au jugement.

1°. *La suppression ;* si la pièce est entièrement fausse.

2°. *La radiation en partie*, lorsqu'il n'y a qu'une partie fausse, *Vbi. Gia. ;* si l'on a mis dans une expédition des expressions qui ne sont pas dans la minute.

3°. *La réformation ;* s'il y a eu des transpositions, omissions ou incorrections.

4°. *Le rétablissement ;* si par des surcharges on a changé les mots qui existaient primitivement.

5°. *Par appel. Vide* art. 443, 444, 445 et 446.

6°. *Requête civile.* Art. 483 et suivans, jusques à 489.

7°. *Ou cassation.*

Dans quels délais le pourvoi en cassation doit être fait en matière civile.

Pour les habitans de la France continentale, trois mois ; art. 14, loi du 27 novbre. 1790.

Hors du Continent, le délai est de six mois pour la Corse, d'un an pour les Colonies Occidentales, et deux ans pour les Colonies Orientales.

Art 12, titre 4, 1ere. partie, réglement de 1738.

Dans la supputation du délai, on ne compte ni le jour de la signification, ni le jour du pourvoi.

Art. 1er., loi du 1er. fre. an 2.

Ce délai court pour les majeurs, à dater du jour de la signification qui leur est faite à personne ou domicile.

Art 14, loi du 27 novbre. 1790.

Quant aux mineurs, le délai ne court que du jour de la signification à eux faite, depuis qu'ils ont atteint la majorité.

Art. 13, titre 4, 1ere. part. réglement de 1738.

Le délai ne court pas contre les gens de mer, ni contre les citoyens absens pour le service public, ni contre les défenseurs de la patrie en activité de service, durant l'état de guerre.

Loi du 2 sepbre. 1793, art. 2, loi du 6 brumre. an 5.

ART. 242. Par le jugement qui interviendra sur le

faux , il sera statué , ainsi qu'il appartiendra , *sur la re-mise* des pièces , *soit aux parties* 1°. , *soit aux témoins* 2°. qui les auront fournies ou représentées ; ce qui aura lieu même à l'égard des pièces prétendues fausses , lors-qu'elles ne seront pas jugées telles : à l'égard des pièces qui auront été tirées d'un dépôt public , il sera ordonné qu'elles seront remises aux dépositaires , ou renvoyées par les greffiers de la manière prescrite par le Tribunal ; le tout sans qu'il soit rendu séparément un autre juge-ment sur la remise des pièces , laquelle néanmoins ne pourra être faite qu'après le délai prescrit par l'art. pré-cédent.

1°. *Aux parties, au défendeur* ; celles arguées de faux si elles ne sont pas jugées fausses , et toutes celles qu'il peut avoir produit pour sa justification.

Au demandeur ; celles qu'il a produites pour établir le faux et celles de comparaison.

2°. *Aux témoins. Vide* art. 235 , quelles sortes de pièces ils ont pu produire.

Vide art. 246 , quelles autres dispositions le jugement doit contenir.

ART. 243. Il sera sursis , pendant ledit délai , à la remise des pièces de comparaison ou autres , si ce n'est qu'il en soit autrement ordonné par le Tribunal , sur la requête des dépositaires desdites pièces , ou des parties qui auraient intérêt de la demander.

ART. 244. Il est enjoint aux greffiers de se conformer exactement aux articles précédens , en ce qui les regarde , à peine d'interdiction , d'amende , qui ne pourra être moindre de 100 francs , et des dommages-intérêts des parties , même d'être procédé extraordinairement , s'il y échet.

ART. 245. Pendant que lesdites pièces demeureront au greffe , les greffiers ne pourront délivrer aucune co-pie ni expédition des pièces prétendues fausses , si ce n'est en vertu d'un jugement ; à l'égard des actes dont

(304)

les originaux ou minutes auront été remis au greffe, et
notamment des registres sur lesquels il y aurait des actes
non argués de faux, lesdits greffiers pourront en délivrer des expéditions aux parties qui auront droit d'en
demander, sans qu'ils puissent prendre de plus grands
droits que ceux qui seraient dus aux dépositaires desdits
originaux ou minutes ; et sera le présent article exécuté,
sous les peines portées par l'art. précédent.

S'il a été fait par les dépositaires des minutes desdites
pièces des expéditions pour tenir lieu desdites minutes,
en exécution de l'art. 203 du titre *de la Vérification des
écritures*, lesdits actes ne pourront être expédiés que par
lesdits dépositaires.

Art. 246. Le demandeur en faux qui succombera,
sera condamné à *une amende* 1°., qui ne pourra être
moindre de 300 fr., et à *tels dommages et intérêts qu'il
appartiendra* 2°.

1°. *Une amende.*

M. T. : » Nous avons écarté l'obligation de consigner une
» amende préalable pour obtenir la permission de s'inscrire ;
» cette consignation nous paru au moins peu convenable ;
» pourquoi donc payer d'avance pour user d'un moyen avoué
» par la loi ? «

M. P. : « Il ne faut pas croire, parce qu'on a dispensé le de-
» mandeur de l'obligation de consigner une amende, que l'on
» veuille protéger la chicane et encourager la calomnie

» S'il succombe, (le demandeur) il encourt nécessairement la
» peine de cette amende ; elle ne peut être moindre de 300 fr.
» Elle ne remplace pas les dommages et intérêts auxquels le
» défendeur conserve tous ses droits ; elle est encourue dès
» que l'inscription de faux a été admise, soit que dans la suite
» il n'y ait point de preuve du délit ; soit que le demandeur se
» soit désisté, ou qu'il se soit arrêté dans sa poursuite. «

2°. *Tels dommages et intérêts, etc.* Ils doivent être propor-
tionnés à la gravité et à la malignité de l'accusation, et au
retard qu'elle a apporté au jugement.

Art. 247. *L'amende sera encourue* toutes les fois que
l'inscription en faux ayant été faite au greffe, et la demande

mande afin de s'inscrire admise, le demandeur s'en sera
désisté volontairement, ou aura succombé, ou que les
parties auront été mises hors de procès, soit par le défaut
de moyens ou de preuves suffisantes, soit faute d'avoir
satisfait, de la part du demandeur, aux diligences et
formalités ci-dessus prescrites; ce qui aura lieu en
quelques termes que la prononciation soit conçue, et encore
que le jugement ne portât point condamnation d'amende;
le tout, quand même le demandeur offrirait de poursuivre
le faux par la voie extraordinaire.

Formalités ci-dessus prescrites. Vide art. 229, dans quel délai
le demandeur doit signifier ses moyens de faux.

Art. 232, 233 et 234, quelles obligations ils imposent au demandeur pour parvenir à la preuve du faux.

Art. 248. L'amende ne sera pas encourue, lorsque la
pièce, ou une des pièces arguées de faux, aura été déclarée *fausse en tout ou en partie* 1°., ou *lorsqu'elle
aura été rejettée* 2°. *de la cause* ou du procès; comme
aussi, lorsque la demande afin de s'inscrire en faux n'aura
pas été admise; et ce, de quelques termes que les juges
se soient servis pour rejetter ladite demande, ou pour
n'y avoir pas d'égard.

1°. *Fausse en tout ou partie.* On ne peut imputer, dans ce
cas, au demandeur d'avoir accusé indiscrettement, ni d'avoir
retardé sans sujet le jugement du procès.

2°. *Lorsqu'elle aura été rejettée.* Par exemple, si, après l'admission, on reconnaît que l'affaire peut être jugée, abstraction faite de la pièce arguée de faux, on ne peut dans ce cas
faire aucun reproche au demandeur, puisqu'il n'aurait pas en-
trepris la preuve de faux s'il n'y avait été admis.

Art. 249. *Aucune transaction* sur la poursuite du
faux incident ne pourra être exécutée, si elle n'a été homologuée en justice, après avoir été communiquée au
ministère public, lequel pourra faire à ce sujet telles réquisitions qu'il jugera à propos.

Aucune transaction.

M. T. : »Dans une pareille matière, l'ordre public est tou-

V

» jours intéressé; les parties ne sont pas libres, par des con-
» ventions privées et secrettes, de faire disparaître les traces
» d'un crime, et de soustraire les coupables aux peines qu'ils
» ont encourues : aucune transaction ne peut être exécutée
» qu'après une homologation en justice, sur les conclusions
» du Ministère public qui doit veiller sans cesse, parce que le
» crime ne dort jamais. «

M. P. : » L'intérêt de la société ne permet pas que le coupable
» prêt à être dévoilé, puisse échapper par quelques sacrifices
» pécuniaires à la honte et à la peine qu'il a encourue. «

Vide, sous l'art. 48, l'art. 2046 du C. N., qui fixe les conditions sous lesquelles on peut transiger sur l'intérêt civil résultant d'un délit.

ART. 250. Le demandeur en faux pourra toujours se
pourvoir, par la voie criminelle, *en faux principal;* et
dans ce cas, il sera sursis au jugement de la cause, à
moins que les juges n'estiment que le procès puisse être
jugé indépendamment de la pièce arguée de faux.

L'inscription en faux principal est une plainte adressée au Tribunal Criminel, contre un acte privé ou authentique que l'on
soutient faux ou falsifié pour le faire déclarer tel.

Le titre 4 du liv. 2 du Code d'instruction criminelle, depuis
l'art. 438 jusqu'à l'art. 463, règle la procédure particulière sur
le faux.

Jugé, le 3 mai 1808, par la C. de Colmar, que la plainte en
faux contre un acte notarié, n'en suspend l'exécution que lorsque le directeur du jury a déclaré qu'il y a lieu à accusation.
[R. Sir. t. 10, 2e. ptie., p. 557.]

Arrêt de la C. S., du 15 fer. 1810, décidant que lorsqu'une demande en faux principal est dirigée contre des actes
qui ne sont pas authentiques et revêtus de la formule exécutoire, l'inscription de faux, elle seule, suspend l'exécution
des actes reprochés; dans ce cas, il n'est pas besoin que l'auteur du faux soit mis en accusation. [*Id.*, t. 10, 1ere. ptie.,
p. 174. Den. 1810.]

Arrêt de la C. S., du 13 août 1807, statuant que lorsque dans
un procès l'une des parties veut se pourvoir par la voie criminelle en faux principal, le Tribunal saisi doit, avant tout,
examiner si le procès ne peut être jugé indépendamment de la
pièce arguée de faux. [R. Sir. t. 8, 1ere. ptie. p. 104.]

Arrêt de la C. S., du 18 août 1806, décidant que les Tribu-

naux de Commerce ne sont pas tenus de surseoir au jugement
du fond, jusqu'à ce qu'il soit prononcé, par les juges compétens, sur la vérification d'écriture ou l'inscription de faux,
lorsque le sort de ces incidens ne peut influer sur leur décision. [R. Sir. t 6, 1ere. ptie. p 358.]

Arrêt de la C. S. du 6 pluviose. an 11, décidant qu'en matière
de faux incident, la voie criminelle ne peut être prise que
lorsque le demandeur soutient que son adversaire est l'auteur
du faux. [R. Sir. t. 3, 1ere. ptie., p. 225.]

ART. 251. *Tout jugement d'instruction ou définitif,
en matière de faux*, ne pourra être rendu que sur les
conclusions du ministère public.

Tout jugement, etc.

Consultez un arrêt de la C. de Paris, du 1er. gnal. an 11, sur la
question, si le jugement qui admet ou rejette des moyens de
faux incident, ne doit pas être rendu publiquement, et non à
la chambre du conseil, hors la présence du public.

<hr>

SOMMAIRES, LIV. 2, TIT. 12.

DES ENQUÊTES.

<table>
<tr><td></td><td colspan="2" align="center">ARTICLES.</td></tr>
<tr><td></td><td>C. N.</td><td>C. P. C.</td></tr>
<tr><td>Réflexions sur le systême des enquêtes, avant, pendant et depuis l'ordon^{ce}. de 1667, et éloge du nouveau, par M. P.</td><td></td><td></td></tr>
<tr><td>Enquête; (ce qu'on entend par.)</td><td></td><td></td></tr>
<tr><td>Mode d'articuler les faits de preuve.</td><td></td><td rowspan="3">252</td></tr>
<tr><td>Comment ils doivent être déniés ou re-connus.</td><td></td></tr>
<tr><td>Ce qu'on entend par preuve.</td><td></td></tr>
<tr><td>Motifs de l'obligation d'articuler les faits, par M. P.</td><td></td><td></td></tr>
<tr><td>Autres, par M. PIGEAU.</td><td></td><td></td></tr>
<tr><td>Ind^{on}., par le même, d'autres moyens que la dénégation ou la reconnaissance pour repousser la demande en preuve.</td><td></td><td></td></tr>
</table>

	ARTICLES.
	C. N. C. P. C.

DE LA PREUVE TESTIMONIALE.

V 4

M. P. : » Jusqu'à l'ordonnance de 1667, tout ce qui concer-
» nait la preuve testimoniale, répandu dans nos différentes
» ordonnances, était loin d'offrir sur cette partie un corps
» complet de législation; elle se composait de plusieurs élé-
» mens différens, que le jurisconsulte ne distinguait qu'avec
» peine. Cette ordonnance fut la première qui réunit en un
» titre toutes les dispositions relatives aux enquêtes. Elle a
» régné impérieusement jusqu'à ce qu'un nouveau système
» vint, sous le spécieux motif d'une plus prompte expédi-
» tion, substituer de nouveaux abus à ceux qu'il voulait dé-
» truire, et mettre des entraves à l'administration de la jus-
» tice.

» Le plan se compose de tout ce que l'un et l'autre sys-
» tême a offert de meilleur, et l'accord qui existe entre les
» différentes parties du plan admis justifie sa sagesse.

» Le but principal que l'on doit se proposer dans l'orga-
» nisation de la preuve testimoniale est de s'assurer, autant
» qu'il est possible, de la véracité des témoins ; d'écarter
» d'eux tout ce qui pourrait influencer leurs dépositions et
» inspirer des doutes sur leur langage. «

L'enquête est une recherche faite par autorité de justice.
Elle se compose de dépositions de témoins sur des faits dont
on veut avoir la preuve, soit par cette voie seule, soit pour
faire concourir cette preuve testimoniale avec un commencement de preuve par écrit.

ART. 252. Les faits dont une partie demandera à *faire
preuve* 1°. , *seront articulés succintement* 2°. par un
simple acte de conclusion, *sans écritures ni requête* 3°.

Ils seront également, par un simple acte, *déniés ou
reconnus* 4°. dans les trois jours; sinon, ils pourront
être tenus *pour confessés ou avérés* 5°.

1°. *Preuve.* On appelle preuve, une conséquence légitime
qui résulte d'un fait évident, dont la certitude fait conclure
qu'un autre fait, dont on ignorait la vérité, est véritable
ou ne l'est pas.

2°. *Seront articulés succinctement.*

M. P. : » La première disposition établit la nécessité de bien
» préciser les faits, afin que les parties ne puissent pas douter
» des engagemens qu'elles contractent en les articulant, et
» qu'aucune équivoque ne puisse induire le témoin en er-
» reur sur ce qu'on lui demande. «

» Selon M. Pig. , celui qui demande à être reçu à la
» preuve doit articuler ses faits, afin que l'autre puisse les
» discuter, soit pour faire voir qu'ils sont inadmissibles sui-
» vant les lois, soit pour en démontrer la fausseté s'il en
» a la preuve, soit pour en démontrer l'invraisemblance, soit
» enfin pour les faire rejetter comme insuffisans pour la dé-
» cision de la cause, parce qu'on ne doit être admis à les
» prouver qu'autant qu'ils peuvent opérer cette décision. «
[P. 255, t. 1er.]

3°. *Sans écritures ni requête.* L'art. 71 du T. accorde un droit
fixe pour cet acte.

4°. *Déniés ou reconnus.* M. Pig. professe qu'il est encore
d'autres moyens de s'opposer à la preuve.

1°. En soutenant la preuve inadmissible.

2°. Les faits non pertinens, c.-à-d., étrangers à l'affaire.

3°. Les faits non-concluans, c.-à-d., si, étant prouvés,
ils ne peuvent servir à justifier la demande, ou à la faire
accueillir. [P. 258, t. 1er.]

5°. *Tenus pour confessés ou avérés.*

Vide au titre de la *Séparation de Corps et du Divorce*, la jurisprudence.

ART. 253. *Si les faits sont admissibles*, qu'ils
soient déniés, et que la loi n'en défende pas la preuve,
elle pourra être ordonnée.

Si les faits sont admissibles.

M. P. : » C'est, lorsque les faits auront été articulés et con-
» tredits, que le Tribunal prononcera son interlocutoire, si
» la preuve peut être admise. «

Vide, art. 451, 2me. partie, la faculté d'appeller de ces jugemens.

Art. 452, *id.* Ils sont désignés comme interlocutoires.

C. N. ART. 1341. Il doit être passé acte devant notaires, ou sous signature (a) privée, *de toutes choses excédant la somme ou valeur de 150 francs*, même pour
dépôts volontaires; et il n'est reçu aucune preuve par
témoins *contre et outre le contenu aux actes* (b), ni
sur ce qui serait allégué avoir été dit avant, lors ou
depuis les actes, encore qu'il s'agisse d'une somme ou
valeur moindre de 150 francs.

Le tout sans préjudice *de ce qui est prescrit dans les lois relatives au commerce (c).*

(a) De toutes choses, etc.

Arrêt de la C. S. du 20 féver. 1811, décidant qu'on peut prouver par témoins des faits de dol et de fraude allégués contre un acte par l'une des parties qui l'ont signé. [Den. 1811, 1ere. ptie., p. 126.]

Arrêt de la C. S. du 3 pal. an 9, décidant que la personne qui doit des alimens peut prouver par témoins qu'elle les a fournis, encore qu'il s'agisse de choses excédant 100 fr. [R. Sir., t. 1er., 1ere. ptie., p. 447.]

Consultez un arrêt de la. G de Besançon, du 19 décbre. 1810, sur la question, si la preuve de la démence d'un testateur est admissible, lorsque les faits desquels on prétend la faire résulter ne sont pas indiqués d'une manière précise. [R. Sir. t. 11, 2e. ptie., p. 351.]

(b) Contre et outre le contenu aux actes.

Cette règle a été appliquée par arrêt de la C. S, du 19 octbre. 1810. [R. Sir. t. 11, 1ere. ptie., p. 50.]

Arrêt de la même C. du 22 novbre. 1810, décidant que la preuve testimoniale est admissible sur la démence du testateur, encore que le notaire ait énoncé que le testateur était sain d'esprit, mémoire et entendement. [R. Sir. t. 11, 1ere. ptie. P. 72.]

(c) De ce qui est prescrit, etc.

C. de Cce. ART. 41. Aucune preuve par témoins ne peut être admise contre et outre le contenu dans les actes de société, ni sur ce qui serait allégué avoir été dit avant l'acte, lors de l'acte ou depuis, encore *qu'il s'agisse d'une somme au-dessous de 150 fr.*

ART. 49. Les associations en participation peuvent être constatées par la représentation des livres, de la correspondance, ou par la preuve testimoniale, si le Tribunal juge qu'elle peut être admise.

ART. 109. Les achats et ventes se constatent,

Par actes publics ;

Par actes sous signature-privée ;

Par le bordereau ou arrêté d'un agent-de-change, ou courtier, dûment signé par les parties ;

Par une facture acceptée ; par la correspondance ; par les livres des parties ; par la preuve testimoniale , dans le cas où le Tribunal croira devoir l'admettre.

Arrêt de la C. S. du 19 juin 1810, décidant qu'on peut, en matière commerciale, prouver par témoins le paiement d'une somme moindre de 150 fr., en à-compte sur une plus forte somme due par convention écrite, [R. Sir. t. 10, 1ere. ptie., p. 318.]

C. N. Art. 1342. La règle ci-dessus s'applique au cas où l'action contient, outre la demande du capital , une demande d'intérêts, qui , réunis au capital , excèdent la somme de 150 francs.

Art. 1343. Celui qui a formé une demande excédant 150 francs, ne peut plus être admis à la preuve testimoniale , même en restreignant sa demande primitive.

Art. 1344. La preuve testimoniale , sur la demande d'une somme, *même moindre de 150 francs* , lorsque cette somme est déclarée être le restant, ou faire partie d'une créance plus forte qui n'est point prouvée par écrit.

Art. 1345. Si dans la même instance une partie fait plusieurs demandes dont il n'y ait point de titre par écrit, et que, jointes ensemble, elles excèdent la somme de 150 francs, la preuve par témoins n'en peut être admise, encore que la partie allègue que ces créances proviennent de différentes causes, et qu'elles se soient formées en différens tems , si ce n'était que ces droits procédassent par succession, donation ou autrement , de personnes différentes.

Art. 1346. Toutes les demandes , à quelque titre que ce soit , qui ne seront pas entièrement justifiées par écrit, seront formées par un même exploit, après lequel les autres demandes dont il n'y aura pas de preuve par écrit, ne seront pas reçues.

Art. 1347. Les règles ci-dessus reçoivent exception, lorsqu'il existe *un commencement de preuve par écrit*. (a)

On appelle ainsi tout acte par écrit, qui est émané de

celui contre lequel la demande est formée, ou de celui qu'il représente, et qui rend vraisemblable le fait allégué.

(a) *Un commencement de preuve, etc.*

Arrêt de la C. S. du 1er. jllet. 1806, décidant qu'un commencement de preuve par écrit ne résulte point de ce que la partie aurait varié dans ses aveux. [R. Sir. t. 6, 1ere. ptie., p. 641.]

Arrêt de la même C. du 30 avril 1807, décidant que la loi s'en réfère à la conscience des juges sur les commencemens de preuve par écrit, comme sur la force des présomptions. [R. Sir. t. 7, 2e. ptie., p. 1119.]

ART. 1348. Elles reçoivent encore exception *toutes les fois qu'il n'a pas été possible au créancier de se procurer une preuve littérale de l'obligation* (a) *qui à été contractée envers lui.*

Cette seconde exception s'applique :

1°. Aux obligations qui naissent des quasi-contrats, et des délits ou quasi-délits ;

2°. Aux dépôts nécessaires faits en cas d'incendie, ruinè, tumulte ou naufrage, et à ceux faits par les voyageurs en logeant dans une hôtellerie ; le tout suivant la qualité des personnes et les circonstances du fait ;

3°. Aux obligations contractées en cas d'incidens imprévus, où l'on ne pourrait pas avoir fait des actes par écrit ;

4°. Au cas où le créancier a perdu le titre qui lui servait de preuve littérale, par suite d'un cas fortuit, imprévu et résultant d'une force majeure.

(a) *Toutes les fois, etc.*

Arrêt de la C. S. du 7 vose. an 11, décidant que la preuve de la perte d'un acte sous seing-privé, qui à pour objet une valeur de plus de 100 fr., n'est pas admissible sans le concours de la preuve de l'accident même qui a fait disparaître ou anéantir l'acte, sur-tout dans le cas où l'acte est supposé dérogatoire à un contrat public antérieur. [R. Sir., t. 3, 1ere. ptie., p. 227.]

Consultez un arrêt de la C. de Caen, du 1er. mai 1812, sur

la question, si lorsqu'une clause se trouve omise dans l'un des doubles d'un contrat synallagmatique sous seing-privé, l'original, dans lequel la clause est écrite, fait commencement de preuve écrite, et si, pour la completter, la preuve orale est admissible. [R. Sir. t. 12 , 2e. ptie., p. 327.]

Vide, sous l'art. 55, l'art. 1363 du C. N., qui défend de prouver la fausseté du serment déféré ou référé.

Consultez sur les causes de chacune de ces prohibitions M. PIG. [T. 1er., p. 252 à 255.]

ART. 254. Le Tribunal pourra aussi ordonner d'office la preuve des faits qui lui paraîtront *concluans*, si la loi ne le défend pas.

Concluans.

M. P. : « C.-à-d. ceux auxquels il attacherait sa déci-
» sion, lorsqu'ils seront du nombre de ceux qui peuvent être
» justifiés par la preuve testimoniale. «

Vide art. précédent.

Arrêt de la C. S., du 27 juin 1810, décidant que les témoins peuvent être entendus à l'audience, dans une enquête ordonnée sur une demande en résiliation de bail, comme en matière sommaire. [R. Sir. t. 10, 1ere. ptie., p. 348.]

ART. 255. Le jugement qui ordonnera la preuve contiendra,

1°. *Les faits à prouver* 1°. ;

2o. *La nomination du juge* 2o. devant qui l'enquête sera faite ;

Si les témoins sont trop éloignés, il pourra être ordonné que l'enquête sera faite *devant un juge-commis* 3°. par un Tribunal désigné à cet effet.

1°. *Les faits à prouver.*

On doit les énoncer dans le jugement, encore bien qu'ils soient constans par les écritures, parce qu'il arrive souvent que les Tribunaux n'admettent pas à la preuve des faits telle qu'elle est demandée.

Vide, art. 260, la nécessité de signifier aux témoins les faits admis.

2°. *La nomination du juge.*

Vide, sous l'art. 197, les causes et le mode de sa récusation.

3°. *Devant un juge-commis.*

Vide art. 258, la nécessité, dans ce dernier cas, de fixer le délai de commencer l'enquête.

Art. 1037, la faculté de commettre un juge-de-paix ; et, art. 266, une exception à cette dernière règle, lorsqu'il s'agit de l'audition d'un seul témoin qui est dans l'impuissance de se présenter.

Par arrêt de la C. S., du 9 nivose an 10, il a été jugé que le Tribunal qui ordonne une enquête, peut commettre un autre Tribunal pour la faire. [R. Sir., t. 3, 2e. ptie., p. 453.]

Art. 256. *La preuve contraire* 1°. sera de droit : la preuve du demandeur et la preuve contraire seront commencées et terminées *dans les délais fixés* 2°. par les articles suivans :

1°. *La preuve contraire.*

Vide, art. 251, note 1ere., ce qu'on entend par preuve. La preuve contraire est celle qui a pour objet de démontrer l'inexactitude des faits allégués.

C'est ordinairement devant le même juge que sont portées ces deux preuves ; cependant, quelquefois le Tribunal, croyant que la multiplicité des faits ou des dépositions des témoins ne permettrait pas qu'elles se terminassent dans les délais fixés, commet par le même jugement deux juges ; l'un pour recevoir l'enquête, et l'autre la contre-enquête.

2°. *Dans les délais fixés.*

M. P. : » Il importe beaucoup d'écarter des témoins toute » influence de suggestions étrangères, toutes tentatives » de subornation ; et tel est le but de la précision des délais » pour commencer et terminer les enquêtes. «

Vide art. 278, dans quel délai les enquêtes doivent être parachevées, à peine de nullité.

Art. 257. Si l'enquête est faite au même lieu où le jugement a été rendu, ou dans la distance de trois myriamètres, *elle sera commencée dans la huitaine* 1°. *du jour de la signification à avoué* 2°. ; si le jugement est rendu contre une partie qui n'avait point d'avoué, le délai courra du jour de la signification à personne ou domicile : ces délais courent également contre celui qui a signifié le jugement, le tout à peine de nullité.

Si

Si le jugement est susceptible d'opposition , le délai
courra du jour de l'expiration *des délais de l'opposi-*
tion 3°.

1°. *Elle sera commencée dans la huitaine.*

Arrêt de la C. S. du 21 avril 1812, décidant que ce délai
n'est point suspendu pendant les vacations des Tribunaux.
[Den. 1812. R. Sir. t. 12, 1ere. ptie., p. 187.]

Par arrêt de la C. S., du 8 b^{maire}. an 12, il a été jugé qu'une
enquête n'est pas nulle pour avoir été faite en vertu d'un jugement non-enregistré. [R. Sir., t. 4, 2e. ptie., p. 24.]

2°. *De la signification à avoué. Vide* art. 261, à quel domicile
la partie doit être assignée pour être présente à l'enquête, à
quel délai elle doit l'être, et le mode de cette assignation.

3°. *Des délais de l'opposition. Vide* art. 157, le délai de l'opposition à un jugement contre une partie ayant avoué.

Art. 158, celui de l'opposition à un jugement contre une
partie n'ayant pas d'avoué ; mais ce dernier délai n'est point
applicable ici, puisque l'art. ci-dessus fait courir le délai du
jour de la signification du jugement à personne ou domicile.

M. PAILLET : » Après avoir exposé les difficultés qui se pré-
» sentent au premier apperçu pour concilier les dispositions
» de la deuxième partie de cet article avec celle de la pre-
» mière, professe qu'à l'égard du jugement par défaut, il faut
» distinguer deux cas qui présentent chacun deux circons-
» tances particulières ; le jugement est suceptible d'opposi-
» tion , ou il ne l'est pas ; le défaillant avait ou n'avait pas un
» avoué en cause.

» Quand le jugement n'est pas susceptible d'opposition, et
» qu'il y a eu constitution d'avoué, l'enquête doit être ou-
» verte dans la huitaine de la signification à cet avoué , parce
» que l'art. 155, qui veut qu'aucun jugement par défaut ne soit
» exécuté avant l'échéance de la huitaine, à compter de cette
» signification, est modifié par la disposition de l'art. 257,
» §. 1.

» S'il n'y a pas eu constitution d'avoué dans cette même
» hypothèse, le délai de huitaine court de la signification à
» personne ou domicile.

» Lorsque le jugement est suceptible d'opposition, et qu'il
» y a un avoué en cause, l'enquête doit être ouverte dans la
» quinzaine de la signification à cet avoué, puisqu'aux termes
» de l'art. 157, le délai de l'opposition expire après la hui-

X

» taine , et que , dès cet instant , le nouveau délai de huitaine,
» pour procéder à l'enquête , commence à courir.

» Enfin , quand le jugement par défaut est susceptible d'op-
» position , et que le défaillant n'avait pas constitué d'avoué ,
» il s'agit de concilier la disposition de l'art. 156, qui veut
» qu'un jugement par défaut soit exécuté dans les six mois de
» son obtention ; l'art. 158 qui déclare l'opposition recevable
» jusqu'à l'exécution du jugement , et l'art. 257, §. 2, aux
» termes duquel le délai de huitaine , pour ouvrir l'enquête ,
» commence à courir du jour où le délai de l'opposition est
» expiré , dans cette circonstance il suffit au demandeur de
» donner au jugement l'exécution dont il est susceptible , de
» provoquer l'ouverture de l'enquête par l'obtention de l'or-
» donnance du juge-commissaire , et de signifier cette ordon-
» nance au défendeur ; dès-lors , le jugement est réputé exé-
» cuté. Le délai de l'opposition est expiré , puisque cette voie
» est irrévocablement fermée à la partie défaillante, et le délai
» de l'enquête commence à courir. Ainsi , dans cette hypo-
» thèse , comme dans celle où il y a un avoué en cause , l'en-
» quête peut être ouverte dans la quinzaine de la significa-
» tion du jugement par défaut. «

ART. 258. Si l'enquête est faite à une plus grande
distance , le jugement *fixera le délai dans lequel elle
sera commencée.*

Fixera le délai, etc.

Vide art. 279, la faculté de proroger le délai sur la demande
de l'une ou de l'autre des parties.

Art. 280, le mode pour former cette demande , et la défense
d'en accorder plusieurs.

Consultez un arrêt de la C. de Turin , du 18 novbre. 1807, sur
la question , si, lorsqu'une enquête doit être faite dans un délai
fixé par jugement contradictoire , le délai fixé court avant
toute signification de jugement.

2°. Si la prorogation du délai fixé pour faire enquête doit
être demandée avant l'expiration de ce délai.

ART. 259. L'enquête est censée commencée , pour
chacune des parties respectivement , *par l'ordonnance
1°.* qu'elle obtient du juge-commissaire , à l'effet d'assigner les témoins aux jour et heure par lui indiqués.

En conséquence , le juge-commissaire *ouvrira les procès-verbaux respectifs 2°.*, par la mention de la réquisition et délivrance de son ordonnance.

1°. *Par l'ordonnance.* L'art. 71 du T. accorde un droit fixe pour la requête à présenter au juge-commis.

L'art. 91, un droit de vacation pour requérir l'ordonnance et signer le procès-verbal d'ouverture.

2°. *Ouvrira les procès-verbaux*, *etc. Vide* art. 278, dans quel délai l'enquête doit être respectivement parachevée.

ART. 260. Les témoins *seront assignés* à personne ou domicile : ceux domiciliés dans l'étendue de trois myriamètres du lieu où se fait l'enquête, le seront au moins un jour avant l'audition ; il sera ajouté un jour par trois myriamètres pour ceux domiciliés à une plus grande distance. Il sera donné copie à chaque témoin *du dispositif du jugement* 1°. , seulement en ce qui concerne les faits admis, et de *l'ordonnance* 2°. du juge-commissaire; le tout à peine de nullité des dépositions des témoins envers lesquels les formalités ci-dessus n'auraient pas été observées.

L'art. 29 du T. fixe le droit pour cette assignation.

Vide art. 263, les peines à prononcer contre les témoins défaillans.

1°. *Du dispositif du jugement* ; afin que les témoins connaissent les faits sur lesquels ils sont interpellés de déposer.

2°. *De l'ordonnance. Vide* art. 259, elle doit fixer les jour et heure.

ART. 261. La partie *sera assignée* 1°. , pour être présente à l'enquête, au *domicile de son avoué* 2°. , si elle en a constitué, sinon à son domicile ; le tout trois jours au moins avant l'audition : les noms, professions et demeures des témoins à produire contre elle *lui seront notifiés* 3°. ; le tout à peine de nullité, comme ci-dessus.

1°. *Sera assignée. Vide* art. 237, note 2, quelle signification doit précéder cette assignation.

Arrêt de la C. S. du 24 septbre. 1811, décidant, 1°. qu'une enquête est nulle si l'assignation donnée à la partie pour y être présente, ne contient pas *le parlant à* exigé par l'art. 61 du C. de P.

2°. Que la formalité *du parlant à*, étant intrinsèque et essentielle dans un exploit d'assignation, doit être constatée par

X 2

l'acte même, et ne peut être suppléée par aucun témoignage, ni par aucun aveu.

3°. Qu'une contre-enquête n'est pas une défense au fond qui puisse couvrir la nullité de l'assignation donnée à la partie, pour être présentée à l'enquête. (C. de P. C., art. 173). [R. Sir. t. 12, 1, 1ere. ptie., p. 147.]

Arrêt de la C. S. du 22 novbre. 1810, portant que la règle de prorogation de délai, en raison d'un jour par trois myriamètres de distance, n'est pas, en matière d'enquêtes, applicable à l'assignation, à la partie, au domicile de son avoué. [Den. 1811. 1ere. ptie. p. 27.]

2°. *Au domicile de son avoué.*

Arrêt de la C. S., du 27 décbre. 1808, qui décide qu'une assignation donnée à une partie au domicile de son avoué, n'est pas nulle par le défaut de l'énonciation du domicile de cette partie, ou par erreur dans son énonciation. [Den. 1809, 2e. ptie. p. 12.]

Consultez un arrêt de la C. de Rouen, du 22 mars 1810, sur la question, si la nullité résultante de ce que la partie n'a point été assignée pour être présente à l'enquête, est couverte par la comparution de son avoué à l'audience, où les témoins sont entendus. [R. Sir. t. 11, 2e. ptie., p. 64.]

Arrêt du 17 décbre. 1811, par la C. S., décidant qu'une enquête est nulle si l'assignation pour y être présent, n'a pas été donnée au domicile de l'*avoué constitué*, encore qu'elle ait été donnée au domicile réel de la partie. [R. S., t. 12, 1ere. ptie., p. 145.]

3°. *Lui seront notifiés;* afin que la partie puisse s'informer de la moralité des témoins, et s'assurer s'ils sont reprochables.

ART. 262. Les témoins seront *entendus séparément, tant en présence* 1°. *qu'en l'absence des parties.*

Chaque témoin, avant d'être entendu, *déclarera ses noms, profession, âge et demeure, s'il est parent ou allié de l'une des parties, à quel degré* 2°. *, s'il est serviteur ou domestique de l'une d'elles, il fera serment de dire vérité* 3°.; le tout à peine de nullité.

1°. *Entendus séparément, etc.*

M. P. : » C'est à l'instant de la déposition que la loi doit
» fixer tout-à-la-fois son attention sur le juge-commissaire,
» sur les témoins et sur les parties intéressées. L'ordonnance
» de 1667 isolait le juge et le témoin; c'était dans le secret

» le plus impénétrable que le premier recevait la déclaration
» du second. Nous avons vu succéder à ce syst ...
» tême tout opposé ; dans tous les cas, les témoins ont été
» entendus à l'audience en présence les uns des autres, en
» présence des parties et du public. C'est entre ces deux ex-
» trêmes que les rédacteurs de la loi se sont trouvés placés ;
» ils ont écarté les inconvéniens qui naissaient de l'un et
» de l'autre ; ils en ont conservé tout ce qui pouvait aug-
» menter l'espoir d'obtenir la vérité.

» Sous le régime de l'ordonnance de 1667, le juge qui re-
» cevait la déposition, maître de la rédaction, pouvait en
» quelque sorte en changer la substance, et traduire à sa
» manière le langage souvent rustique du témoin. Celui-ci,
» souvent aussi trop ignorant du langage de la rédaction,
» n'était pas en état de relever les erreurs du juge.

» D'un autre côté, le témoin livré à lui-même, sans autre
» secours que celui d'une mémoire trompeuse, se trouvait
» exposé à errer involontairement, et à éprouver dans la suite
» le regret trop tardif d'avoir sinon trahi, du moins altéré
» la vérité. C'est d'après ces considérations que l'on a dé-
» crété que les témoins seront entendus en présence des
» parties.

» Le seront-ils en public, à l'audience ? Non, une courte
» expérience n'a que trop fait sentir les abus qui en résulte-
» raient. Le désordre que cause nécessairement dans l'esprit du
» témoin l'appareil dont il est environné, est peu propre au
» recueillement qui lui est nécessaire pour rendre compte
» de faits souvent éloignés ; la crainte de se tromper peut
» lui imposer silence sur les circonstances, peut-être les plus
» intéressantes ; s'il commet une légère erreur, le murmure
» qui s'élève autour de lui le déconcerte ; l'amour-propre
» s'irrite, et alors il se croit intéressé à soutenir ce qui,
» dans son principe, n'a été qu'une erreur involontaire.

» Seront-ils entendus en présence les uns des autres ? Non
» encore ; et s'il était un moyen d'empêcher que des témoins,
» qui doivent déposer sur le même fait, pussent établir
» entre eux des colloques avant leur déposition ; s'il en était
» un qui pût les empêcher de se concerter, et éviter l'effet
» de la dépendance, que mille circonstances peuvent établir
» entre eux, il faudrait nécessairement l'adopter.

» Ainsi donc, le juge et les parties assisteront seuls la
» déposition ; ils se surveilleront l'un et l'autre ; le premier
» ne pourra sortir de son devoir ; les parties s'imposeront

» la loi du silence et du respect ; et toujours obligées d'em-
» prunter l'organe du juge pour présenter leurs observations
» aux témoins, elles seront contraintes de mesurer leurs
» expressions, et de se renfermer dans les termes d'une lé-
» gitime défense : ainsi, tout ce qui concourt à la rédac-
» tion de la déposition, sera dans un état de surveillance
» réciproque; tout y jouira d'une juste portion de liberté;
» l'aigreur en sera bannie ; aucune passion n'y sera irritée.
» Je suis convaincu que cette alliance des deux systêmes,
» pour la confection des enquêtes, doit beaucoup contri-
» buer à donner une juste confiance dans leurs résultats. «

2°. *Déclarera, etc. Vide* art. 268, la prohibition d'assigner
les parens ou alliés en ligne directe.

Art. 283, jusqu'à quel dégré de parenté ou d'alliance avec
l'une ou l'autre des parties, les témoins peuvent être reprochés.

Son âge. Vide art. 285, à quelles conditions on peut entendre le témoin âgé de moins de 15 ans.

Arrêt de la C. S., du 3 mai 1809, portant qu'en matière de
divorce les témoins peuvent être entendus, sans interpellation
par le juge, sur leur parenté ou domesticité avec les parties.
[Den. 1809, 1ere. ptie., p. 176.]

3°. *Il fera serment.*

Arrêt de la C. S., du 12 jllet. 1810, décidant qu'aucune loi ne
défend que des juifs, témoins dans une enquête, prêtent leur
serment suivant le rit judaïque. [R. Sir., t. 10, 1ere. ptie.
Den. 1810, 1ere. ptie., p. 370.]

Vide art 35, note 3, la définition du serment.

ART. 263. *Les témoins défaillans* seront condamnés, par ordonnances du juge-commissaire, qui seront
exécutoires, nonobstant opposition ou appel, à une
somme, qui ne pourra être moindre de 10 fr., au profit
de la partie, à titre de dommages et intérêts ; ils pourront, de plus, être condamnés, par la même ordonnance, à une amende, qui ne pourra excéder la somme de
100 francs.

Les témoins défaillans seront réassignés à leurs frais.

Les témoins défaillans.

M. P. : » L'obligation imposée aux témoins de se présenter,
» résulte de cette maxime, reconnue dans tous les tems,

(327)

» puisée dans le Code social, et reconnue par le droit écrit,
» que la vérité est une dette que chaque individu doit à la jus-
» tice, qu'il ne peut se refuser d'acquitter, qu'il lui doit
» même le sacrifice de ses affections particulières.

» Si cette vérité était aussi universellement sentie qu'elle
» est constante, la loi n'aurait besoin ni de désigner ceux qui
» ne peuvent être entendus, ni d'indiquer ceux contre les-
» quels on peut proposer des reproches ; mais malheur au lé-
» gislateur qui ne consulte pas les faiblesses attachées à l'hu-
» manité, et qui, cédant à une aveugle philantropie, ne sait
» pas, comme celui de Lacédémone, donner au peuple les
» meilleures lois qu'il puisse recevoir. «

Vide art. 260, à quel délai ils doivent être assignés.

Art. 263, quand et comment ils peuvent être déchargés de
l'amende et des frais.

Art. 264. Si les témoins réassignés sont encore défaillans, ils seront condamnés, et par corps, à une amende
de 100 francs ; le juge-commissaire pourra même décerner
contre eux un *mandat d'amener*.

Mandat d'amener. Vide, sous l'art. 239, d'indication du mode
de sa rédaction et de son exécution.

Art. 265. Si le témoin justifie qu'il n'a pu se présenter
au jour indiqué, le juge-commissaire le déchargera, après
sa déposition, de l'amende et des frais de réassignation.

Art. 266. Si le témoin justifie qu'il est dans l'impossibilité de se présenter au jour indiqué, le juge-commissaire
lui accordera un délai suffisant, qui, néanmoins, ne pourra
excéder celui fixé pour l'enquête, ou se transportera pour
recevoir la déposition. Si le témoin est éloigné, le juge-
commissaire renverra devant le président du Tribunal du
lieu, qui entendra le témoin, ou commettra un juge : le
greffier de ce Tribunal fera parvenir de suite la minute
du procès-verbal au greffe du Tribunal où le procès est
pendant, sauf à lui à prendre exécutoire, pour les frais,
contre la partie à la requête de qui le témoin aura été entendu.

Art. 267. Si les témoins ne peuvent être entendus *le
même jour*, le juge-commissaire remettra, à jour et

heure certains, et il ne sera donné nouvelle assignation ni aux témoins ni à la partie, encore qu'elle n'ait pas comparu.

Le même jour. L'art. 167 du T. prescrit de taxer au témoin deux journées dans le cas prévu par cet article, outre ses frais de voyage, à raison de la distance.

ART. 268. Nul ne pourra être assigné comme témoin, s'il est *parent ou allié en ligne directe* de l'une des parties, ou son conjoint, même divorcé.

Parent ou allié, etc.

Vide art. 283, les observations de M. P., sur la prohibition de les entendre.

Vide, sous l'art. 4, notes 4 et 5, quels sont les parens et alliés *en ligne directe.*

M. PIGEAU : » En démontrant que les témoins désignés en » cet article peuvent se refuser à déposer, leur assimile, » quant à la même faculté, les personnes obligées au secret » par état, comme les confesseurs, les avocats, les avoués et » les chargés d'affaires. Il cite plusieurs exemples extraits de » l'ancienne jurisprudence. « [T. 1er. p. 266.]

ART. 269. *Les procès-verbaux d'enquête* contiendront la date des jour et heure, les comparutions ou défauts des parties et témoins, la représentation des assignations, les remises à autres jour et heure, si elles sont ordonnées, à peine de nullité.

Vide art. 269, la réunion des articles qui prescrivent les autres mentions à insérer en ces procès-verbaux.

ART. 270. *Les reproches* seront proposés par la partie ou par son avoué avant la déposition du témoin, qui sera tenu de s'expliquer sur iceux ; ils seront circonstanciés et pertinens, et non en termes vagues et généraux : les reproches et les explications du témoin seront consignés dans le procès-verbal.

Vide art. 282, quelle preuve du reproche il faut proposer après la déposition, et comment on l'établit.

Id. art. 283, les motifs des reproches admis par la loi.

Id. art. 284, le témoin reproché doit être entendu.

Vide art. 268 et 283, une exception à cette dernière règle.

Art. 287, comment on procède au jugement des reproches.

Sous l'art. 289, comment doivent être établis les reproches dont on offre la preuve, à défaut de justification par écrit.

L'art. 22 du T. accorde un droit de vacation par trois heures à la déposition des témoins.

ART. 271. Le témoin déposera *sans qu'il lui soit permis de lire aucun projet écrit* 1°. ; sa déposition sera consignée sur le procès-verbal ; *elle lui sera lue* 2°., et il lui sera demandé s'il y persiste, le tout à peine de nullité ; il lui sera demandé aussi *s'il requiert taxe* 3°.

1°. *Sans qu'il lui soit permis, etc.*

M. P. : » La déposition sera faite verbalement : *alia est au-*
» *toritas præsentium testium, alia testimoniorum qui recitari*
» *solent*, dit la loi romaine. «

2°. *Elle lui sera lue.*

» C'est alors seulement qu'il pourra juger si la rédaction ex-
» prime sa pensée ; c'est alors que les observations des parties
» pourront faire disparaître les équivoques, les incertitudes
» qu'une rédaction trop peu soignée pourrait souvent faire
» naître. «

3°. *S'il requiert, etc.* Art. 274, quelle taxe doit lui être faite.

ART. 272. Lors de la lecture de sa déposition, le témoin pourra faire *tels changemens* et additions que bon lui semblera ; ils seront écrits à la suite ou à la marge de sa déposition ; il lui en sera donné lecture, ainsi que de la déposition, et mention en sera faite ; le tout à peine de nullité.

Tels changemens.

M. P. : » Le témoin sera libre de faire les changemens et addi-
» tions que bon lui semblera, mais elles seront écrites à la
» suite de la déposition ; et le tout formant un tableau fidel
» du langage des différens mouvemens qui ont agité le témoin,
» dirigera le Tribunal sur l'opinion qu'il doit prendre de sa
» fidélité, de sa mémoire et de son intégrité. «

ART. 273. Le juge-commissaire pourra, soit d'office, soit sur la réquisition des parties, ou de l'une d'elles, faire au témoin les interpellations convenables pour éclaircir sa déposition ; les réponses du témoin seront signées de lui, après lui avoir été lues, ou mention sera faite s'il ne veut ou ne peut signer : elles seront également signées du juge et du greffier ; le tout à peine de nullité.

ART. 274. La déposition du témoin, ainsi que les changemens et additions qu'il pourra y faire, seront signées par lui, le juge et le greffier ; et si le témoin ne veut ou ne peut signer, il en sera fait mention ; le tout à peine de nullité. *Il sera fait mention de la taxe*, s'il la requiert, ou de son refus.

Il sera fait mention, etc. L'art, 167 du T. détermine la taxe du témoin, suivant sa qualité, outre ses frais de voyage, suivant la distance.

ART. 275. *Les procès-verbaux feront mention de l'observation des formalités* prescrites par les articles 261, 262, 269, 270, 271, 272, 273 et 274 ci-dessus : ils seront signés à la fin par le juge et le greffier, et par les parties, si elles le veulent ou le peuvent ; en cas de refus, il en sera fait mention ; le tout à peine de nullité.

Les procès-verbaux, etc.

Art. 261, mode et délai de l'assignation à la partie.

Art. 262, comment les témoins doivent être entendus, et quelles déclarations ils doivent faire.

Art. 269, les mentions des dates, etc.

Art. 270, *idem*, des reproches.

Art. 271, *id.* de la lecture et de la déposition.

Art. 272, *id.* des changemens et additions.

Art. 273, *id.* des interpellations, soit d'office, soit de la partie.

Art. 274, *id.* des signatures.

Vide art. 292, l'effet de la nullité de l'enquête par la faute du juge-commissaire.

Art. 294, l'effet de la nullité d'une seule déposition.

Art. 277, la nécessité de mentionner la taxe.

ART. 276. La partie ne pourra ni interrompre le témoin dans sa déposition, ni lui faire aucune interpellation directe , mais sera tenue de s'adresser au juge-commissaire , à peine de 10 francs d'amende , et de plus forte amende , même d'exclusion, en cas de récidive; ce qui sera prononcé par le juge-commissaire ; ses ordonnances seront exécutoires, nonobstant appel ou opposition.

ART. 277. Si le témoin requiert taxe, elle sera faite par le juge-commissaire , sur la copie de l'assignation , et elle vaudra exécutoire. Le juge fera mention de la taxe sur son procès-verbal.

ART. 278. L'enquête sera respectivement parachevée dans la huitaine de l'audition des premiers témoins, à peine de nullité , si le jugement qui l'a ordonnée n'a fixé *un plus long délai.*

Vide art. 258, quand il y a lieu à fixer un plus *long délai.*

Art. 286, quand, par qui et comment l'audience est poursuivie.

ART. 279. Si néanmoins l'une des parties *demande prorogation dans le délai fixé pour la confection de l'enquête* , le Tribunal pourra l'accorder.

Consultez un arrêt de la C. de Colmar, du 16 novbre. 1810, sur la question, si la partie qui fait procéder à une enquête peut, après que tous les témoins assignés ont été entendus , demander une prorogation pour en faire entendre de nouveaux, pourvu que la demande soit formée dans la huitaine accordée pour la clôture de l'enquête. [R. Sir. , t. 11, 2e. ptie., p. 265.]

ART. 280. La prorogation sera demandée sur le procès-verbal du juge-commissaire , et ordonnée sur le référé qu'il en fera à l'audience, au jour indiqué par son procès-verbal , sans sommation ni avenir ; si les parties ou leurs avoués ont été présens , il ne sera accordé qu'une seule prorogation, à peine de nullité.

ART. 281. La partie qui aura fait entendre plus de cinq témoins sur un même fait, ne pourra répéter les frais des autres dépositions.

ART. 282. Aucun reproche ne sera proposé après la déposition, s'il n'est justifié par écrit.

L'art. 71 du T. accorde un droit fixe pour la justification du reproche par écrit, et attribue le même droit pour la réponse.

ART. 283. *Pourront être reprochés 1°., les parens ou alliés 2°.* de l'une ou de l'autre des parties, jusqu'au degré de *cousin issu de germain 3°.* inclusivement; les parens et alliés des conjoints au degré ci-dessus, si le conjoint est vivant, ou si la partie ou le témoin en a des enfans vivans; en cas que le conjoint soit décédé et qu'il n'ait pas laissé de descendans, pourront être reprochés les parens et alliés en ligne directe, les frères, beaux-frères, sœurs et belles-sœurs.

Pourront aussi être reprochés le témoin *héritier présomptif 4°.* ou *donataire 5°.*, celui qui aura *bu ou mangé avec la partie et à ses frais 6°.*, depuis la prononciation du jugement qui a ordonné l'enquête; *celui qui aura donné des certificats 7°.* sur les faits relatifs au procès, les serviteurs et domestiques, le témoin en état d'accusation, celui qui aura été condamné à une peine afflictive ou infamante, ou même à une peine correctionnelle pour cause de vol.

1°. *Pourront être reprochés.*

M. P. : » La loi distingue entre les témoins qui ne peuvent
» être entendus et ceux contre lesquels on peut proposer des
» reproches. La première classe est composée de parens en
» ligne directe. La nature ne connaît point de liens plus forts
» que ceux qui existent du père aux enfans; la corruption
» ne connaît point d'ingratitude plus coupable, de haine plus
» criminelle que celle qu'elle élève entre eux. Il ne faut pas
» que leurs dépositions, quoique rejettées, puissent devenir
» un monument du parjure; il ne faut pas qu'un témoin puisse
» être froissé entre les devoirs de sa conscience et des affec-
» tions aussi impérieuses. (*V.* art. 268.)

» Le danger diminue à mesure que les liens de la parenté
» s'éloignent de leur origine; et alors rien ne s'oppose à
» ce que la loi laisse aux parties le droit d'admettre les dé-

» positions ; c'est un hommage qu'elles rendront à la probité
» du témoin ; mais pourquoi sera-t-il suspect aux yeux du juge,
» dès que les parties éclairées par leur propre intérêt consen-
» tent de s'en rapporter à son langage ?

» Je ne parlerai pas des reproches fondés, ou sur l'intérêt
» personnel, ou sur des liaisons intimes qui se sont mani-
» festées depuis le jugement de ceux qui résultent, ou de
» la foi engagée, ou de l'infamie. La disposition qui les
» adopte est l'écho de toutes les lois, parce que ces motifs
» sont de tous les tems comme de toutes les nations. «

2°. *Les parens ou alliés.*

Jugé, le 15 mai 1807, par la C. de Bruxelles, que des parens peuvent être entendus comme témoins sur les faits reprochés au défendeur à l'interdiction, encore qu'ils aient
fait partie du conseil de famille qui a donné son avis sur
l'état de la personne. [R. Sir., t. 7, 2e. ptie., p. 726.]

3°. *Cousin issu de germain.*

Vide, sous l'art. 44, note 1ere., et art. 66, note 3, quels
sont ces parens. Ce motif de reproche comprend nécessairement le droit d'exclure les parens et alliés en ligne directe qui ne doivent pas même être entendus d'après l'art. 268.

Arrêt de la C. S., du 6 avril 1809, qui décide que l'enfant naturel, incestueux ou adultérin de la femme, est allié
du mari de cette femme. [R. Sir., t. 9, 1ere. ptie., p. 136.
Den. 1809, 1ere. ptie., p. 177.]

Jugé, le 5 pal. an 13, par la C. S., qu'il n'existe pas d'alliance
entre un individu et la femme de son beau-frère ; qu'ainsi
la femme du beau-frère peut être entendue comme témoin.
[R. Sir., t. 5, 2e. ptie., p. 341.]

Jugé par la C. de Paris, du 10 mars 1809, que l'individu,
membre d'un conseil de tutelle pour autoriser la poursuite
d'un procès, peut y être témoin. [Den. 1809, 2e. ptie., p. 141.]

4°. *Le témoin héritier présomptif.*

Il a intérêt de conserver la fortune à laquelle la loi l'appelle à succéder, et il pourrait être reproché valablement
sous cette qualité d'héritier présomptif, quand il serait parent à un dégré plus éloigné que celui de cousin issu de
germain.

5°. *Le donataire.*

Il est mû dans tous les cas par la reconnaissance ; et s'il
attend des avantages ultérieurs, il se trouve sous la dépendance du donateur.

6°. *Celui qui aura bu et mangé, etc.*

Consultez un arrêt de la C. de Paris, du 10 mars 1809, sur la question, si le témoin chez qui la partie a bu et mangé comme pensionnaire peut être reproché. [Den. 1809, 2e. ptie., p. 140.]

7°. *Celui qui aura donné des certificats* est déjà enchaîné envers la partie aux vœux de laquelle il a cédé; il n'est plus le maître de son témoignage.

Consultez les rapprochemens de M. PIG. sur les diverses nuances dont sont susceptibles les reproches admis par la loi, et le savant rapprochement qu'il fait de ces motifs de reproches avec les causes de *récusation admises contre les juges.* [T. 1er., p. 268 à 272.]

Arrêt de la C. S., du 4 jvier. 1808, décidant que l'associé, n'étant compris ni expressément ni *implicitement* dans les prohibitions de cet art., peut être produit comme témoin par son associé. [R. Sir., t. 8, 1ere. ptie., p. 249. Den. 1808, 1ere. ptie., p. 128.]

ART. 284. Le témoin reproché sera entendu dans sa déposition.

Vide art. 268, les exceptions à cette règle justifiées par M. P., en l'art. ci-dessus, note 1ere. Il ne serait pas convenable que l'on pût entendre les témoins que la loi a défendu d'assigner.

ART. 285. Pourront les individus, âgés de moins de quinze ans révolus, être entendus, sauf à avoir à leur déposition tel égard que de raison.

ART. 286. Le délai pour faire enquête étant expiré, la partie la plus diligente fera signifier à avoué *copie des procès-verbaux* 1°., et poursuivra *l'audience sur un simple acte* 2°.

1°. *Copie des procès-verbaux*, c.-à-d. les procès-verbaux de l'enquête et de la contre-enquête; encore bien que l'auteur du nouveau Ferrière ait professé le contraire.

2°. *Sur un simple acte.*

L'art 70 du T. accorde un droit fixe pour cet acte, indépendamment de la copie des pièces.

ART. 287. Il sera statué sommairement sur les re-proches.

ART. 288. Si néanmoins le fond de la cause était en état, il pourra être prononcé sur le tout par un seul jugement.

ART. 289. Si *les reproches* proposés avant la déposition ne sont justifiés par écrit, la partie sera tenue d'en offrir la preuve et de désigner les témoins ; autrement, elle n'y sera plus reçue ; le tout sans préjudice des réparations, dommages et intérêts qui pourraient être dus au témoin reproché.

L'art. 71 du T. accorde un droit fixe pour la signification de ces reproches, indépendamment de la copie de pièces.

ART. 290. La preuve, s'il y échet, sera ordonnée par le Tribunal, sauf la preuve contraire, et sera faite dans la forme ci-après *réglée pour les enquêtes sommaires* ; aucun reproche ne pourra y être proposé, s'il n'est justifié par écrit.

Pour les enquêtes sommaires. Vide art. 413.

ART. 291. Si les reproches sont admis, la déposition du témoin reproché ne sera point lue.

ART. 292. L'enquête ou la déposition déclarée nulle *par la faute du juge-commissaire*, sera recommencée à ses frais ; les délais de la nouvelle enquête, ou de la nouvelle audition de témoins, courront du jour de la signification du jugement qui l'aura ordonnée ; la partie pourra faire entendre les mêmes témoins ; et si quelques-uns ne peuvent être entendus, les juges auront tel égard que de raison aux dépositions par eux faites dans la première enquête.

Par la faute du juge-commissaire. Vide, sous l'art. 275, la réunion des circonstances que la loi prescrit au juge-commissaire de constater, à peine de nullité.

ART. 293. L'enquête déclarée nulle *par la faute de*

l'avoué 1º., *ou par celle de l'huissier* 2º. , ne sera pas recommencée ; mais la partie pourra en répéter les frais contre eux , même des dommages-intérêts , en cas de manifeste négligence ; ce qui est laissé à l'arbitrage du juge.

M. P. : » Une dernière disposition du titre que j'examine, » a été controversée par les Tribunaux supérieurs de l'Empire ; c'est celle qui autorise à recommencer une enquête, » lorsqu'elle est déclarée nulle par la faute du juge-commissaire , et qui ne réserve que l'action en dommages et intérêts, lorsque la nullité est le fait de l'avoué ou de » l'huissier.

» Pourquoi , dit-on , la vérité ne pourrait-elle plus se montrer, parce qu'un avoué ou un huissier auront négligé l'observation de l'une de ces formes aussi rigoureuses qu'elles » sont multipliées ? Si une enquête ne peut être recommencée » sans danger, sera-t-il plus grand , lorsque la nullité provient de la faute de l'avoué ou de l'huissier , que lorsqu'elle » a été commise par le juge ? Et s'il est sans considération » dans un cas , par quel singulier phénomène en obtiendra-» t-il un si grand dans l'autre ?

» Ce raisonnement a sans doute quelque apparence de fondement ; mais qui garantira que la nullité commise par » l'avoué, n'est pas le résultat d'un concert entre lui et » son client ? Et que deviendra la sévérité avec laquelle la » loi prescrit des délais , si l'avoué peut rendre à son client » tous les moyens de séduction que la loi a voulu lui enlever ? » Si celui-ci , peu satisfait de ses premières tentatives sur la » foi des témoins , peut ainsi se procurer les moyens de » se livrer à de nouvelles manœuvres ; s'il ne lui faut que » le léger sacrifice de quelques frais , cette seule observa-» tion répond à tout , et justifie la sagesse de l'article. «

1º. *Par la faute de l'avoué.* L'art. 257 prescrit la signification d'avoué à avoué du jugement, qui ordonne l'enquête , et fixe le délai dans lequel l'enquête doit être commencée.

L'art. 259 exige l'ordonnance préalable du juge-commissaire.

L'art. 278 détermine le délai dans lequel l'enquête doit être parachevée.

2º. *Par la faute de l'huissier.* L'art. 260 contient le mode et le délai de l'assignation aux témoins ; et l'art. 261, celui de l'assignation à la partie.

ART.

ART. 294. La nullité d'une ou plusieurs dépositions n'entraîne pas celle de l'enquête.

~~~~~~~~~~~~~~~~

SOMMAIRES, Liv. 2, Tit. 13.

DES DESCENTES SUR LES LIEUX.

	ARTICLES.	
	C. N.	C. P. C.
M. PÉRIN *développe les motifs qui donnent lieu à cette opération.*		
Quand le Tribunal peut l'ordonner d'office.		
Quand il ne le peut que sur la réquisition de l'une des parties.		295
Ind^{on}. de rapprochement du C. N. Art^{es}. 637 à 710		
Quel juge doit être commis.		296
Comment la descente sera provoquée.		297
Ce que doit constater le procès-verbal.		298
Par quelle partie sa signification sera faite, et l'aud^{ce}. suivie.		299
Quand la présence du ministère public est nécessaire.		300
Qui doit avancer les frais du transport.		301

ART. 295. Le Tribunal pourra, *dans les cas où il le croira nécessaire 1°.* , ordonner que l'un des juges se transportera sur les lieux ; mais il ne pourra l'ordonner dans les matières où il n'échet qu'un simple rapport d'experts, s'il n'en est *requis par l'une ou l'autre des parties 2°.*

1°. *Dans le cas où il le croira nécessaire.*

Consultez le titre 4 , liv. 2 du C. N., *des Servitudes*, art. 637 à 710.

Consultez un arrêt de la C. d'Agen , du 7 septbre. 1809, sur la question, si une descente sur les lieux de laquelle il n'a pas été dressé procès-verbal, et qui a été faite sans réquisition et

<div align="right">Y</div>
~~~~~~~~~~~~~~~~

ét sans jugement préalable , peut servir de base à la décision
du Tribunal, encore que tous les juges se soient transportés
sur les lieux contentieux. [R. Sir. , t. 10, 2e. ptie. p. 308.]

2°. *Requis par l'une ou l'autre des parties* ; si l'on prévoit quelques obstacles à l'opération sur lesquels il soit nécessaire de
statuer aux fins de son accomplissement.

Vide art. 89, 90 et 91, quel pouvoir la loi donne au juge-commissaire en cas de trouble.

La loi ne déterminant aucune formalité pour cette réquisition, elle peut être faite à l'audience.

Vide art. 1035, la faculté de déléguer si les lieux sont trop
éloignés.

ART. 296. Le jugement commettra l'un des juges qui
y auront assisté.

ART. 297. Sur la requête de la partie la plus diligente, le juge-commissaire rendra une ordonnance, qui
fixera les lieu, jour et heure de la descente ; la signification en sera faite d'avoué à avoué, et vaudra sommation.

L'art. 76 du T. détermine le droit de cette requête, et l'art.
70 celui de la signification de l'ordonnance.

ART. 298. Le juge-commissaire fera mention sur la
minute de son procès-verbal des jours employés au transport , séjour et retour.

Vide art. 301, qui doit avancer les frais du transport.

Art. 1034, l'inutilité d'une réassignation, si l'opération dure
plusieurs jours, et si la partie assignée ne se trouve pas à la
première.

ART. 299. L'expédition du procès-verbal sera signifiée ,
par la partie la plus diligente , aux avoués des autres parties., et trois jours après elle pourra poursuivre l'audience
sur un simple acte.

L'art. 70 du T. fixe le droit pour l'original et la copie , indépendamment des copies de pièces.

ART. 300. La présence du ministère public ne sera nécessaire que dans les cas où *il sera lui-même partie.*

Quand il sera lui-même partie.

Vide art. 69, quand le procureur impérial stipule pour l'em-pereur.

Sous l'art. 859, quand il stipule pour les intérêts de per-sonnes présumées absentes. C. N., art. 114.

ART. 301. Les frais du transport seront avancés par la partie requérante, et par elle consignés au greffe.

Vide, art. 1er., décret du 12 jllet. 1808; cet acte est sujet à un enregistrement sur la minute, fixé à un fr. 25 c.

———————

SOMMAIRES, LIV. 2, TIT. 14.

DES RAPPORTS D'EXPERTS.

	ARTICLES.
	C. N.	C. P. C.
M. PÉRIN *indique les causes qui ont né-cessité du développement dans les formes qui concernent les expertises.*		
Ce que doit contenir le jugement qui or-donne l'expertise.		302
Ind°n., par le rapproch¹. du C. N., des cas où il y a lieu d'ordonner rapport d'experts.		
Par quel nombre d'experts l'expertise doit être faite.		303
Ce que contient le jugement, si les parties sont d'accord.		304
Ce que doit prononcer le jugement, lors-que les parties ne sont pas convenues d'experts.		
Devant qui les experts doivent prêter le serment.		305
Délai aux parties pour s'accorder sur la nomination.		306
Quelle partie doit prendre l'ord^ce. du juge.		

M. P. : » Les formes qui concernent les expertises ont exigé » du développement; l'espèce de magistrature confiée aux » experts, l'intelligence, et sur-tout l'impartialité qu'elle » exige, présentent des difficultés à résoudre. «

ART. 302. *Lorsqu'il y aura lieu à un rapport d'experts, il sera ordonné par un jugement, lequel énoncera claire-ment les objets de l'expertise.*

Lorsqu'il y aura lieu.

Il y a lieu de recourir à un rapport d'experts, lorsque le point de contestation ne peut être éclairci et décidé que d'a-près les règles de l'art.;

Lorsqu'il s'agit d'entreprises, de fixer la mesure d'un ter-rein, d'estimer un ouvrage, d'un partage, de décider si le bien dont on a demandé la licitation est partageable, etc.

Vide, sous l'art. 859, l'art. 126 du C. N., qui autorise à faire constater par un seul expert l'état des biens d'un absent.

Sous l'art. 945, l'art. 453 du même C., qui autorise, dans cer-tains cas, les père et mère à garder le mobilier de leur mineur, en le faisant estimer par un expert.

Sous l'art. 975, l'art. 466 du même C., qui prescrit la nomina-tion par le Tribunal des experts, pour procéder aux partages des biens appartenans au mineur.

Au titre *des Partages et Licitations*, l'art. 824, qui fixe le mode d'estimation des meubles d'une succession.

Ibid. l'art. 825, qui détermine celui pour les immeubles.

L'art. 834, qui détermine dans quel cas un expert est chargé de faire les lots.

Au titre *de l'Autorisation de la femme mariée*, l'art. 1559 charge le Tribunal de nommer les experts pour estimer le bien dotal que la femme consent échanger.

C. N. ART. 1677. La preuve de la lésion ne pourra être admise que par jugement, et dans le cas seulement où les faits articulés seraient assez vraisemblables et assez graves pour faire présumer la lésion.

ART. 1678. Cette preuve ne pourra se faire que par un rapport de trois experts, qui seront tenus de dresser un procès-verbal commun, et de ne former qu'un seul avis à la pluralité des voix.

L'art. 1679 fixe le mode de rédaction des avis conformes à l'art. 318 du C. de P. C.

L'art. 1680 fixe le même mode de nomination que l'art. 305 du C de P. C.

ART. 1716. Lorsqu'il y aura contestation sur le prix du bail verbal dont l'exécution a commencé, et qu'il n'existera point de quittance, le propriétaire en sera cru sur son serment ;

Si mieux n'aime le locataire demander l'estimation par experts ; auquel cas les frais de l'expertise restent à sa charge, si l'estimation excède le prix qu'il a déclaré.

Le §. 4 de l'art. 2103 range parmi les créanciers *privilégiés sur les immeubles* :

Les architectes, entrepreneurs, maçons et autres ouvriers employés pour édifier, reconstruire ou réparer des bâtimens, canaux ou autres ouvrages quelconques, pourvu néanmoins que, par un expert nommé d'office par le Tribunal de première instance, dans le ressort duquel les bâtimens sont situés, il ait été dressé préalablement un procès-verbal, à l'effet de constater l'état des lieux relativement aux ouvrages que le propriétaire déclarera avoir dessein de faire, et que les ouvrages aient été, dans les six mois au plus de leur perfection, reçus par un expert également nommé d'office.

Mais le montant du privilége ne peut excéder les valeurs

constatées par le second procès-verbal, et il se réduit à la plus value existante à l'époque de l'aliénation de l'immeuble, et résultant des travaux qui y ont été faits.

ART. 303. *L'expertise ne pourra se faire que par trois experts 1°., à moins que les parties ne consentent qu'il soit procédé par un seul 2°.*

1°. *L'expertise ne pourra, etc.*

Arrêt de la C. S., du 25 octbre. 1808, décidant que ce mode d'expertise ne doit point être suivi en matière d'enregistrement. [Den. 1808, 1ere. ptie., p. 555.]

Arrêt de la C. S., du 2 sepbre. 1811, décidant que lorsque des parties ont nommé trois experts ou arbitres, pour procéder à une estimation, et que deux seulement y procèdent, sur le refus du troisième, leur rapport est nul, et les juges ne peuvent le déclarer valable, sous prétexte qu'il est à présumer, d'après les circonstances de la cause, que les parties n'ont nommé trois experts que pour le cas où deux seraient en discord. [R. Sir. t. 11, 1ere. ptie. p. 362.]

2°. *A moins que les parties ne consentent, etc.*

Jugé par la C. de Paris, le 11 fer. 1811, que lorsque les parties ne sont point convenues d'experts dans les trois jours de la signification du jugement, le Tribunal ne peut nommer d'office un seul expert ; il doit en nommer trois ; la nomination d'un seul expert ne peut, dans tous les cas, avoir lieu que du consentement des parties. [R. Sir. t. 11, 2e. ptie., p. 449.]

ART. 304. Si, lors du jugement qui a ordonné l'expertise, les parties se sont accordés pour nommer les experts, le même jugement leur donnera acte de la nomination.

ART. 305. Si les experts ne sont pas convenus par les parties, le jugement ordonnera qu'elles seront tenues d'en nommer dans les trois jours de la signification, sinon qu'il sera procédé à l'opération par les experts qui seront nommés d'office par le même jugement.

Ce même jugement nommera le juge-commissaire, qui recevra le serment des experts convenus ou nommés d'office : pourra néanmoins le Tribunal ordonner que les experts prêteront leur serment devant le juge-de-paix du canton où ils procéderont.

M. P. : » Qu'on se rappelle l'involution de procédure que
» provoquait cette expertise sous le régime de l'ordonnance
» de 1667 ; ces sommations respectives de nommer les experts ;
» ces débats sur leur capacité ; ces reproches, ces récusations
» que la chicane avait si bien l'art de multiplier, et cette
» partialité qu'une nomination contestée faisait naître dans
» leur esprit, et l'on sentira tout l'avantage de ce nouveau
» mode, conçu lors de la rédaction du C. N., et heureuse-
» ment appliqué au C. judiciaire. « (Art. 1680.)

» On n'y rencontre aucun acte de procédure ; tout est ter-
» miné par le jugement ; aucun motif de partialité pour
» les experts : s'ils sont nommés par le juge, ils peuvent
» même être inconnus aux parties ; et s'ils sont choisis par
» elles, ils en reçoivent un égal témoignage de con-
» fiance ; enfin, la loi place toujours près d'eux, et dans tout
» le cours de l'opération, ce médiateur dont la nomination
» était presque toujours tardivement provoquée. «

ART. 306. *Dans le délai ci-dessus*, les parties qui
se seront accordées pour la nomination des experts en
feront leur déclaration au greffe.

Dans le délai ci-dessus, art. 305.

L'art. 91 du T. accorde un droit de vacation aux avoués,
pour assister les parties lors de cette déclaration.

ART. 307. Après l'expiration du délai ci-dessus , la
partie la plus diligente *prendra l'ordonnance* du juge,
et fera sommation aux experts nommés par les parties,
ou d'office, pour faire leur serment , *sans qu'il soit nécessaire* que les parties y soient présentes.

L'art. 76 du T. accorde un droit de rédaction pour la requête
tendante à obtenir cette ordonnance.

Sans qu'il soit nécessaire, etc. On ne peut entendre par ces
expressions qu'il soit inutile de les appeler.

Deux motifs exigent cet appel ; le premier résulte de l'art.
308, qui autorise à récuser avant le serment les experts
nommés d'office pour causes survenues depuis la nomination.
Les parties ne pourraient user de cette faculté, si elles n'é-
taient sommées d'être présentes.

Le deuxième résulte de l'art. 315, qui ne dispense de signifier l'indication du jour que doit contenir l'acte de prestation de serment des experts, qu'en cas d'absence des parties,
ou de leurs avoués.

(345)

L'art 29 du T. fixe le droit pour la signification de l'ordonnance ; et l'art. 91 , celui de la vacation pour être présent à la prestation de serment.

ART. 308. Les récusations ne pourront être proposées
que contre les experts nommés d'office , à moins que
les causes n'en soient survenues depuis la nomination et
avant le serment.

Que contre les experts , etc.

Arrêt de la C. S. du 13 bre. an 10, qui décide qu'un tiers-ex-
pert nommé par les parties , peut valablement opérer , quoique cousin-germain de l'une des parties, [R. Sir. t. 2 , 1ere. ptie. ,
p. 133.]

ART. 309. La partie qui aura des moyens de récusation à proposer , sera tenue de le faire dans les trois jours
de la nomination , *par un simple acte* signé d'elle ou
de son mandataire spécial , contenant les causes de récusation et les preuves si elle en a , ou l'offre de les vérifier par témoins : le délai ci-desus expiré, la récusation
ne pourra être proposée , et l'expert prêtera serment au
jour indiqué par la sommation.

Par un simple acte.

L'art. 71 du T. fixe le droit pour la rédaction et signification de cet acte, original et copie.

ART. 310. Les experts pourront être récusés par les
motifs pour lesquels les témoins peuvent être reprochés.

Vide art. 283.

ART. 311. *La récusation contestée* 1°. , sera jugée
sommairement à l'audience sur un simple acte , et sur
les conclusions du ministère public ; les juges pourront
ordonner la preuve par témoins , laquelle sera faite dans
la forme ci-après prescrite *pour les enquêtes sommai-*
res 2°.

1°. *La récusation contestée.*

L'art. 71 du T. accorde la même taxe pour la réponse aux
récusations que pour leur proposition.

2°. *Pour les enquêtes sommaires.*

Vide art. 407 et suivans , jusques et compris 413.

ART. 312. Le jugement sur la récusation sera exécutoire, nonobstant l'appel.

M. PIG., après avoir établi, à l'occasion de l'art. 309, une différence entre le juge et l'expert, rapproche de cet art. l'art. 391, relatif à la récusation des juges ; et, de ce rapprochement, il conclut que, si la récusation est rejettée, on a le droit de faire substituer un expert à celui mal-à-propos récusé, dans la crainte que l'expertise ne soit nulle si la récusation est admise en appel. Nous pourrions partager son opinion, si, dans le titre relatif à la récusation des juges, on trouvait un art. semblable à celui ci-dessus ; mais comme il en est autrement, nous pensons que ce serait proposer indirectement au juge de 1ere. instance de se réformer ; que ce serait donner ouverture aux récusations indiscrètes contre les experts, puisque la conséquence serait de toujours réussir à les exclure ; qu'enfin, le législateur a pu avoir des motifs différens pour éloigner un juge injustement récusé de la coopération au jugement, et que, pour substituer un expert au préjudice de la disposition qui ordonne l'exécution, nonobstant l'appel, il ne suffit pas de supposer à l'expert les mêmes motifs qu'au juge, mais qu'il faut au moins que l'expert déclare réclamer l'application de l'art. 314, qui lui défend de demeurer expert, s'il réclame des dommages et intérêts. [T. 1er., p. 295.]

ART. 313. Si la récusation est admise, il sera d'office, par le même jugement, nommé un nouvel expert, ou de nouveaux experts à la place de celui ou ceux récusés.

ART. 314. Si la récusation est rejetée, la partie qui l'aura faite sera condamnée en tels dommages et intérêts qu'il appartiendra, même envers l'expert, s'il le requiert ; mais, dans ce dernier cas, il ne pourra demeurer expert.

ART. 315. Le procès-verbal de prestation de serment contiendra indication par les experts du lieu et des jour et heure de leur opération.

En cas de présence des parties, ou *de leurs avoués 1°.*, cette indication vaudra sommation.

En cas d'absence, il sera *fait sommation 2°.* aux parties par acte d'avoué, de se trouver aux jour et heure que les experts auront indiqués.

1º. *De leurs avoués.*

L'art. 91 du T. accorde un droit de vacation pour présence à la prestation du serment des experts.

2º. *Fait sommation.*

L'art. 71 du T. fixe le droit de cette sommation pour l'original et copie.

L'art. 162 leur accorde un droit de vacation pour la prestation de serment, indépendamment des frais de transport réglés selon leur distance.

ART. 316. Si quelque expert n'accepte point la nomination, *ou ne se présente point, soit pour le serment, soit pour l'expertise*, aux jour et heure indiqués, les parties s'accorderont sur-le-champ pour en nommer un autre à sa place; sinon, la nomination pourra être faite d'office par le Tribunal.

L'expert qui, après avoir prêté serment, ne remplira pas sa mission, pourra être condamné par le Tribunal qui l'avait commis, à tous les frais frustratoires, et même aux dommages et intérêts, s'il y échet.

Ou ne se présente, etc.

Vide l'arrêt, sous l'art. 363, note 1ere.

M. P. : » Le ministère des experts n'est pas forcé, tant » qu'ils n'ont pas accepté leur mission; il le devient dès » qu'ils ont prêté leur serment; ils ne sont plus les maîtres » d'entraver le cours de la justice; et si alors la loi ne peut » les contraindre, elle doit, au moins, s'ils se rendent cou- » pables de cette espèce de délit, prononcer contre eux des » peines proportionnées.

» L'ordonnance de 1667 n'en déterminait aucunes. La loi » remplit ce vide; et si les experts ne se présentent pas » au jour indiqué pour ces opérations, ils supporteront les frais » frustratoires; ils pourront être contraints par corps, s'ils » retardent ou refusent de déposer leurs rapports «. (Art. 320.)

ART. 317. Le jugement qui aura ordonné le rapport et *les pièces nécessaires* 1º., seront remis aux experts; les parties pourront faire *tels dires et réquisitions* 2º. qu'elles jugeront convenables: il en sera fait mention dans le rapport; il sera rédigé sur les lieux contentieux, ou dans le lieu, et aux jour et heure qui seront indiqués par les experts.

La rédaction sera écrite par un des experts, et signée par tous; s'ils ne savent pas tous écrire, elle sera écrite et signée *par le greffier de la justice de paix* 3°. du lieu où ils auront procédé.

1°. Les pièces nécessaires.

Le jugement, l'acte de prestation de serment, les titres dont on prétend induire.

2°. Tels dires et réquisitions.

L'art. 92 du T. accorde le droit de vacation des avoués aux rapports des experts; mais il n'entre point en taxe, et ne peut être répété que contre la partie.

Si les réquisitions des parties ont pour objet des opérations auxquelles les experts ne soient pas autorisés à se livrer par le jugement, ils doivent renvoyer les parties se faire régler par le Tribunal.

3°. Par le greffier, etc.

L'art. 15 du T. lui accorde les deux tiers du droit d'un expert.

ART. 318. Les experts dresseront un seul rapport ; ils ne formeront qu'un seul avis à la pluralité des voix.

Ils indiqueront néanmoins, en cas *d'avis différens*, les motifs des divers avis, sans faire connaître quel a été l'avis personnel de chacun d'eux.

D'avis différens.

Si chacun des trois experts est d'un avis particulier, ils ne sont pas considérés comme d'avis différens, lorsqu'ils forment leur avis à la pluralité.

V^bi G^â.; s'ils estiment le même objet, chacun une somme différente.

Id., si l'un attribue les défectuosités à mal-façon des ouvrages, l'autre à la défectuosité du sol, et que le troisième subordonne son avis à des opérations préparatoires.

Vide l'arrêt, sous l'art. 303, note 1ere.

ART. 319. La minute du rapport sera déposée au greffe du Tribunal qui aura ordonné l'expertise, sans nouveau serment de la part des experts ; *leurs vacations seront taxées* par le président au bas de la minute, et il en sera délivré exécutoire contre la partie qui aura requis l'expertise, ou l'aura poursuivie, si elle a été ordonnée d'office.

Leurs vacations seront taxées.

L'art. 159 du T. détermine la taxe selon la qualité des experts, à raison de la vacation, lorsqu'ils opèrent dans la distance de deux myriamètres.

L'art. 160 accorde aux architectes et artistes une taxe fixe, soit pour aller, soit pour revenir.

Et l'art. 161 fixe le taux de leurs journées de séjour, à la charge de faire quatre vacations.

Arrêt de la C. S. du 2 avril 1811, portant que l'ordonnance du président d'une C. d'Appel, qui déclare exécutoire, contre l'une des parties, une taxe de frais d'expertise, est susceptible d'opposition, lors même qu'elle a été rendue contradictoirement ;

2°. Que l'art. 6 du décret impérial, du 16 fer. 1807, qui fixe à trois jours le délai de l'opposition contre la taxe des dépens, n'est pas applicable à celle qui peut être formée à cette ordonnance. [Den. 1811, 2e. ptie. p. 207. R. Sir., t. 11, 1ere. ptie., p. 169.]

ART. 320. En cas de retard ou de refus, de la part des experts, de déposer leur rapport, ils pourront être assignés à trois jours, sans préliminaire de conciliation, par-devant le Tribunal qui les aura commis, pour se voir condamner, même par corps, s'il y échet, à faire ledit dépôt ; il y sera statué sommairement et sans instruction.

L'art. 162 accorde une vacation pour ce dépôt, indépendamment de leurs frais de transport réglé selon la distance.

ART. 321. Le rapport sera levé et signifié à avoué par la partie la plus diligente ; l'audience sera poursuivie sur un simple acte.

ART. 322. Si les juges ne trouvent point dans le rapport les éclaircissemens suffisans, ils pourront ordonner d'office une nouvelle expertise, par un ou plusieurs experts qu'ils nommeront également d'office , et qui pourront demander aux précédens experts les renseignemens qu'ils trouveront convenables.

ART. 323. *Les juges ne sont point astreints à suivre l'avis des experts , si leur conviction s'y oppose.*

M. P. : » Si le magistrat a ordonné l'expertise, c'est qu'il
» a senti que ses seules connaissances ne suffisaient pas pour
» fixer son jugement ; mais si l'incertitude ou l'ignorance des
» experts trompe son espoir, il faut bien qu'il puisse encore
» chercher à s'éclairer davantage ; et s'il était astreint à suivre
» leur opinion, il faudrait donc qu'en ordonnant l'expertise il
» se fût dépouillé de son caractère ; qu'il eût asservi sa cons-
» cience, et qu'il se fût réduit à n'être plus que l'instrument
» passif dont les experts se serviraient pour sanctionner leur
» jugement ; il ne serait plus besoin qu'ils exprimassent leur
» motif de décision , puisqu'en énonçant leur résultat, ils im-
» poseraient à la justice même une loi dont elle ne pourrait
» s'écarter. «

Arrêt de la C. S., du 7 mars 1808, statuant que cet article n'est pas applicable aux expertises en matière d'enregistrement, où la loi a indiqué l'expertise comme moyen spécial de vérifier le fait. [R. Sir., t. 8, 1ere. ptie., p. 212.

Arrêt de la C. S., du 14 décbre. 1808, qui décide qu'après une expertise, les juges peuvent fixer d'office le prix en numéraire d'un immeuble vendu pendant le cours du papier-monnaie. [Den. 1809, 2e. ptie. p. 16.]

SOMMAIRES, Liv. 2, Tit. 15.

DE L'INTERROGATOIRE SUR FAITS ET ARTICLES.

	ARTICLES.	
Réflexions par M. P., sur l'utilité de l'interrogatoire ; son objet et son origine.	C. N.	C. PC.
Rapproch'. de la section 4, tit. 3, liv. 3, au C. N.		

DE L'AVEU DE LA PARTIE.

M. P. : » L'interrogatoire est encore un moyen dont le
» succès a souvent répondu à l'espoir qu'on en avait conçu.

» Il consiste à isoler la partie de tout ce qui pourrait lui
» inspirer la sécurité qu'exige la persévérance dans le men-
» songe ou le déguisement, à la placer, pour ainsi dire,
» en présence de sa propre conscience, de l'estime de ses
» concitoyens qu'elle s'expose à perdre, de la honte dont
» elle peut se couvrir, si, pressée par des questions multi-
» pliées, et contrainte d'y répondre, elle s'écarte de cette
» concordance dans les faits, de cette simplicité dans l'ex-
» pression, de ce calme dans la discussion qui n'appartient
» qu'à la vérité, et qu'heureusement il est rare que l'impos-
» ture puisse atteindre ; je veux parler de l'interrogatoire
» sur faits et articles pertinens, dès long-tems adopté dans
» notre jurisprudence, et dont l'origine se reporte jusqu'au
» droit écrit ; mais le projet qui vous est présenté contient
» des innovations dont je dois vous entretenir. «

L'interrogatoire ayant pour objet d'obtenir l'aveu judiciaire dans les cas où la loi n'admet point la preuve, il est
utile de connaître ce qu'elle appelle aveu judiciaire, et quels
en sont les effets.

C. N. ART. 1354. L'aveu qui est opposé à une partie,
est ou extrajudiciaire ou judiciaire.

ART. 1355. L'allégation d'un aveu extrajudiciaire ou
purement

purement verbal est inutile, toutes les fois qu'il s'agit d'une demande dont la preuve testimoniale ne serait point admissible.

ART. 1356. L'aveu judiciaire est la déclaration que fait en justice la partie ou son fondé de procuration spéciale.

Il fait pleine foi contre celui qui l'a fait.

Il ne peut être divisé contre lui (a). Il ne peut être révoqué, à moins qu'on ne prouve qu'il a été la suite d'une erreur de fait ; il ne pourrait être révoqué sous prétexte d'une erreur de droit.

(a) Il ne peut être divisé, etc.

Arrêt de la C. S. du 28 avril 1807, qui applique cette règle d'indivisibilité à un aveu passé dans un interrogatoire, que la cause exprimée dans un contrat public n'est pas la véritable, mais, en même-tems, assure qu'il y a une autre cause licite de l'obligation. [R. Sir. t. 7, 2e. ptie., p. 779.]

Autre arrêt de la même C., du 17 mai 1808, qui l'applique à une déclaration extrajudiciaire par le porteur d'une obligation ; qu'il n'est que le prête-nom d'un tiers, acceptée par le débiteur. [R. Sir. t. 8, 1ere. ptie., p. 435.]

Arrêt de la même C., du 30 avril 1807, décidant que le principe de l'indivisibilité de la confession judiciaire ne fait point obstacle à ce qu'on puisse isoler chacune des réponses contenues en un interrogatoire, et en argumenter contre celui qui l'a faite.

ART. 324. Les parties peuvent, *en toutes matières* 1°. et *en tout état de cause* 2°., demander de se faire interroger respectivement *sur faits et articles pertinens* 3°., concernant seulement la matière dont est question, *sans retard de l'instruction, ni du jugement* 4°.

1°. *En toutes matières*, même en matières sommaires.

L'art. 67 du T. le décide, en accordant un demi-droit à l'avoué de la partie qui l'aura requis, et un droit pour sa signification.

2°. *En tout état de cause.* Consultez un arrêt de la C. de Rouen, du 11 avril 1809, sur la question, si l'interrogatoire sur faits et articles, quoique possible en tout état de cause, peut être demandé après un arrêt qui déclare qu'il

Z

y a partage, et qui fixe le jour où le partage sera vidé.
[R. Sir., t. 12, 2e. ptie. p. 311.]

Consultez un arrêt de la C. de Bruxelles, du 1er. sepbre.
1810, sur la question, si la partie qui allégue qu'une transaction a eu lieu verbalement, peut faire interroger son
adversaire sur faits et art., ou lui déférer le serment décisoire. [Den. 1811, 2e. ptie. p. 160.]

3°. *Sur faits et articles pertinens*, c.-à-d. dont l'objet soit de
produire des éclaircissemens conformes à la vérité sur les
faits en contestation.

Vide, sous l'art. 135, not. 2, quels actes font foi de leur
contenu jusqu'à l'inscription en faux ; les faits directement
contraires à ceux attestés par ces actes, ne seraient pas des
faits pertinens

Il faut aussi que les faits soient personnels à la partie
interpellée de répondre.

4°. *Sans retard de l'instruction, etc.*

Jugé par la C. de Turin, le 12 décbre. 1809, que l'exécution
d'un acte authentique ne peut être suspendue, si, sur l'opposition du débiteur aux poursuites, le juge ordonne que le
créancier sera interrogé sur faits et articles. [Den. 1811,
2e. ptie., p. 16.]

ART. 325. L'interrogatoire ne pourra être ordonné que
sur requête contenant les faits, et par jugement rendu
à l'audience ; il y sera procédé, soit devant le président,
soit devant un juge par lui commis.

Sur requête, etc.

M. P. : » Suivant l'ordonnance de 1667, il ne fallait, pour
» parvenir à l'interrogatoire sur faits et articles, qu'une sim-
» ple ordonnance du juge. Ici, on exige un jugement sur re-
» quête, et cette requête doit contenir l'énumération des faits.

» Le jugement qui autorise l'interrogatoire paraît au pre-
» mier coup-d'œil une formalité superflue, un inutile accrois-
» sement de dépense ; mais que l'on fasse attention que l'in-
» terrogatoire doit porter sur des faits pertinens, c.-à-d. que
» ces faits doivent être strictement renfermés dans l'objet de
» la contestation, et que la partie interrogée peut refuser de
» répondre aux questions qui sortiraient de ces limites.

» Si, cependant, avant l'interrogatoire, aucune autorité ne
» prononce sur la qualité des faits, il arrivera souvent, et
» l'expérience l'a prouvé, ou qu'on abusera de la liberté que
» la loi accorde pour se livrer à des questions captieuses qui

» n'auront d'autre objet que de dénaturer la cause, ou que la
» partie interrogée refusera de répondre, sous le prétexte que
» les faits sont sans analogie directe avec l'objet du débat ; et
» alors combien d'inconvéniens ! Et ne vaut-il pas mieux que la
» sanction du Tribunal prévoie ce double danger ? A la vérité,
» son jugement ne sera pas contradictoire, mais il connaîtra
» la matière du litige, et il saura si les faits ont avec lui ce
» rapport direct que la loi prescrit ; il les admettra ou les ré-
» formera ; et, par cet usage de sa prudence et de son autorité,
» il préviendra des motifs de débats qu'une simple ordonnance
» laisserait subsister. Ces observations font naître une ré-
» flexion qui pourrait se présenter à chaque pas ; c'est qu'en
» réglant les formes judiciaires, il ne faut pas se laisser déce-
» voir par l'idée d'une simplicité trompeuse, qui, en laissant
» beaucoup à désirer, laisserait à la chicane une carrière trop
» étendue. «

M. Pig. professe : » qu'indépendamment des faits men-
» tionnés en la requête, on peut passer des notes au juge pour
» faire interroger d'office sur des faits secrets, et il indique
» la manière de disposer les uns et les autres. «[T. Ier. p. 230.]

Vide, sous l'art. 330 , l'opinion conforme de M. P. , et
l'art. 333.

L'art. 79 du T. accorde un droit fixe pour la rédaction de
cette requête, compris l'ordonnance et la communication au
Ministère public, et ne parle point de sa signification.

Jugé par la C. de Bruxelles, le 1er. décbre. 1810 , qu'encore
qu'un jugement en dernier ressort ait ordonné un interrogatoire sur faits et articles, la partie qui doit être interrogée
peut, avant de subir son interrogatoire, être admise à discuter si les faits sont ou ne sont pas pertinens. [R. Sir., t. 11,
2e. ptie., p. 282.] (Tarif, art. 79.)

ART. 326. En cas d'éloignement, le président pourra
commettre le président du Tribunal dans le ressort duquel la partie réside, ou le juge-de-paix du canton de
cette résidence.

ART. 327. Le juge-commis indiquera, *au bas de l'ordonnance* qui l'aura nommé, les jour et heure de l'interrogatoire ; le tout sans qu'il soit besoin de procès-verbal contenant réquisition ou délivrance de son ordonnance.

Vide art. 329, la nécessité de commettre un huissier pour signifier l'ordonnance du juge-commissaire.

ART. 328. En cas d'empêchement légitime de la partie, le juge se transportera au lieu où elle est retenue.

ART. 329. *Vingt-quatre heures, au moins, avant* l'interrogatoire, seront signifiées par le même exploit, à personne ou domicile, la requête et les ordonnances du Tribunal, du président ou du juge qui devra procéder à l'interrogatoire, avec assignation donnée par un huissier qu'il aura commis à cet effet.

Vingt-quatre heures au moins avant, pour donner au défendeur le tems de rappeler à sa mémoire les faits sur lesquels il doit être interrogé.

L'art. 29 du T. accorde un droit pour la signification de la requête et des ordonnances.

ART. 330. Si l'assigné ne comparaît pas, ou refuse de répondre après avoir comparu, il en sera dressé procès-verbal sommaire, et les faits *pourront être tenus pour avérés.*

Pourront être tenus, etc.

M. P. : » Si la partie à interroger ne comparaît pas, l'ordonnance veut que les faits soit tenus pour avérés ; ici, le juge est seulement autorisé à les considérer comme tels.

» Le refus de répondre ou le défaut de comparution doit-il imposer au juge l'obligation de tenir les faits pour avérés, ou seulement lui en laisser la faculté ?

» Ce refus éleve, sans doute, contre celui qui s'en rend coupable, une juste prévention. L'homme qui n'a que la vérité pour guide, ne craint pas qu'on la lui demande ; il ne s'effraie ni des questions qui lui ont été communiquées, ni de celles imprévues que le magistrat lui adressera ; il se présente avec assurance ; il apperçoit d'avance, dans le résultat de son interrogatoire, un nouveau moyen de combattre son adversaire,

» Mais n'est-ce pas donner à cette présomption morale une force que réprouve la saine logique, que la considérer comme une preuve légale sur laquelle le magistrat doive nécessairement diriger son opinion ?

» Combien de motifs peuvent en quelque sorte justifier, ou
» au, moins excuser le refus de répondre ; et s'il existe des
» preuves écrites qui contredisent les faits *tenus pour avérés*,
» le précepte de la loi pourra-t-il contraindre l'esprit du juge
» à rejetter l'évidence pour lui préférer une simple présomp-
» tion ?

   » Il est plus juste, il est plus sage sans doute de s'en remet-
» tre à ses lumières, à sa pénétration ; c'est sur son esprit
» qu'agira le refus de répondre ; il se reposera avec sécurité
» sur ce moyen de décision, lorsque les faits coïncideront
» entre eux, lorsque rien ne les contredira, lorsqu'ils se lie-
» ront sans aucune contrainte, sans invraisemblance, à ce qui
» d'ailleurs est constant et reconnu dans la cause. «

Art. 331. Si, ayant fait défaut sur l'assignation, il
se présente avant le jugement, il sera interrogé, en payant
les frais du premier procès-verbal et de la signification,
sans répétition.

Art. 332. Si, au jour de l'interrogatoire, la partie
assignée justifie d'empêchement légitime, le juge indiquera un autre jour pour l'interrogatoire, sans nouvelle
assignation.

Art. 333. La partie répondra en personne, sans pouvoir lire aucun projet de réponse par écrit, et sans assistance de conseil, aux faits contenus en la requête, même
à ceux sur lesquels le juge l'interrogera d'office. Les réponses seront précises et pertinentes sur chaque fait, et sans
aucun terme calomnieux ni injurieux ; celui qui aura requis
l'interrogatoire ne pourra y assister.

M. Pig. développe les causes pour lesquelles la partie
doit répondre, et donne des détails utiles sur la conduite
que le magistrat doit tenir envers l'interrogé, et la manière
dont il doit diriger ses interpellations, tant sur les faits
signifiés que sur les faits d'office. [T. 1er. p. 234 et 235.]

Art. 334. L'interrogatoire achevé sera lu à la partie,
*avec interpellation de déclarer si elle a dit vérité et
persiste* ; si elle ajoute, l'addition sera rédigée en marge,
ou à la suite de l'interrogatoire ; elle lui sera lue, et il lui
sera fait la même interpellation ; elle signera l'interroga-

toire et les additions ; et si elle ne sait ou ne veut signer, il en sera fait mention.

Avec interpellation de déclarer , etc.

M. P. : » Enfin, l'interrogatoire devait être précédé du ser-
» ment, et le projet n'exige de la partie interrogée que la
» déclaration qu'elle a dit la vérité, et qu'elle persiste dans
» dans ses réponses.

» Je ne ferai pas ici parade d'érudition, en vous rappel-
» lant ce qui a été écrit jusqu'à-présent sur l'abus du ser-
» ment exigé de celui à qui on adresse des questions contre
» son propre intérêt sur l'immoralité de cette institution,
» dont l'effet le plus immédiat est de familiariser les hommes
» avec l'idée du parjure ; je me contenterai, pour justifier
» sur ce point la réformation de l'ordonnance, de relever
» les inconséquences qui résulteraient de sa disposition.

» Vous avez déjà conçu l'immense différence qu'il y avait
» entre l'interrogatoire sur faits et articles, et le serment
» décisoire, que devant les Tribunaux les parties peuvent
» respectivement se déférer. Celui qui, privé de toute autre
» ressource, a consenti de suivre la foi de son adversaire,
» a bien le droit d'exiger que le serment devienne pour lui
» un gage sacré de la vérité qu'il espère obtenir ; mais la
» partie qui recourt à l'interrogatoire est loin de témoigner
» la même confiance ; elle n'emploie ce moyen que dans l'es-
» poir d'obtenir quelques présomptions , ou des aveux ou
» des contradictions de son adversaire ; *ut confitendo aut*
» *mentiendo se oneret*, dit la loi romaine ; les réponses de l'in-
» terrogé ne peuvent faire preuve en sa faveur, ensorte que
» le serment qu'il a prêté ne fait naître aucune confiance en
» ses discours : on lui demande un gage solemnel de sa sin-
» cérité, en même-tems que l'on fait peser sur son langage
» le soupçon juridique du mensonge et de la dissimulation,
» et ce soupçon est juste. Il est malheureux, mais il est vrai
» cependant que la vérité n'a pas toujours un asyle sûr dans
» tout ce que les hommes ont de plus sacré.

» Mais si la loi ne met point de confiance dans la foi que
» la partie interrogée a jurée, pourquoi en exige-t-elle le
» serment, et de quel droit celui qui a prêté l'interroga-
» toire peut-il demander un gage aussi solemnel de la vé-
» rité qu'il réfuse de reconnaître ? Pourquoi, enfin, pres-
» crire le serment et établir la présomption du parjure ? Ce
» serment est donc tout-à-la-fois superflu et immoral ; il est

» un exemple de ces contradictions contre lesquelles la
» philosophie s'élève depuis long-tems, et que le silence des
» préjugés doit enfin faire disparaître. «

Arrêt de la C. S., du 9 fer. 1808, qui décide que lorsqu'une des parties a demandé que l'autre soit entendue cathégoriquement sous serment purgatif et décisoire, elle peut
encore être reçue à faire preuve contre ce serment. [R. Sir.
t. 8 , 1ere. ptle., p. 214.]

Art. 335. La partie qui voudra *faire usage de l'interrogatoire*, le fera signifier, sans qu'il puisse être un sujet
d'écritures de part ni d'autre.

Faire usage de l'interrogatoire; c.-à-d., argumenter des
aveux sans diviser la déclaration, ou induire, des contradictions qu'il renferme, les présomptions capables de former
un commencement de preuve par écrit, ou enfin montrer la
fausseté des méconnaissances par les actes qu'on peut avoir
en sa possession : tous ces moyens ne peuvent être développés
qu'à l'audience.

L'art. 70 du T. accorde un droit fixe pour l'original et
la copie de cette signification, indépendamment de la copie
des pièces.

Art. 336. Seront tenus *les administrateurs d'établissemens publics* de nommer un administrateur ou agent
pour répondre sur les faits et articles qui leur auront
été communiqués ; ils donneront à cet effet un pouvoir
spécial, dans lequel les réponses seront expliquées et
affirmées véritables ; sinon, les faits pourront être tenus
pour avérés, sans préjudice de faire interroger les administrateurs et agens sur les faits qui leur seront personnels, pour y avoir par le Tribunal tel égard que de
raison.

Les administrateurs d'établissemens publics.

M. PIG. professe qu'à l'occasion des réponses de l'administrateur, on ne peut rien induire contre l'administration, si l'administrateur n'avait pas son mandat pour le fait qui donne
lieu à la contestation, et que, dans le cas où il agit comme
mandataire, les aveux de l'administrateur obligent l'admi-

nistration. Quant aux autres administrateurs, tels que cu=
rateurs, tuteurs, etc., il professe que ce serait leur donner,
indirectement le droit d'aliéner l'actif de leurs mineurs,
que de leur faire prêter interrogatoire sur des faits qui auraient pour objet de provoquer une condamnation contre
les mineurs. [T. 1er., p. 239.]

Vide, sous l'art. 48, not. 2, quelles personnes ne peuvent
disposer.

FIN DU TOME PREMIER.

www.ingramcontent.com/pod-product-compliance
Ingram Content Group UK Ltd.
Pitfield, Milton Keynes, MK11 3LW, UK
UKHW022055120726
13694UKWH00001B/162